臺灣歷史與文化 研究輯刊

十八編

第 8 冊

《原語臺灣高砂族傳說集》及其故事研究

江 欣 怡 著

花木蘭文化事業有限公司

國家圖書館出版品預行編目資料

《原語臺灣高砂族傳說集》及其故事研究／江欣怡 著 -- 初版
-- 新北市：花木蘭文化事業有限公司，2020〔民109〕
目 4+196 面；19×26 公分
（臺灣歷史與文化研究輯刊十八編；第 8 冊）
ISBN 978-986-518-188-8（精裝）
1. 臺灣原住民 2. 民間故事
733.08   109010603

ISBN-978-986-518-188-8

9 789865 181888

臺灣歷史與文化研究輯刊
十八編　第 八 冊　　　　　ISBN：978-986-518-188-8

《原語臺灣高砂族傳說集》及其故事研究

作　　者　江欣怡
總 編 輯　杜潔祥
副總編輯　楊嘉樂
編　　輯　許郁翎、張雅淋　美術編輯　陳逸婷
出　　版　花木蘭文化事業有限公司
發 行 人　高小娟
聯絡地址　235　新北市中和區中安街七二號十三樓
　　　　　電話：02-2923-1455 ／傳真：02-2923-1452
網　　址　http://www.huamulan.tw 信箱 hml 810518@gmail.com
印　　刷　普羅文化出版廣告事業
初　　版　2020 年 9 月
全書字數　144276 字
定　　價　十八編 16 冊（精裝）台幣 40,000 元

《原語臺灣高砂族傳說集》及其故事研究

江欣怡　著

作者簡介

江欣怡，臺灣省臺東縣人，中國文化大學中國文學研究所碩士，研究專長為民間文學、口述文學、中國文學俗文學，著有〈「懶人掛餅」故事探論〉等論文。

提　　要

　　臺灣原住民族的故事素以口傳。隨著外來勢力侵入，自己的母語卻日漸消失，是以學界在搶救現存的原住民族文學之餘，也開始整理日治時期為數龐大的調查資料，《原語臺灣高砂族傳說集》即為其中之一。

　　本論文以《原語臺灣高砂族傳說集》為主，採綜合性研究。運用文獻學的方式整理並分析相關資料，為書中內容劃分文類，並討論其故事類型，證明身為語言學著作的《原語臺灣高砂族傳說集》，其所收錄的故事語料也適用於民間文學領域之研究。

　　本論文共分為七章：

　　第一章是從政治和文獻層面，探討《原語臺灣高砂族傳說集》可以研究的面向。

　　第二章從日本近代學術起源的角度，以及小川尚義、淺井惠倫兩位作者的學術背景，討論《原語臺灣高砂族傳說集》的成書過程。

　　第三章仿照中國古代釋例學的方法，來探討《原語臺灣高砂族傳說集》全書的體例和主體架構，是關於《原語》自身結構的研究。

　　第四章則取中文和日文的詞彙語法、文化語境，比較各譯本和原書，以及各譯本之間的差異。

　　第五章以常見的神話、傳說、民間故事等民間敘事類別，全面分析所有的故事，證明《原語臺灣高砂族傳說集》具有文學性。

　　第六章用 AT 分類的故事類型分析法，重點式的辨析類型故事。

　　第七章為結論。歸納對《原語臺灣高砂族傳說集》的觀察，可知此書裡臺灣原住民族的口語資料，亦具民間文學的研究價值。

目

次

第一章　緒　論

第一節　前人研究成果

　　回溯臺灣的歷史，西班牙、荷蘭、中國及日本政府先後統治過臺灣，相對於原住民族原有的生活方式而言，這些統治者都是外來政權。他們的強力入侵，使得原住民文化遭受接二連三的衝擊，無論是因為與異國事物接觸頻繁而同化，或在外族為主流的大環境中被邊緣化，都讓原有文化逐漸走向凋零。

　　雖然早在明代就已經出現有關臺灣原住民的文獻紀錄，不過多為記載當地所見所聞的筆記，或是描述臺灣社會特色和治理情形的日誌〔註1〕。原住民族的口傳文學，常被視為是風土民情的一環，順手記下而未多加著墨，因此當時所記錄的原住民故事，也許是故事的梗概而非整體，或撰寫者依照自己的意思，將故事隨意刪減修改。爾後來臺的外國人，縱使被原住民故事裡呈現的特殊文化所吸引，把蒐集到的故事集結成冊，而非參雜在風土民情的記錄論述間，不過由於對口頭文獻保存的知識不足，或純粹將其視為娛樂之作，所以這類著作有些沒有記載出處，甚至為了補齊欠缺的部分，以及使內容更豐富多元，便參考其他著作的故事，一併納進書裡。此時的原住民族口傳文學，礙於經費和人力的限制，多為小範圍的實地探訪，或整理編纂故事文本，但沒有附註採錄時間、地點、口述者身分等相關資料，便無從得知故事是否為口述實錄，或者經過修飾而成為新的文學創作。

〔註1〕（明）陳第：《東番記》，萬曆30年（1602）。此外，提及臺灣原住民的清代著述，見於郁永河《裨海紀遊》、黃叔璥《台海使槎錄》、丁紹儀《東瀛識略》、朱景英《海東札記》、六十七《番社采風圖考》。

　　日本在統治臺灣之初，就對這塊具備原始風貌的土地充滿興趣。多樣化物種和尚未過度開發的民族，更成為他們研究的目標，其成果不僅有助於學術研究，日本政府更能從這些研究數據，掌握臺灣可用的物資及社會狀況，以便治理臺灣之用。政府與民間團體陸續展開調查，初期偏重地理形勢、自然生態、人種特色和種族分布之類較具體的項目，後期則著眼於了解各族群的習俗禁忌、組織制度、文化藝術。原住民族的口傳故事內容包括族群的歷史、人文與生活型態，不只是自娛娛人的休閒活動，更是臺灣原住民文化的一部份。日人也注意到此一現象，所以有目的、有系統的搜羅故事，企圖整理這些故事，提供日本政府對原住民的認識，進而擬定更有效率的管理方案。日治時期針對原住民族的調查報告，或多或少都收錄了各族傳說。特別是有官方或學術團體經費挹注的計劃，調查規模與採錄資料也隨之呈等比成長，因此產生了載有大量原住民口傳故事的書籍，加上調查人員幾乎皆為各領域的專家和學者，學術研究的素養，使他們在採錄故事時，傾向於註記有關故事來源的資料，以及在採錄期間觀察到的情況和心得，不但增加故事原貌的可信度，而且還能讓不同專業領域的人，從中挖掘想要的資訊，延伸出更多的研究。

　　即使到了現在，這些故事有不少還能繼續流傳於各族部落，引發民間文學研究者的高度興趣，投入大量人力去做田野調查，並有許多已集結成冊，如金榮華教授在卑南、阿美、賽夏、泰雅、魯凱等族的採錄〔註2〕，許端容教授在賽德克族的採錄〔註3〕，以及劉秀美教授在泰雅、撒奇萊雅的調查等〔註4〕。也有一些探討深入的學術論著，如浦忠成的《臺灣原住民文學史綱》〔註5〕、劉秀美的《臺灣原住民族敘事文學的精神蛻變與返本開新》等〔註6〕。而學位

〔註2〕金榮華：《台東卑南族口傳文學選》，臺北，中國口傳文學學會，1989年8月。又：《台東大南村魯凱族口傳文學》，同前，1995年5月。　又：《台北縣烏來鄉泰雅族民間故事》，同前，1998年12月。　又：《台灣高屏地區魯凱族民間故事》，同前，1999年12月。　又：《台灣桃竹苗地區民間故事》，同前，2000年11月。　又：《台灣花蓮阿美族民間故事》，同前，2001年10月。　又：《台灣賽夏族民間故事》，同前，2004年3月。

〔註3〕許端容：《台灣花蓮賽德克族民間故事》，臺北，中國口傳文學學會，2007年3月。

〔註4〕劉秀美：《台灣宜蘭大同鄉泰雅族口傳故事》，臺北，中國口傳文學學會，2007年10月。　又：《火神眷顧的光明未來——撒奇萊雅族口傳故事》，同前，2012年3月。

〔註5〕浦忠成：《臺灣原住民族文學史綱》，臺北，里仁書局，2009年10月。

〔註6〕劉秀美：《從口頭傳統到文字書寫——臺灣原住民族敘事文學的精神蛻變與返本開新》，臺北，文津出版社，2011年3月。

論文，研究臺灣原住民故事者數量也頗可觀，具有量化的觀察意義，以下分為三種面向做羅列及說明：

一、以單一族群為主

　　賴俠伶《魯凱族民間故事研究》〔註7〕、吳姝嬙《賽夏族民間故事研究》〔註8〕、陳慧珣《泰雅族民間故事研究》〔註9〕、曾瓊儀《蘭嶼雅美族民間故事研究》〔註10〕、劉育玲《台灣賽德克族口傳故事研究》〔註11〕、游蕙菁《臺灣噶瑪蘭族口傳故事研究》〔註12〕、曾俊得《卑南族民間文學研究》〔註13〕、黃之琦《達悟族神話研究》〔註14〕、陳莉環《邵族口傳文學研究》〔註15〕、江俊亮《鄒族美學研究》〔註16〕、黃嘉眉《花蓮地區撒奇萊雅族傳說故事研究》〔註17〕、柯秀慧《蘭嶼雅美族民間故事與歌謠》〔註18〕、彭美雲《蘭嶼口傳故事研究》。〔註19〕

〔註7〕賴俠伶：《魯凱族民間故事研究》，高雄，高雄師範大學國文教學碩士班碩士論文，1997年。

〔註8〕吳姝嬙：《賽夏族民間故事研究》，臺北，中國文化大學中國文學研究所碩士論文，2001年6月。

〔註9〕陳慧珣：《泰雅族民間故事研究》，臺北，中國文化大學中國文學研究所碩士論文，2001年6月。

〔註10〕曾瓊儀：《蘭嶼雅美族民間故事研究》，臺北，中國文化大學中國文學研究所碩士論文，2001年6月。

〔註11〕劉育玲：《台灣賽德克族口傳故事研究》，花蓮，國立花蓮師範學院民間文學研究所碩士論文，2001年6月。

〔註12〕游蕙菁：《臺灣噶瑪蘭族口傳故事研究》，臺北，東吳大學中國文學系碩士論文，2010年7月。

〔註13〕曾俊得：《卑南族民間文學研究》，高雄，國立中山大學中國文學系研究所碩士論文，2008年1月。

〔註14〕黃之琦：《達悟族神話研究》，高雄，高雄師範大學國文教學碩士班碩士論文，2006年6月。

〔註15〕陳莉環：《邵族口傳文學研究》，嘉義，國立中正大學中國文學系碩士論文，2004年6月。

〔註16〕江俊亮：《鄒族美學研究》，嘉義，南華大學文學研究所碩士論文，2001年6月。

〔註17〕黃嘉眉：《花蓮地區撒奇萊雅族傳說故事研究》，花蓮，國立花蓮教育大學民間文學研究所碩士論文，2009年7月。

〔註18〕柯秀慧：《蘭嶼雅美族民間故事與歌謠》，嘉義，國立嘉義大學中國文學系研究所碩士論文，2008年1月。

〔註19〕彭美雲：《蘭嶼口傳故事研究》，臺東，國立臺東大學兒童文學研究所碩士論文，2004年6月。

二、跨越地域或族群之比較

陳文之《臺灣原住民口傳故事研究》〔註 20〕、吳家君《台灣原住民文學研究》〔註 21〕、張百蓉《高雄都會區台灣原住民口傳故事研究》〔註 22〕、林淑莉《琉球神話與台灣原住民神話研究——以兄妹始祖神話為中心》〔註 23〕及王馨瑩《排灣族與魯凱族圖騰故事研究》。〔註 24〕

三、將論點縮小至單一（以上）故事類型及主題

陳美慧《鳥與人變鳥——臺灣原住民口傳故事析論》〔註 25〕、陳思齊《搜「蛇」記——台灣原住民蛇類口傳故事研究》〔註 26〕、蔡可欣《卑南族群的起源敘事研究》〔註 27〕、武芳羽《台灣原住民洪水神話》〔註 28〕、籃曉翠《阿里山鄒族巫術傳說研究》〔註 29〕、陳孟君《排灣族口頭敘事探究：以「palji」傳說為中心》〔註 30〕、蘇泰華《台灣原住民神話之比較分析：以人類起源、洪水及射日神話為例》〔註 31〕、劉惠婷《臺灣原住民射日神

〔註 20〕陳文之：《臺灣原住民口傳故事研究》，臺北，中國文化大學中國文學研究所碩士在職專班碩士論文，2004 年 12 月。

〔註 21〕吳家君：《台灣原住民文學研究》，高雄，國立中山大學中國文學系碩士論文，1997 年 6 月。

〔註 22〕張百蓉：《高雄都會區台灣原住民口傳故事研究》，臺北，中國文化大學中國文學研究所碩士論文，2003 年 12 月。

〔註 23〕林淑莉：《琉球神話與台灣原住民神話研究——以兄妹始祖神話為中心》，臺北，中國文化大學日本研究所碩士論文，2001 年 12 月。

〔註 24〕王馨瑩：《排灣族與魯凱族圖騰故事研究》，臺東，國立臺東大學兒童文學研究所碩士論文，2004 年 6 月。

〔註 25〕陳美慧：《鳥與人變鳥——臺灣原住民口傳故事析論》，臺中，中興大學中國文學系所碩士論文，2008 年 7 月。

〔註 26〕陳思齊：《搜「蛇」記——台灣原住民蛇類口傳故事研究》，嘉義，國立嘉義大學中國文學系研究所碩士論文，2008 年 7 月。

〔註 27〕蔡可欣：《卑南族群的起源敘事研究》，花蓮，國立花蓮教育大學民間文學研究所碩士論文，2009 年 7 月。

〔註 28〕武芳羽：《台灣原住民洪水神話》，臺北，國立臺北教育大學台灣文化研究所碩士論文，2008 年 6 月。

〔註 29〕籃曉翠：《阿里山鄒族巫術傳說研究》，嘉義，國立中正大學中國文學系碩士論文，2003 年 7 月。

〔註 30〕陳孟君：《排灣族口頭敘事探究：以「palji」傳說為中心》，新竹，國立清華大學台灣文學研究所碩士論文，2010 年 4 月。

〔註 31〕蘇泰華：《台灣原住民神話之比較分析：以人類起源、洪水及射日神話為例》，臺東，臺東師範學院兒童文學研究所碩士論文，2003 年 7 月。

話研究》〔註 32〕、胡晏涵《台灣原住民族奇人異域神話》〔註 33〕、黃昭敏
《台灣原住民文身神話傳說研究》。〔註 34〕

　　檢視以上所列，鮮少使用載有原住民族故事的日文書籍。對研究臺灣原
住民族口傳文學的學者而言，這些日治時期的相關書籍，是臺灣原住民族口
傳故事的最早學術採錄資料，極具引用和深入探討的價值，不過學位論文引
用不多。造成如此情形的原因，不外乎這些書籍都用日文撰寫。對於未學過
日文的人而言，易產生語言障礙；再者即使學過日文，但由於並非第一母語，
在閱讀略帶文言的語句時，難以通盤掌握文意，而造成片面解讀或誤解。晚
近雖有通曉日語者，陸續把日文典籍翻譯成中文（詳下文），不過由於工程浩
大，費時甚鉅，所以可供閱讀使用的中譯本較少。結合以上的觀察，可知此
一時期的原住民故事，對於民間文學的研究者及愛好者來說，還有更多可發
揮的使用和論述空間。

　　收錄原住民族故事的日治時期文獻，翻譯成中文並出版的，已知有臺灣
總督府著，中研院民族所譯《番族慣習調查報告書》〔註 35〕、《蕃族調查報
告書》〔註 36〕等叢書，以及移川子之藏、宮本延人、馬淵東一著，楊南郡譯
《臺灣原住民族系統所屬之研究》〔註 37〕；小林保祥著，松澤員子編，謝荔
譯《排灣傳說集》〔註 38〕；清水純著，王順隆、Erika Kaneko 譯《噶瑪蘭族
神話傳說集：以原語記錄的田野資料》〔註 39〕；鈴木作太郎著，陳萬春譯《臺

〔註 32〕劉惠婷：《臺灣原住民射日神話研究》，桃園，銘傳大學應用中國文學系碩士
　　　　在職專班碩士論文，2007 年 12 月。
〔註 33〕胡晏涵：《台灣原住民族奇人異域神話》，臺中，中興大學中國文學系所碩士
　　　　論文，2010 年 6 月。
〔註 34〕黃昭敏：《台灣原住民文身神話傳說研究》，臺北，東吳大學中國文學系碩士
　　　　論文，2006 年 7 月。
〔註 35〕臺灣總督府臨時臺灣舊慣調查會著，中央研究院民族學研究所編譯：《番族慣
　　　　習調查報告書》，臺北，中央研究院民族學研究所，1996～2003 年初版。
〔註 36〕臺灣總督府臨時臺灣舊慣調查會著，中央研究院民族學研究所編譯：《蕃族調
　　　　查報告書》，臺北，中央研究院民族學研究所，2007 年初版。
〔註 37〕移川子之藏、宮本延人、馬淵東一著，楊南郡譯：《臺灣原住民族系統所屬之
　　　　研究》，臺北，行政院原住民委員會、南天書局，2011 年初版。
〔註 38〕小林保祥著，松澤員子編，謝荔譯：《排灣傳說集》，臺北，南天書局，民國
　　　　87 年 3 月 30 日初版一刷。
〔註 39〕清水純著，王順隆、Erika Kaneko 譯：《噶瑪蘭族神話傳說集：以原語記錄的
　　　　田野資料》，臺北，南天書局，民國 87 年（1998 年 3 月）初版一刷。

灣蕃人的口述傳說》〔註40〕。另外，雖尚未出版，但已有網路定稿的《生蕃傳說集》（佐山融吉、大西吉壽著，陳萬春譯）〔註41〕，也記載了當時流傳的故事。這些文獻的形成，雖然多為政治因素所致，不過由於事先經過規劃，所得到的故事數量多、較有系統，也比較方便拿來參考，可用來和現今尚存的民間故事兩相比較。至於本論文所研究的《原語臺灣高砂族傳說集》，則是日治時代一本兼有語言學、人類學、民間文學參考價值的臺灣原住民族神話傳說集，至今雖已有譯本（詳下節及本論文第四章），但研究不多，學者撰文，常引用尹建中主持整理的節譯本〔註42〕。其原書內涵與價值，學界亦仍發掘不多。

第二節　研究動機與目的

　　臺灣原住民族沒有文字，族群知識素以口耳相傳。然而隨著歷代外來政權影響，原住民族的語言逐漸為外來語言所同化，並取代固有語言，母語流失對於保存傳統益發困難。當族群多元化風氣吹起之際，政府與學術機構、民間組織及學者紛紛對原住民族進行調查，採錄日漸消失的田野資料，同時回顧檢視過去的口述文獻，包括許多口傳故事。這些故事保留當地族群的特色，並且融合宗教、歷史、文學與法制……不同元素於一身，宛如原住民族社會的縮影，因此成為學術研究的新材料。

　　其實，原住民族故事的文獻記錄，大量集中出現於日治時期，不過此時的口傳故事，時常夾雜在原住民族人種、風俗調查的結果裡。例如《番族慣習調查報告書》，就是將採錄重點放在各族的生活習慣、體態心理、習俗禁忌等，故事只是其中一個環節，用來說明族群由來和遷徙沿革，屬於原住民歷史的一部份〔註43〕。《蕃族調查報告書》把故事分為兩種用途，一種仍然用來

〔註40〕鈴木作太郎著，陳萬春譯：《臺灣蕃人的口述傳說》，摘譯自《臺灣の蕃族研究》（第二章），臺北縣，中國口傳文學學會，《民學集刊》1，2002 年 9 月初版。

〔註41〕佐山融吉、大西吉壽著，陳萬春譯：《生蕃傳說集》，中國口傳文學學會網站，臺北縣，2009 年 9 月 19 日，上網日期：2012 年 8 月 30 日，網址：http://nfs 84305851.myweb.hinet.net/ol/ol_016_e-book-link-1.doc

〔註42〕尹建中：《臺灣山胞各族傳統神話故事與傳說文獻編纂研究》，臺北，臺灣大學文學院人類學系，1994 年 4 月。

〔註43〕臺灣總督府臨時臺灣舊慣調查會：《番族慣習調查報告書》，臺北，臺灣總督府臨時臺灣舊慣調查會，大正 4 年～11 年（1915～1922）初版。

當作族群史事的敘述；至於族群歷史以外的故事，則另立「傳說及童話」，以便與族群起源傳說區隔開來〔註44〕。藤崎濟之助《台灣之蕃族》（《台灣の蕃族》）收入各族創世神話及自然現象傳說，認為故事的神祕色彩濃厚，因此被放在第七編「宗教」的第三章，列於「信仰」、「迷信」兩章之後〔註45〕。森丑之助《台灣蕃族志》的故事，雖然被排在宗教後頭出現，但此處的信仰已不只是表面上例行舉辦的儀式，而是牽涉到更深層的心靈意識，故與祭祀、巫覡、迷信、首狩、音樂同屬第五編「信仰及心的狀態」〔註46〕。鈴木作太郎《臺灣蕃族研究》（《台灣の蕃族研究》）亦為對臺灣原住民的綜合性著述，不過有別於其他書籍，偏重體質人類學的研究和土俗的介紹，在概述之後，便將這些故事置於第二章「蕃人的口碑傳說」。以章節次序來看，故事得以獨立存在於第二章，之下又分出各族名稱，一方面是為了便於陳列故事內容，另一方面則是有意把口頭文學和書面文獻分開。以全書目錄而論，第三章到第六章為「古代記錄的蕃族」、「現代蕃族的奇習」、「理蕃事業」、「蕃界叢談」，可見是有時間上的順序，將口碑傳說當作文字出現前的歷史紀錄。〔註47〕

　　上述著作將神話傳說放置於習俗、歷史的論述裡。不過也有些著作以神話傳說故事為主體。像是《排灣傳說集》的作者小林保祥，因為曾參與《番族慣習調查報告書》的調查與編撰工作，所以在結束調查之後，仍然以個人身份，撰寫原住民的相關書籍。與排灣族接觸長達數年，使他採錄到豐富的田野資料，可是只有部份收進《番族慣習調查報告書》裡，還有很多資料尚未公開。小林保祥因而寫了一系列排灣族的書，《排灣傳說集》即為其中之一。在故事之外，還加上了註解和說明，解釋語意、習俗和故事分布範圍，雖然沒有特意為之，仍簡略地判斷故事的類型、異文的變化，點出所反映的現象，以及描寫口述時的形式與特色，可知他的研究方法涉及民間文學。〔註48〕

〔註44〕臺灣總督府臨時臺灣舊慣調查會：《蕃族調查報告書》，臺北，臺灣總督府臨時臺灣舊慣調查會，大正2年～9年（1913～1920）初版。
〔註45〕藤崎濟之助著：《台灣の蕃族》，東京，國史刊行會，昭和五年（1930）8月20日初版，昭和11年（1936）2月20日三訂。
〔註46〕森丑之助著：《台灣蕃族志》，臺北，臺灣總督府臨時臺灣舊慣調查會，大正6年（1914）3月30日初版。
〔註47〕鈴木作太郎著：《臺灣の蕃族研究》，臺北，臺灣史籍刊行會，昭和7年（1932）9月20日初版，昭和7年（1932）9月24日二版。
〔註48〕同註37。

　　入江曉風在擔任原住民聚居地警察時，寫出了《神話台灣生蕃人物語》。當時駐守在原住民族聚居區域的警察，以理蕃為首要任務，所以除了管理轄區內的原住民，還得要蒐集有關原住民的一切事物，彙整以後回報給臺灣總督府，做為了解原住民情況之用。他注意到那些看似天馬行空的故事，原住民卻當作真實事件不斷流傳下去，因此覺得有以文字記錄的必要，而不是僅視為有趣的民間故事。〔註49〕

　　佐山融吉和大西吉壽合著的《生蕃傳說集》，不以族群名稱，而以內容性質為分類項目，再列出符合項目的各族故事，因此全書分為「創世神話」、「蕃社口碑」、「創始原由」、「天然傳說」、「勇力才藝」、「怪異奇蹟」、「情事情話」、「南洋類話」，展現每個族群獨特的風土民情，以及口傳故事在各族之間分布的情形。〔註50〕

　　有些則是因為收集語言學語料才形成的著作。《台灣鄒族語典》為俄人聶甫斯基所著。在日本求學的他，經由教導他的老師，而認識了日本的古民族——愛奴族，為了追尋愛奴族的種族文化起源，於是決定來臺灣研究當地民族的語言。在他之前，研究鄒族的人極少，只有佐山融吉和小島由道。可是他們用日文標註鄒族語音，在某些發音上會顯得失真。因此聶甫斯基利用一個多月的時間，採集鄒族的口語資料，解析其語法構造並編寫成書，希望能完成一本可供語言研究者使用的著作。書中先介紹鄒族的語法、語彙和文句，運用語音學對鄒族語言做語音特質的總述，其次比較鄒族語彙和印尼語，觀察其異同及兩者之間的關係。在這之後，設立「民間文學」一章，將採錄到的故事以拉丁文記錄，隨後附上故事概要。一向留心於民俗方面的他，同時也記載大量的風俗習慣、社會文物，不但可以用來解釋故事的語意，還能補充說明內容裡特殊的禁忌或慶典由來。聶甫斯基以《番族慣習調查報告書》與《蕃族調查報告書》的相似故事，做口傳文學的比較，並舉古日本或琉球為例，對照臺灣原住民族的物質文化，因此更傾向於民俗學。〔註51〕

　　由小川尚義和淺井惠倫編著的《原語臺灣高砂族傳說集》（《原語による台

〔註49〕入江曉風著：《神話台灣生蕃人物語》，大正9年（1920）7月28日初版，昭和3年(1928)10月26日三版。

〔註50〕佐山融吉、大西吉壽著：《生蕃傳說集》，臺北，杉田重藏書店，大正12年（1923）11月20日初版。

〔註51〕聶甫斯基著，白嗣宏、李福清、浦忠成譯，《台灣鄒族語典》，臺北，臺原出版社，民國82年7月第一版第一刷。

湾高砂族伝説集》），充滿了當時日本學者上山下海、廣為蒐集而成的第一手資
訊〔註52〕。它與《臺灣高砂族系統所屬之研究》（《臺灣高砂族系統所屬の研究》）
〔註53〕是屬於同一研究計畫的不同部份，分別由臺北帝國大學語言學和土俗人
種學講座調查，前者記錄原住民的語音、文法、字彙和傳說故事，後者則列出
族群起源由來和家族系譜。《臺灣高砂族系統所屬之研究》因主題集中論述在族
群系統，所以書中可見故事皆為發祥傳說，關於創族祖先和分支遷徙的事情只
稍作陳述。身為一本語言學著作，全書重心雖然放在對臺灣原住民族語系的辨
別和建構，《原語臺灣高砂族傳說集》卻收集大量的異文，尤其某些過於簡略或
不夠完整的故事仍被編進書裡，可見作者是想呈現當時臺灣各族原住民使用母
語的面貌，且書中所載多為神話、傳說與故事，更可當作研究民間文學的資料。

　　由以上日文書籍可以看出，它們雖都收錄原住民族的故事，但編纂目的
卻有差異。最初是以介紹奇特風俗和展現治理成果的心態，把口傳故事當作
初步認識原住民族的媒介。隨著理蕃政策推行，原住民族故事被認為是族群
歷史和宗教信仰的一部份，有別於先前只著重內容的趣味，附上採錄日期、
時間、族群部落名稱、口述者名字等相關資料，加強其真實性。故事的口語
特質，以及與祭祀儀式、社會規範、生活習慣的緊密結合，使編纂者更為重
視故事來源和文句意義的再現。因為故事中的任何一個小細節，很可能就會
引起人類學、民俗學和語言學的發現，所以儘量不改動故事原文，以字母標
記原音，更在正文之間，添加對語彙、物品或習俗的註解。

　　《原語臺灣高砂族傳說集》費時五年，探查足跡遍佈臺灣本島和蘭嶼，
共採錄 284 篇故事。全書以原住民語和日語對照，並用國際音標記載各族語
音，口述資料的來源與說明也一應俱全。無論調查規模、涵蓋範圍或故事數
量皆相當可觀，若想了解原住民族口傳故事的流變與特色，便不能不提及此
書。透過對《原語臺灣高砂族傳說集》一書的解析，可以看出日治時期原住
民族口傳故事的特色和流傳情況，及對後世原住民著作之影響。總之是一本
關於臺灣原住民族傳說故事早期調查研究的重要著作，本論文因而取為研究
對象，希望從文獻、譯本、故事類別等層面作初步探討。

〔註52〕小川尚義、淺井惠倫著：《原語による台湾高砂族伝説集》，東京，刀江書院，
　　　　 1935 年初版，1996 年二刷。
〔註53〕移川子之藏、馬淵東一、宮本延人著：《臺灣高砂族系統所屬の研究》，東京，
　　　　 刀江書院，1935 年初版，1996 年二刷。

第三節　研究材料與方法

　　本論文訂題之初，以《原語臺灣高砂族傳說集》裡的故事為研究目標。該書的形成有其背景，影響了後來研究者對書中所收故事文學性的掌握。其體例是語言學的故事語料集，和單純的故事書有性質上的差別。而且後來出現了不只一個漢譯本，譯文結果各具特色，而且翻譯原則也不盡相同。凡此都可能影響故事研究。而最重要的是本書出現以後，雖常有引用，但對這本書自身的一些問題，至今探索者少。因此本論文先採綜合研究的方式，針對該書成書、體例、翻譯一一做探討，然後進入故事分類研究。在這樣的情況下，本論文就無法採取單一研究方式來貫穿全文，而是必須針對各個研究子題的特性來設想研究方法。

　　本論文研究《原語臺灣高砂族傳說集》，以小川尚義和淺井惠倫的原著為主要分析對象。在漢譯本方面，則透過不同版本的對照，比較出陳萬春先生的漢譯文字樸實而不多作刪改，因此選擇使用陳萬春翻譯本。關於這個翻譯本的特徵，和筆者參與校對、整理的情形，請參考本論文第四章第三節的討論和說明。

　　本論文的第一章，從政治層面和文獻層面探討《原語臺灣高砂族傳說集》一書可以研究的面向。在本章中，透過以臺灣原住民為主題的口傳文學專著和學位論文，可知當中有引用《原語臺灣高砂族傳說集》及其譯本做為書目資料，不過由於語言的隔閡，採用翻譯本的情況較多，即使引用原文版本，也只是摘錄部份故事，不見有對此書全面性的論述和介紹。除了近年來的出版書籍，並列舉在《原語臺灣高砂族傳說集》形成前，日治時期的原住民研究論著，顯示出口傳故事被大量保存的情形，並說明《原語臺灣高砂族傳說集》一書對於民間文學研究的重要。依照不同政權的政治考量，對原住民口傳文學的調查目的和性質亦大相逕庭，但這些著作仍可做為民間文學的研究材料。

　　第二章從日本近代學術起源的角度，以及小川尚義、淺井惠倫兩位作者的學術背景，討論《原語臺灣高砂族傳說集》一書的成書過程。明治維新引發日本的全面西化，西方的各式學問，在日本學界也急速成長，並且影響到對臺灣的調查與研究。由《日治時期臺灣近代博物學發展與文化資產保存運動之研究》

〔註54〕和《學術先鋒：臺北帝國大學與日本南進政策之研究》〔註55〕，可看出日治時期主要的學術研究風格，以及學術與政治互為一體的現象。透過《臺灣大調查——臨時臺灣舊慣調查會之研究》〔註56〕與《小川尚義、淺井惠倫　台灣資料研究》〔註57〕，顯示臺灣總督府的調查重心從漢人轉向原住民，而研究原住民的這股風潮，也造成《原語臺灣高砂族傳說集》的問世。從書名中「傳說」二字，及口語轉化為文本的過程，點出這部語言學語料，亦具有民間文學的特質。

第三章仿照中國古代釋例學的方法來探討《原語臺灣高砂族傳說集》全書的體例和主體架構，是關於《原語》一書自身結構的研究。大體而言，透過觀察《原語臺灣高砂族傳說集》目錄章節，以取得全書的架構。此書使用族群名稱為分類大項，再以方言、蕃名和社名作出區隔，但原住民的族名會因為學者在外表特徵、音韻語法、生活習性、服飾文物等的辨別，而產生不同的名稱或歸類準則，因此必須先釐清各族名稱的演變。整理並找出歸類依據和書中所用符號，排出作者編輯內容的優先順序，以及符號所代表之意義，建立《原語臺灣高砂族傳說集》的編纂模式。藉由筆者自身的日文能力，檢視每篇故事的內容，運用校勘方法，比對同篇故事的前後文或其他類似故事，並參照該篇的國際音標、逐字譯和隨頁註釋，用以解釋文句不通順或不合常理的原因。

第四章則取中文和日文的詞彙語法、文化語境，來比較各譯本和原書、以及各譯本之間的差異。《原語臺灣高砂族傳說集》的漢譯，有余萬居、徐人仁、陳千武、陳萬春四種版本，唯一出版的是陳千武《台灣原住民的母語傳說》〔註58〕，但已經過擷取重整，文章完整度不及中央研究院的余萬居〔註59〕

〔註54〕 李國玄：《日治時期臺灣近代博物學發展與文化資產保存運動之研究》，桃園，中原大學建築學系碩士班碩士論文，民國95年12月27日。

〔註55〕 葉碧苓：《學術先鋒：臺北帝國大學與日本南進政策之研究》，臺北縣，稻香出版社，民國99年6月初版。

〔註56〕 鄭政誠：《臺灣大調查——臨時臺灣舊慣調查會之研究》，臺北縣，博揚文化，2005年6月初版一刷。

〔註57〕 土田滋主編：《小川尚義、淺井惠倫　台灣資料研究》，東京，東京外國語大學亞非洲語言文化研究所，2005年3月25日初版。

〔註58〕 陳千武譯述：《台灣原住民的母語傳說》，臺北，臺原出版社，1991年2月第一版第一刷，1995年5月第一版第五刷。

〔註59〕 小川尚義、淺井惠倫著，余萬居譯：《原語臺灣高砂族傳說集》，臺北，中央研究院民族學研究所，未刊稿。

和中國口傳文學學會陳萬春的未刊本〔註 60〕，而中研院的徐人仁版本，只譯出原書布農族（即第 591 至 668 頁）的部份，因此呈現出來的篇幅最小〔註 61〕。比較各種漢譯本在形式、編排上的差異，並從書中體例和翻譯特色，看出譯者對其漢譯本的立意與期望。經由探討文字轉譯的過程，可能會受到譯者對譯品的預設目標，及譯者本身的社會、文化或教育背景所影響，使原文和譯本之間產生語意上的變化，並展現不同的敘事風格。

　　第五章和第六章所論，都從口傳故事文體研究的方法切入，皆與故事分類有關。包含針對民間故事做重點分析的故事類型分析法，即 AT 分類法，和針對所有故事做全面分析的廣義故事分類法。所謂 AT 分類法，是芬蘭學者 Antti Aarne 所著 *Verzeichnis der Märchentypen*（1910）經美國學者 Stith Thompson 增訂為 *The Types of the Folktale*（1973）的一套只為確定流傳已廣的狹義民間故事（原則上不包含神話和傳說）做分類的分類架構〔註 62〕。由於這個分類法只為確定流傳已廣的民間故事做分類，所以是重點分析法。丁乃通《中國民間故事類型索引》〔註 63〕和金榮華《民間故事類型索引》〔註 64〕都屬於這個分類系統。所謂廣義故事分類法，則是一般通行的神話、傳說、民間故事三分法。這個分類法所以收攝所有民間散體敘事作品，而不只於狹義民間故事，也不管是否已經廣傳，因此是較為全面的分析法〔註 65〕。本論文第五章先用神話、傳說、民間故事的民間敘事類別，證明身為語言學文本的《原語臺灣高砂族傳說集》，同樣也具有文學性。除了突顯其故事特色，呈現當時原住民的文化思想、禁忌習慣，進而了解他們的生活面貌，也證實這些文獻對於研究原住民故事衍化的確有所幫助，為臺灣民間文學提供更豐富的資料。第六章則為《原語臺灣高砂族傳說集》裡的類型故事做辨析，雖以分類為主，但這應該是原書民間故事較具比較意義的部分。

〔註 60〕小川尚義、淺井惠倫著，陳萬春譯：《原語臺灣高砂族傳說集》，未刊稿。
〔註 61〕小川尚義、淺井惠倫著，徐人仁譯：《原語による台灣高砂族傳說集》（節錄），臺北，中央研究院民族學研究所，未刊稿。
〔註 62〕Stith Thompson, *The Types of the Folktale*, Helsinki: Academia Scientiarum Fennica, First published, 1961, Second printing, 1963, Third printing, 1973.
〔註 63〕丁乃通：《中國民間故事類型索引》，武漢，華中師範大學出版社，2008 年 4 月。
〔註 64〕金榮華：《民間故事類型索引（增訂本）》，新北市，中國口傳文學學會，2014 年 4 月。
〔註 65〕金榮華：《中國民間故事與故事分類》，臺北縣，中國口傳文學學會，2007 年 9 月，頁 67～69、85～86、90～91。

　　第七章為結論。歸納對《原語臺灣高砂族傳說集》的觀察，整理出對應至民間文學領域的文類，可知全書記錄的臺灣原住民口語資料，具民間文學的研究價值。

第二章 《原語臺灣高砂族傳說集》之成書背景

第一節 日本南進政策下的人類學

一、博物學的啟發

　　日本人對臺灣的研究，早在簽訂馬關條約（1895）前就已開始。自德川家康統一日本領土（1615）以來，便展開由將軍取代天皇總攬朝政的幕府政治，直到歐美列強以武力、經濟叩關後產生政局動盪，使得政權的正當性受到質疑，因此出現提倡「倒幕」的聲音，主張用武力推翻幕府。為轉移焦點，幕府提出「大政奉還」，想藉此消除擁皇派起兵的理由。「大政奉還」表面上是將軍把暫為治理國家的權力歸還給天皇，實際上仍掌握兵權，並伺機挾天皇而再度執政。因為德川幕府傾向排外，阻礙各國在日本的貿易利益，所以外國勢力也附和還政於王的訴求，朝廷裡的大臣們也分成天皇和將軍兩派，在政治與軍事上互相角力。後繼無力的幕府，交還最高統治權而解散後，便形成以明治天皇為尊，採內閣制的新政府。趁著一切百廢待舉，擘劃新的制度典章，並引進西方國家的規範和事物，做為學習與模仿的對象，這一連串措施即為「明治維新」（約 1860～約 1880）。歷經維新運動所帶來的全面西化，同時象徵著毀滅過後重生的嶄新力量，與被西方列強鯨吞蠶食的深沉無力感，使日本在致力仿效、吸收外國優點時，也產生了想超越大國的野心。除了強化軍事設備、改善人民生活和推廣教育知識外，更進一步去擴張領土。明治

四年（1871年），琉球宮古島船民因暴風吹襲，漂流到八瑤灣（今屏東縣滿州鄉附近）一帶，上岸後遭高士佛社原住民殺害，促成了日本與臺灣的初次接觸，亦燃起日人侵占臺灣這座美麗島嶼的意圖〔註1〕。琉球原為獨立政體，但受到中國和日本的強勢進逼，皆想把琉球納為自己的屬地，為了維護政權，琉球只好分別向中國、日本進貢，成為兩國的附屬國，想藉此讓中日互相牽制，任何一方都無法採取侵略行動。日本政府欲打破宗主權不明確的情形，於是在同年封琉球為琉球藩，逕自認定琉球是日本國土的一部份，然後以琉球藩民被殺為藉口，出兵攻打臺灣南部原住民，引發「牡丹社事件」，此事也讓臺灣成為繼琉球之後，日本朝南方拓展勢力的下一個目標，所以從明治六年（1873年）起，便陸續派人前來調查。〔註2〕

　　日本的實地調查採用「博物學」視角，這是一種對所有事物做綜合研究的學問。博物學在奈良時期（710～794）從中國傳入，到實施鎖國政策之前，一直沿用此種方式。「博物」二字有廣覽萬物之意，大量蒐集各種資料並彙整成書，能讓內容看起來較為豐富，以及表現作者的才學淵博，因此《山海經》、《詩經》、《爾雅》、《博物志》、《水經注》、《齊民要術》、《本草綱目》等書，囊括多樣領域的知識，都帶有博物學的要素。如晉代張華的《博物志》，共十卷，書中記載所見聽聞，大致分為：地理水文、奇人異物、草木鳥獸、物體表徵與現象、藥物飲食、方士道術、文物考證、其他備載補述〔註3〕。依上述種類可知，研究方法是觀察自然事物後，將其記錄分類，或為之註解分析。開放外國貿易後，由長崎逐漸輸入有關現代科學或博物學的書籍，同時也引進博物學科學化的新興概念。此時的「博物學」，應為「natural history」，亦稱「自然史」，為有系統地研究物質的科學，包含天文學、地理學、生物學、氣象學和人類學。由於調查對象同為大自然的事物，因此在提及「博物學」概念時，中國的「博物」和西方的「natural history」大致可對應而結合論之，至此已完成今日所見的博物學雛形〔註4〕。受西方文化衝擊所致，日本吸收國外

〔註1〕林呈蓉：《牡丹社事件的真相》，臺北縣，博揚文化，2006年4月初版一刷，頁14～21。「高士佛社」亦稱「高士猾社」，書中為後者，但「高士佛社」一詞較常見，故在此採用前者。

〔註2〕李國玄：《日治時期臺灣近代博物學發展與文化資產保存運動之研究》，桃園，中原大學建築學系碩士班碩士論文，民國95年12月27日，頁2～20。

〔註3〕（晉）張華：《博物志》，《四庫全書精華》，臺北，古今大典，2000年10月初版。

〔註4〕《台灣博物學會會報簡介》，臺北，林業試驗所日治時期林業文獻資料庫，上網日期：2014.5.2，網址：http://literature.tfri.gov.tw/atlas/intro0.html。

的各類知識，進而對接觸的一切事物都充滿興趣，造成新式博物學的流行，加上出兵征戰前需詳細了解敵情，故先後派遣多人來臺探險〔註5〕。調查項目包括動植物、天然地形、地質礦產、農林物產、輸往日本之貿易物品現況，以及原住民的商業交易、婚喪儀式、飲食風俗、狩獵方式與服裝飾品，雖然以軍事需求為主，但苦於維新之後國力尚弱，無法進行有計劃的整體調查，所以只能採取單點式的實地探訪，為攻佔臺灣提前做好準備。不過這些探險者足跡所到之處遍佈全臺，也算是對整個臺灣作了一次大型的綜合研究。〔註6〕

　　明治維新揚棄過去重視的漢學，在物質、精神方面力求西化，徹底改變整個國家，是顛覆日本傳統的一枚震撼彈，不僅促進社會現代化，建立起科學教育體制，更推動近代博物學的發展。現在著名的東京大學，也是因為當時日本政府提倡西化、重視科學，才把原先為蘭學機構的「天文方」、「昌平坂學問所」和「種痘所」合併，形成建校初期的法、理、文、醫四大學部〔註7〕。實施鎖國政策時，雖說對外斷絕貿易，但還是有和中國、荷蘭等特定對象往來，因此從荷蘭人習得的知識，便稱為「蘭學」，可是隨著鎖國結束至幕府末期，蘭學的重要性不比以往，於是逐漸式微〔註8〕。由於採用西式教育與外籍教師，使得這時候的東京大學，在各種領域上皆有所突破〔註9〕。治學風氣的蓬勃，亦鼓舞著大學裡的教師進行研究，進而延伸出許多學術研究學會。明治十一年（1878）十月二十日，在東京大學動物學教授發起之下，創立「東京大學生物學會」，此學會先後分為「東京植物學會」與「東京生物學會」，不過東京生物學會的研究範圍多偏向動物學，「生物」一詞與學會性質不相符合，而後改成「東京動物學會」。正當動植物學發展得如火如荼之際，佐佐木忠次郎、白井光太郎和坪井正五郎等人，於明治十七年（1884 年）組成「東京人類學會」，而這也成為人類學研究在日本興起的契機。〔註10〕

　　由於學術項目各自發展，使它們逐漸脫離博物學範疇，在這波風潮下，人類學亦獨立出來成為顯學。隨著軍國主義的高漲，政府與學術研究機構為

〔註5〕同註2，頁2～14。

〔註6〕同前註，頁2～20至2～21。

〔註7〕《東京大學的概要》，東京，東京大學，上網日期：2013.1.18，網址：http://www.u-tokyo.ac.jp/pdf/gaiyo-c-09-10.pdf。

〔註8〕徐興慶撰：〈德川幕末知識人吸收西洋文明的思想變遷〉，《臺大歷史學報》第40期，臺北，臺灣大學，2007年12月，頁149～199。

〔註9〕同註2，頁2～17至2～19。

〔註10〕同前註，頁2～19。

了管理殖民地或探索其他民族的情況，便派遣人類學者前往臺灣蒐集資料。不論是明治時期的東京大學（昭和三十年六月曾改稱「東京帝國大學」）〔註 11〕、東京人類學會，或是後來臺灣總督府的臨時臺灣舊慣調查會，皆運用科學量化去做廣泛調查，可看出有近代博物學的影子，而這也攸關往後日人治臺時，選擇具博物風格的廣義人類學為研究方法，大多是受到博物學的影響。

二、從異族到蕃政

以博物學概念深入研究的各種學說逐漸發展成熟，形成獨立的學問，其中探討與人類相關的範疇，即為「人類學」。起初是由外物反推至自身的追尋，在了解大自然的動植物與礦物後，發覺對於人類的知識卻相對貧乏，因而興起調查人類的體質、制度、使用物品與構成的文化。隨著十五世紀的地理大發現，各國之間因貿易、戰爭而互有往來，研究對象也從當地群落擴大到他族〔註 12〕。人類學的研究方法為「民族誌」，調查人員必須長期觀察某個族群，描繪有關研究對象的一切事物，再從以文字、圖畫、影像和物品構成的記錄，探討此族群的社會結構與文化關係。藉由民族誌可以保存大量族群資料，了解當地民族特性，所以時常運用在田野調查中。〔註 13〕

簽訂馬關條約後，日本便開始積極進行對臺灣的調查。統治初期，各地抗日事件叢生，加上身處異地水土不服，使日本政府在管理殖民地時屢遭挫敗。幾經檢討後，發覺對臺灣民情資訊的接收極為缺乏，導致無法順利掌握政權。雖然陸續出現總督府民政局的「臨時調查掛」（1896）、臨時臺灣土地調查局（1898）、臺灣慣習研究會（1900）等單位，不過在極為倉促與毫無前例可循的狀態下，調查事項不是流於偏頗，就是尚未採集完畢，因此鮮有具體的資料可供政府參考〔註 14〕。其程序不僅未規劃完善，使彼此間的成果出現部份重覆，調查方向亦著重在觀察各式物質與人種之特性，社會文化現象的研究反而較少。為了能夠系統化整理歷年調查資料，釐清「舊慣」之定義，避免相關舊慣調查單位因研究方向錯誤或不明確，而形成時間、經費和人力

〔註 11〕同註 7。
〔註 12〕宋光宇編譯：《人類學導論》，臺北，桂冠圖書，民國 66 年 11 月 20 日初版，民國 68 年 10 月 10 日修訂再版，頁 10～11。
〔註 13〕同註 12，頁 17～19。
〔註 14〕鄭政誠著：《臺灣大調查——臨時臺灣舊慣調查會之研究》，臺北縣，博揚文化，2005 年 6 月初版一刷，頁 84。

資源的浪費，臺灣總督府成立「臨時臺灣舊慣調查會」（1901），展開對臺灣全島的大規模調查。〔註 15〕

　　「臨時臺灣舊慣調查會」的成員，多為總督府官員、大學教授及各界專家。雖列出「法制」、「經濟」兩部，但由於採取總督府職員和外聘人士分頭進行調查事務，除了前往南洋、中國沿岸和臺灣本島實地採錄外，還遍查清代文獻紀錄與詢問耆老，使得初期活動未能達成統合，直到明治三十四年（1901 年）十月二十五日頒布「臨時臺灣舊慣調查會規則」後，舊慣調查才日漸步上正軌〔註 16〕。當調查行動告一段落，發現原住民與漢人習俗相悖，且舊慣調查內容實為針對漢人法制，無法通用於臺灣原住民。為有效管理原住民，以及解決原住民族因爭奪土地而長期和日人、漢人械鬥的問題，於是轉而調查臺灣原住民各族。〔註 17〕

　　研究臺灣原住民族的動機，始於中日戰爭裡日方所採取的「南進政策」。日本一方面折服於西方眾國的強大，另一方面卻想擺脫被列強擊潰的屢弱現狀，因此不僅全面西化，擴張版圖的野心也日益高漲。主導戰事的陸軍和海軍分別提出「北進」與「南進」兩種方案，企圖佔領其他國家的領土，讓自己更為壯大。在此政策下，南進部份包括臺灣與東南亞各國，都成為攻佔的目標〔註 18〕。由於武力南征，日本學術界注意到南方島嶼的存在，而造成「南方研究」風行，尤其是東南亞諸多原始民族，更成為人類學、民族學、語言學……等研究的新標的。臺灣因為地處中國大陸、日本與東南亞各國之間，又與南島民族有地緣及血緣上的關聯，故引起眾家學者的高度興趣。

　　人類學在當時的日本逐漸興盛，其中包括「東京人類學會」等，紛紛將觸角伸至國外，對異民族展開實地調查。他們採集臺灣原住民族的相關文物，研究其人種、語言、體質及風俗習慣〔註 19〕。初期通常以研究機構或個人名義進行採錄工作。由於日本政府忙於平定臺灣各地動亂，及適應全然陌生的異地事物，因此調查成果多用在學術發表，被用於改善政務的機會不多。1895

〔註 15〕同前註，頁 90。
〔註 16〕同前註，頁 140～145。
〔註 17〕同前註，頁 183。
〔註 18〕葉碧苓：《學術先鋒：臺北帝國大學與日本南進政策之研究》，臺北縣，稻香出版社，民國 99 年 6 月初版，頁 20～21。
〔註 19〕劉斌雄：〈日本學人之高山族研究〉，《臺灣土著社會文化研究論文集》，臺北，聯經出版社，民國 75 年 10 月初版，頁 71。

年，伊能嘉矩和森丑之助來臺。起初他們各自專注在史學和語言學領域，後來不約而同對原住民的事物進行研究〔註 20〕。翌年開始，鳥居龍藏先後訪臺四次，跑遍臺灣本島與蘭嶼，以臺灣原住民為主題，做整合性的族群調查，並在國際間發表有關雅美族人種的學術論文，將前往蘭嶼的調查成果，集結於《紅頭嶼土俗調查報告書》中。森丑之助就在這期間擔任鳥居龍藏的助手兼翻譯，藉此學會人類學的調查方法，並將此運用於日後的研究。〔註 21〕

在「臨時臺灣舊慣調查會」成立前，日人逐漸發覺了解原住民的重要及迫切性，但在沒有規劃與調查方法可供依循的情況下，只好先聘請學者為臺灣總督府展開調查。伊能嘉矩與粟野傳之呈就曾受總督府民政長官所託，花了半年時間做實地採錄的工作，並編纂調查內容，完成《臺灣蕃人事情》一書〔註 22〕。該會於 1909 年增設番族科後，便全面推動番族調查事務，派遣佐山融吉、小島由道及河野喜六等人進行探險，彙整其記錄而陸續出版《蕃族調查報告書》與《番族慣習調查報告書》〔註 23〕。由於對原住民研究的熱愛，森丑之助也加入番族科的行列，雖然受官方聘任，但他調查的動力，其實更出自個人興趣，集結多年觀察所得，寫出《臺灣番族志》和《臺灣番族圖譜》〔註 24〕。當時的法制部長岡松參太郎，參考並引用舊慣調查會著作，整理出《臺灣番族慣習研究》，是該會唯一非田野調查之書籍〔註 25〕。這些資料不僅有助於了解臺灣原住民的生活，而且更為後來的理番政策奠定了施政基礎。

第二節　語言學的崛起：小川尚義與淺井惠倫

語言學是研究人類語言的學問，採錄語言並以標音符號記錄，再由音韻、詞彙和語法，找出此族群語言的規則與特色，進而探究使用語言的社會環境，以及語言本身所衍生的文化意涵。因此語言學的研究範圍，包括研究語言的結構與功能，追溯語言發展的歷史，以及語言和其他相關現象的關係；依照

〔註20〕同註 18，頁 73～74。
〔註21〕同註 2，頁 2～31 至 2～34。
〔註22〕同註 18，頁 74。
〔註23〕同註 14，頁 255、261。
〔註24〕同前註，頁 271～272。
〔註25〕同前註，頁 266。

研究方向，又可分為語音學、語義學、語法學和語用學〔註 26〕。臺灣有眾多原住民族，但其語言一向不是統治者重視的部份，直到日治時期的語言學家來臺，為了證明臺灣原住民族的語言和印尼、菲律賓同屬南島語系，大量採集語言資料，彙集的語料亦能成為臺灣總督府管理原住民族之用，遂得官方在人力和物質上的支持。小川尚義是日治時期具代表性的語言學家，淺井惠倫則在原住民語言著力甚多，是繼小川尚義之後著名的語言學者，同為《原語臺灣高砂族傳說集》的作者。由於此書的誕生和兩人的際遇與研究有密切關係，故從《小川尚義、浅井惠倫　台灣資料研究》〔註 27〕裡，擷取有關小川尚義和淺井惠倫的論述資料並稍加整理，放在這節介紹兩位的生平事蹟，以及編著《原語臺灣高砂族傳說集》的緣起。

一、學術之路的形成

明治二年二月九日（1869 年 3 月 21 日），小川尚義生於四國島伊予國溫泉郡（今愛媛縣松山市勝山町），原是高松藩武士丹下尚逸之子，為了延續母親家族的香火，三歲時過繼給小川武一為養子。九歲開始學習能劇的謠曲，從此以後對能劇的熱情有增無減。歷經腳氣病痊癒復學後，於明治二十五年（1992），拜在下掛寶生流第八代傳人寶生新朔的門下，成為入門弟子。即使到了臺灣，在忙碌的教學與研究工作之餘，還是應總督府長官要求，抽空教導能劇，並且一年舉行數次宴會。晚年回到故鄉的小川尚義，仍持續參與能劇活動，擊鼓技巧與吟詠謠曲一樣出色的他，被人稱為「下掛寶生流七大家／七大奇人」之一，足見他在音樂上的造詣。或許在學習能劇的過程中，培養出對聲音的敏感度，成為小川尚義日後在採集臺灣各族語言時，能夠清楚分辨各種發音高低、大小、長短的利器，也開拓了他畢生鑽研語言學的道路。〔註 28〕

淺井惠倫，明治二十八年三月二十五日（1894 年 12 月 25 日），出生於石川縣小松市北淺井町的淨土真宗大谷派妙永寺。身為住持的長子，理應要繼承家業，加上父親前往美國傳教，家中寺廟需要有人主持，於是他曾嘗試對

〔註 26〕劉穎主編：《語言學概論》，重慶，重慶大學出版社，2010 年 12 月初版一刷，頁 9～11。

〔註 27〕土田滋主編：《小川尚義、浅井惠倫　台灣資料研究》，東京，東京外國語大學亞非洲語言文化研究所，2005 年 3 月 25 日初版。

〔註 28〕酒井亨：〈小川尚義——ある偉大な台灣語學者と故鄉‧松山〉，書同前註，頁 297～300。

群眾解說佛法,不過來聽講的民眾人數不多,在弘揚佛學這方面沒有什麼顯著的效果。不僅對宗教,對新事物始終充滿興趣的個性似乎也來自遺傳。其父淺井惠定,一方面在陌生的土地上宣揚教義,另一方面則與鈴木大拙、松岡洋右,共同創辦最早在美國發行的日文報紙《奧勒岡新報》。父親勇於嘗試挑戰的性格和接觸異國文化的經驗,同樣也印證在就讀第四高等學校時的淺井惠倫身上。他開始接觸和學習世界語,並考上東京帝國大學文科(等同於文學院)的言語學科,踏入語言學的範疇,讓淺井惠倫對未知的世界更加好奇。〔註29〕

二、調查原住民語言的動機

小川尚義從東京帝國大學文科博言學科畢業之際,適逢臺灣發生六名日本教師被殺的「芝山岩事件」。因此臺灣教師人數不但短缺,也缺乏能夠編纂日語教科書及日臺辭典的人選,因此首任學務部長伊澤修二,委託友人上田萬年教授代為尋才,上田因此推薦自己的學生小川尚義。受到恩師的勸說,除了為將來工作找出路,也因為當時日本學術界的重心,侷限在南亞的馬來語和中國大陸的北京話,而疏於發掘和探討其他語言,因而想藉由研究位處中國大陸旁與南洋上方的臺灣,做為進一步探究大陸及南島諸多語言的敲門磚。明治二十九年(1896)十二月,小川尚義與國語學校第二回講習員一行人坐船來臺。剛開始他在艋舺的學海書院居住和工作,並以六名罹難教師的學生作為助手,研究臺灣福建話。直至大正時期,終日忙著編輯書籍和教導日本語的小川尚義,利用剩餘時間,將研究範圍伸至原住民,實地調查和蒐集詞彙,研究成果卻不被當時的日本政府及學術界重視。〔註30〕

大學畢業的淺井惠倫,尚未將重心放在語言學研究。他先後在福井商業學校及小松商業學校從事教職。在看過鳥居龍藏《紅頭嶼土俗調查報告書》的學術調查報告後,發覺書中將臺灣、巴坦島和菲律賓三地的語言拿來比較,並以彼此間有共通語彙證明其關聯,雖然可明顯看出巴坦島和菲律賓是屬於同一語源,但作者沒作出哪種語言較貼近菲律賓語的結論,加上雅美語的資料過少,讓淺井惠倫懷疑資料的正確性,進而提出假設,認為臺灣雅美語是連繫三地語言的關鍵,所以陸續在大正十二年(1923)、昭和三年(1928)

〔註29〕土田滋:〈〔人と学問〕淺井惠倫〉,書同前註,頁322～323。
〔註30〕馬淵東一:〈追悼 小川尚義教授〉,書同前註,頁288～289。

八月和昭和六年（1931）九月，三度前往紅頭嶼（蘭嶼）勘查。論文〈雅美語的研究〉不僅證實紅頭嶼和巴坦島語出同源，更燃起了他對臺灣原住民族語言研究的熱情。而轉至大阪外國語學校任教時，遇到年紀相仿、志同道合的同事，也就是俄國著名語言學者聶甫斯基，為了搶救即將消失的語言，兩人開始在臺灣本島做原住民族的田野調查。淺井惠倫對南島語系的研究，逐漸從菲律賓轉移到臺灣原住民身上，也定下日後他與原住民族語言的不解之緣〔註31〕。

三、兩人的合作

　　昭和初期，臺北帝國大學延請小川尚義擔任文政學部教授，並開辦言語學講座。「講座」制度是帝國大學的特色之一，主要用於專業科目的學術研究，編制為每門講座各以一位教授主導研究及授課，後期增置一名助教授和一到三名助手〔註32〕。原以為言語學講座有助於南方研究的推廣，豈料乏人問津；不過小川尚義依舊致力於學問，全然不因被冷落及沒有經費、人力而澆熄熱情。到了昭和五年（1930年），前總督上山滿之進將退職金轉贈臺北帝大，這筆經費分別撥給土俗學講座和言語學講座，小川尚義的努力才真正獲得實質的支持。解決了經濟因素，不過負責調查的人手仍舊不足，所以聘請任教於大阪外國語學校的淺井惠倫，前來助自己一臂之力。此時小川尚義雖年屆六十，聽力已大不如前，但唯有在深入部落實地調查時，聽覺敏銳到連微弱發音也能清楚分辨，不僅讓正值壯年的淺井惠倫大為折服，亦可看出小川尚義對語言學的堅持。〔註33〕

　　淺井惠倫以一己之力，經調查而獲得的成果，雖然使他揚名國際，但是短時間的集中採集語料，以及透過與其他地區比較來談論臺灣原住民的語言，反倒突顯他研究中的不足之處。讓淺井惠倫跨越此一障礙的，便是應小川尚義之邀，前往臺灣做長期且大規模的田野調查。趁著跟前輩共事之便，不僅可以檢視研究至今所缺少或錯誤的部份，而且還能擴充並強化研究方法與其理論。由於小川尚義年事已高，所以在分配調查範圍時，淺井惠倫負責居住

〔註31〕同註29，頁323～324。
〔註32〕邱景墩、陳昭如：〈戰前日本的帝國大學制度與台北帝國大學〉，《台北帝國大學研究通訊》，臺北，國立臺灣大學圖書館，上網時間：2014.5.3，網址：http://www.lib.ntu.edu.tw/en/node/572。
〔註33〕同註30，頁290～291。

地勢較高的族群，小川尚義則負責接近平地的族群。歷時五年，終於完成這項任務，淺井惠倫也繼小川尚義之後，成為研究臺灣語言的重要學者。〔註34〕

四、戰火下的研究

　　昭和十一年（1936）三月，小川尚義以年事已高為由辭去教職，回到了故鄉松山市。即使身在日本，也一直心繫臺灣；退休後的他並未因此中斷學術研究，不但整理補充《日台大辭典》而改版成《新訂日台大辭典》，更是將心力放在臺灣原住民族語言的研究上，陸續發表數篇論文。昭和二十年（1945）七月二十六日，松山市遭到空襲，大火燒毀小川尚義部份調查成果。雖然事先已將大多數資料移往他處，但研究記錄僅剩下昭和二十年八月到十月的筆記〔註35〕。即使心血幾乎付之一炬，小川尚義仍沉浸於治學，並不因為年邁和疾病而中斷研究。深刻體認到時光易逝的他，總把「想要時間」這句話掛在嘴邊，而這也是他晚年內心最迫切的願望。日漸凋零的身軀開始出現異狀，在診斷不出病症而被歸類為衰老的情況下，小川尚義於昭和二十二年（1947年）十一月二十日辭世，享年七十七歲。〔註36〕

　　淺井惠倫在小川尚義退休歸國後，接手繼續研究臺灣原住民族的語言。在編纂《原語臺灣高砂族傳說集》時，著重於高砂族（高山原住民）這部份。雖然平埔族（平地原住民）語言流失的程度也日益嚴重，但有待採集的範圍過於龐大，無法同時收錄所有資料，所以只能等高砂族的部份告一段落後，再進行平埔族的田野調查。不過當他們接觸高砂族，發現族群數量遠比當初預估的還多，而且在實地採錄的過程中，得到許多珍貴原始資料，因此讓這些學者們一頭栽入研究，直到成果發表為著作，才回過頭去採錄平埔族的語料。不過此時語言學的田野調查卻因為兩件事而遭遇到困境：一是日本戰事告急，物資必須儘量運往前線，使得研究經費縮減，調查人員也陸續被徵召從軍；二是當時平埔族漢化嚴重，又被日人統治影響已久，加上能說族語的耆老紛紛凋逝，讓採錄工作更加艱辛。淺井惠倫分別在昭和十一年七月到十二月一月、昭和十三年一月至三月，進行兩次平埔族的語言採錄，邀請潘氏腰、吳林氏伊排和巴布薩族阿緞三名婦人，前往臺北帝大協助語言調查，記

〔註34〕同註29，頁325。
〔註35〕同註28，頁301～302。
〔註36〕土田滋：〈小川尚義とキリスト教〉，書同註27，頁311、314。

錄所知的該族單字，總算留下了死語曾經存在的痕跡。〔註37〕

五、學術的成就和傳承

居住臺灣四十年，小川尚義一直從事語言的教育和調查，就算退休返日，研究工作仍持續不輟。他對臺灣語言雖然有莫大貢獻，但生前鮮為學術界所知，箇中原因除了用日文寫成學術論文，其創見難以與國際學人分享之外〔註38〕，所研究的南島語言也一直是日本學術界中的冷門選項，因此始終不受重視〔註39〕。只不過造成小川尚義知名度未開的癥結，也正是他學術性格最大的特點——為了學問而作學問。他不盲從主流，只選擇值得深入探索的途徑，不以孤身研究為苦，反倒樂在其中。直到集高砂族語言調查之大成的《原語臺灣高砂族傳說集》完成（1935），才讓他開始受到日本政府和學術界注目。小川尚義的研究，終其一生都離不開臺灣。初期雖因工作而接觸福建話，但真正開啟其興趣的還是臺灣原住民族的語言。有別於早期學者的調查方向偏重人類學，他運用語言學，為臺灣原住民族建立一套較完整而有系統的劃分方法，分析並列舉出各族語法上的異同，除了為後世樹立研究基礎外，更擴大比較範圍，說明它和南島語系之間的關聯，勾勒出臺灣原住民族與其他地區原住民族的血緣及遷徙脈絡，故而被稱為「臺灣語言學的先驅者」。〔註40〕

接續小川尚義的研究方向，淺井惠倫不但極力保存了許多臺灣原住民族語言的相關資料，並將學術成果發揚光大。他在研究之初，就已經注意到國際學術界的趨勢與重要性，因此多篇論文以英文發表，讓全世界都注意到臺灣的存在，進而引發各國學者研究臺灣諸語的開端，也把自己推上世界的舞臺。不只是文字，淺井惠倫還用錄音、攝影等方式，盡可能忠實呈現原始文化，讓後世學者能一窺當時語言的樣貌〔註41〕。退休回國後，他把在臺灣的經歷，拿來運用在研究別種語言上，將觸角伸至大洋洲的原始民族〔註42〕。淺井惠倫擁有的不只是自己的調查文獻，其中包含小川尚義的工作筆記，這些資料彌足珍貴，所以東京外國語大學為之成立「淺井文庫」，匯集並統整其

〔註37〕同註29，頁328～329。
〔註38〕李壬癸撰，三尾裕子譯：〈台湾語言の先駆者——小川尚義教授〉，書同註27，頁283。
〔註39〕同註30，頁288。
〔註40〕同註38，頁282。
〔註41〕同註27，頁5。
〔註42〕同註29，頁331。

收藏，以免放置不理而逐漸佚失〔註 43〕。他以臺灣為出發點，放眼全世界的原住民語系，可說是將臺灣與國際語言學研究接軌的重要推手。

第三節　文體的界定

　　《原語臺灣高砂族傳說集》源於語言學家的田野調查，因此在記錄之初，即為研究臺灣原住民族語言的材料。為了觀察完整的語言特性，小川尚義和淺井惠倫使用國際音標記下原音，並將語意翻譯成日文，故書中文字保留大量口語化，儘量忠實呈現語言的原貌。在接觸陌生語言時，學者會先採集詞彙、片語，由詞組句，由句成篇，而成篇語料大多為「故事」，因為故事不但可以收錄許多單字，行文之間還能看出詞性、時態及句型。《原語臺灣高砂族傳說集》採用了大量「傳說」為成篇語料，兼具口語化和文學性。這些傳說除了具有語言學語料的功能之外，還可以視為口傳故事，而從民間文學角度加以觀察研究。

　　其次，從書名來看，日文就已經開宗明義點出「傳說」二字，更可見這本書可以兼視為一故事集。不過其書英文題作「_THE MYTHS AND TRADITIONS OF THE FORMOSAN NATIVE TRIBES_」，其中「傳說」一語，英譯作「Myths and Traditions」，兩者相比不盡符合，可見其定義仍待商榷。凡是以眾人之口重覆傳述的聽聞，廣泛而論都可稱作「傳說」；但若做為口傳文學的種類之一，範圍則較集中在地方、人物或事件的特殊敘述〔註 44〕。與史事不同的是，只有敘事主體是真實的，敘事情節通常依附主體而虛構。日本認為的「傳說」，初期較偏向廣義說法。後來民俗學興起，日本學者將西方理論套用在對日本古代民族的研究上，定義因而產生了變化〔註 45〕。民俗學家柳田國男提倡把「口承文藝」詳加分類，「傳說」才與「神話」和「昔話」有所區別，成為獨立的文體〔註 46〕。但在英文中，傳說是「legend」，與前述「myth」和「tradition」

〔註 43〕同前註，頁 329。

〔註 44〕劉守華、陳建憲主編：《民間文學教程》（第二版），湖北，華中師範大學出版社，2009 年 6 月第二版，頁 49～50。

〔註 45〕最上孝敬：《民俗學》，日本，Yahoo!JAPAN 百科事典，上網日期：2013.02.14，網址：http://100.yahoo.co.jp/detail/%E6%B0%91%E4%BF%97%E5%AD%A6/。

〔註 46〕山室静：《口承文芸》，日本，Yahoo!JAPAN 百科事典，上網日期：2013.02.14，網址：http://100.yahoo.co.jp/detail/%E5%8F%A3%E6%89%BF%E6%96%87%E8%8A%B8/。

全然不同。《原語臺灣高砂族傳說集》選用後者代表傳說，足證有兩種可能：一種是日本對「傳說」特點的判定與歐美相異；一種則是取決於作者為「傳說」定下的標準。

在日本，民間流傳的口傳故事，有「民話」、「昔話」、「民譚」、「民間說話」等稱呼〔註47〕，「民話」是直接翻譯自「folktale」的外來名詞〔註48〕。如果傳講的人相信敘事內容，則另稱為「傳說」，而從敘事主體是神祇或妖怪來看，又別稱「神話」。「昔話」無法囊括口傳故事的所有種類。「傳說」以妖怪或特定人事物為主，為加強情節的真實性，內容中會出現某時某地的固定敘述，使人們深信確有此事而傳播下去〔註49〕，這和西方對「傳說」的定義大致相同，因此不足以構成第一種可能。

由歐洲率領推動的民間文學界，大體認為「myth」是「神話」，「legend」是「傳說」、「傳奇」，「folktale」是「民間故事」。但是《原語臺灣高砂族傳說集》採取「myth」和「tradition」而不用「legend」表示，可知作者對「傳說」的定義，與當時的歐美和日本學界不太一致。英文書名中的「tradition」是「傳說」、「口碑」〔註50〕，意指口耳相傳的事蹟，和描述奇異經歷的「legend」有部份類似，皆為口述某一事件或現象，不過前者重點在重覆口語傳承的行為，後者是真人真事加強虛構情節的傳播力量；「tradition」不一定侷限於某種文類，亦可能包含「legend」。小川尚義和淺井惠倫之所以使用「myth」與「tradition」，是由於以語言學為編纂目的，著重在廣蒐口語資料，並未更進一步將內容分類〔註51〕，因此傳說集裡所謂的「傳說」，未必就是「legend」的傳奇故事。

作者主觀的認定雖佔一定比例，不過亦不能排除採錄資料性質原本就出現文類參雜的可能。以現代民間文學的角度來重新界定《原語臺灣高砂族傳說集》裡的語料，除了神話和傳說以外，還蘊含民間故事（昔話）、歌謠、祭辭、散文等，皆與臺灣原住民的生活息息相關。如此說來，書名所謂的「傳

〔註47〕佐々木高弘：《民話の地理学》，東京，古今書院，2003 年 12 月 25 日初版第 1 刷，頁 216。

〔註48〕關敬吾：《民話》，日本，Yahoo!JAPAN 百科事典，上網日期：2013.02.14，網 址：http://100.yahoo.co.jp/detail/%E6%B0%91%E8%A9%B1/。

〔註49〕同註 47，頁 216～217。

〔註50〕蔡進松、余玉照、曹逢甫主編：《文馨活用英漢辭典》，臺北，文馨出版社， 民國 86 年出版，頁 1828。

〔註51〕小川尚義、淺井惠倫著：《原語による台湾高砂族伝説集・序》，東京，刀江 書院，1935 年初版，1996 年二刷，頁 1。

說」，也許可以理解得更寬泛，而可以將之視為「口傳文學」的指代詞。藉由這些珍貴的第一手資料，不僅可以記錄世代口頭傳承的文化和歷史，還能藉由這些「傳說」，還原當時日人對臺灣原住民族民間文學的研究概況。

第三章 《原語臺灣高砂族傳說集》
之編纂

第一節　全書章節之分類架構

　　《原語臺灣高砂族傳說集》以記錄臺灣原住民族語言為主，因此在分辨族別時，主要也是針對語言差異去區分，但實際情況卻比較複雜，因立本節，分辨於此。

　　《原語臺灣高砂族傳說集》卷首「總說」裡，先將臺灣原住民語言分成（1）現在仍使用固有語言者、（2）有時候使用固有語言者、（3）不使用固有語言者三大類，並指出本書收錄範圍是屬於（1）「現在仍使用固有語言」的部份〔註1〕。「固有語言」是指原住民各族自己的母語。原住民族和外族接觸越多，所受語言影響也會越深，使用母語的機會亦日趨減少。因此從上列分類可以看出臺灣原住民語言受外語影響的程度。而本書所採錄的則是漢化情形較輕微的族群，日常生活裡較能保留完整的原有語言。「總說」接著探討臺灣原住民族語和印尼語之間的關係，相互比較其詞彙、音韻及文法，可知當時的日本語言學家，認為臺灣原語和南島語系有密切關聯。〔註2〕

　　本書編纂之時判定「現在仍使用固有語言」的族群和部落也有不少，因而必須再加分類，並賦與名稱。本書原住民族群的名稱，依據人類學、語言

〔註1〕小川尚義、淺井惠倫：《原語による台湾高砂族伝説集》，東京，刀江書院，
　　　　1935 年初版，1996 年二刷，頁 3～4。
〔註2〕同前註，頁 5～17。

學或行政區域而劃分。這些名稱在日治時期也多所變異。從鳥居龍藏開始，將臺灣本島的原住民族分為有黥蕃、高山蕃（Iwatan）、知本蕃（Chipun）、加禮宛蕃（Kalewan）、卑南蕃（Pilam）、阿眉蕃（Ami）與平埔蕃（Pepo），除了「有黥蕃」是他根據族群外貌特徵加以命名之外，「高山蕃」、「阿眉蕃」、「平埔蕃」沿用漢人舊有的稱呼，「知本蕃」、「加禮宛蕃」、「卑南蕃」是部落名稱。離島（紅頭嶼）的原住民則稱作「雅美雅美」（ヤミカミ），於是「雅美」也自此成為族群名。〔註3〕

　　伊能嘉矩的研究則把有黥蕃改成泰雅（Ataiyal），高山蕃改成布農（Vonum），卑南、阿眉及平埔則分別改為「Puyuma」、「Amis」、「Peipo」，另外還分出鄒（Tso'o）、澤利先（Tsarisen）〔註4〕和排灣（Payowan）。

　　歷經總督府與臨時臺灣舊慣調查會成立（1901），泰雅、布農、鄒族、阿美和雅美也從アタイヤル、ヴォヌム、ツォオ、アミス、ヤァミ，變成タイヤル、ブヌン、ツォウ、アミ、ヤミ，澤利先和卑南併入排灣族（パイワン），再從平埔族的道卡斯（Taokas）中，分出賽夏族（サイセット）。即使同為臺北帝國大學的學術調查，對於原住民族群的分類也出現分歧。《臺灣高砂族系統所屬之研究》（1935）把泰雅和賽夏改成「アタヤル」、「サイシャット」，排灣也再度分出魯凱（ルカイ）與卑南（パナパナヤン）兩族，不過此書裡的阿美族，採用的是族人自稱的「パングツァハ」。《原語臺灣高砂族傳說集》是從泰雅分出賽德克（セデック），從鄒族分出沙阿魯阿（サアロア）及卡那卡那富（カナカナブ），阿美族則是之前就出現過的「アミ」〔註5〕。由於地域和習性相近的因素，亦有可能會影響書中故事的情節演變或流傳範圍，因此可由這點來審視各族群故事的關聯性。

　　《原語臺灣高砂族傳說集》章節主要是先以語言分類，列出泰雅語（アタヤル）、賽夏語（サイシャット）、排灣語（パイワン）、卑南語（プユマ）、魯凱語（ルカイ）、阿美語（アミ）、賽德克語（セデック）、布農語（ブノン）、鄒語（ツォウ）、沙阿魯阿語（サアロア）、卡那卡那富語（カナカナブ）和

〔註3〕楊政賢：〈「蘭嶼」地名與「雅美族」族稱的由來〉，《南島文化專欄》，史前館電子報第225期，臺東，國立臺灣史前文化博物館，2012年4月15日，上網日期：2014年5月6日，網址：http://beta.nmp.gov.tw/enews/no225/page_02.html。
〔註4〕「澤利先」為譯音，也有人翻成「查利先」。
〔註5〕〈先住民族　族称の沿革簡介一覽表〉，出自伊能嘉矩著，森口雄稔編：《伊能嘉矩の台灣踏查日記》，臺北縣，台灣風物雜誌社，1992年7月初版。

雅美語（ヤミ）等，共十二章。語言和族別大體相應。

　　然而從其目次排列的情況，可見各族自語言以下的分類情形略有不同（目次及章節安排參本論文附錄一）。泰雅、賽夏、排灣、卑南與阿美族以「社名」區別。賽德克和鄒族則以「方言」劃分。魯凱族又可依語言歧異度，分為：魯凱語、下三社語；前者以「社名」，後者以「方言」區分。布農族是用「方言」、「蕃別」、「社名」依序而分。沙阿魯阿、卡那卡那富和雅美族，則無上述的分類項目。

　　造成分類標準不一的原因，其實跟族群區分的過程有極大關聯。小川尚義和淺井惠倫在採錄資料時，常以詞彙、音韻的相似度及語法互通程度，來判斷是否為相同族群，或是同族裡的不同語群。如果相似程度高，就找出規模最大或最能展現其語言特色的部落為代表，以「社名」表示。涵蓋地區若指數個部落，語音有微小差異，便以「蕃別」統攝，這些名稱大多源自清朝，日人則沿用下來。範圍倘若不適合原有的行政劃分，可使用「方言」來顯示地理上的關係，同族部落之間所處位置鄰近，語言必然也會彼此影響而趨於相似。

　　以上單從《原語臺灣高砂族傳說集》的目次和章節安排觀察該書章節分類架構。而該書各章開頭為各族所做的「語法概說」則比目次更詳盡地記載辨別族群的情形。今彙整其說，整理成表格，陳列如下：

《原語臺灣高砂族傳說集》族群分類表

（表中未劃底線者為《原語臺灣高砂族傳說集》分類項目。劃單底線者為該書編者調查時所已知而未列入分類架構的料。劃雙底線者為同項目中實際採集到口頭資料的地區。兩者兼而有之則，則以波浪底線標記。）

族名	語言	方言	蕃別	社名
泰雅族（アタヤル）	泰雅語（アタヤル）			大豹社 塔可南社（タコナン）
賽夏族（サイシヤット）	賽夏語（サイシヤット）			大隘社
排灣族（パイワン）	排灣語（パイワン）			卡濟拉伊社（カチライ） 內文社 利基利基社（リキリキ）

				庫那那烏社（ク ナナウ） 大鳥萬社 大麻里社 內社 卡匹央社（カピ ヤン） 下帕伊彎社（下 パイワン） 托庫本社（トク ブン）
卑南族 （プユマ）	普攸馬語 （プユマ）		<u>卑南八社蕃</u>	卑南社 知本社
魯凱族 （ルカイ）	魯卡伊語 （ルカイ）			大南社 塔拉馬卡烏社 （タラマカウ）
	下三社語	馬嘎方言(マガ) 托那方言(トナ) 蔓塔烏朗方言 （マンタウラン）		<u>馬嘎社（マガ）</u> <u>托那社（トナ）</u> <u>蔓塔烏朗社（マ ンタウラン）</u>
阿美族 （アミ）	阿美語 （アミ）			奇密社 連嘎扎伊社（レ ンガツァイ） 太巴塱社 荳蘭社 馬蘭社
賽德克族 （セデック）	瑟得庫語 （セデック）	霧社方言	<u>霧社蕃</u>	<u>巴朗社（パーラ ン）</u> <u>霍哥社（ホーゴ）</u>
		塔羅可方言（タ ロコ）	<u>托羅可蕃（トロ コ）</u>	
			<u>塔烏西阿蕃（タ ウツア）</u>	
			<u>塔烏沙伊蕃（タ ウサイ）</u>	
			<u>塔羅可蕃（タロ コ）</u>	<u>伊波霍社（イボ ホ）</u>
			<u>巴托朗蕃（バト ラン）</u>	

布農族 （ブノン）	布農語 （ブノン）	北部方言	干卓萬蕃 （カンタバン）	
			卓社蕃（トウ）	
			達啟覓加（タケ バカ）蕃／卡 （カ）社蕃	塔馬羅彎社（タ マロワン）
		中部方言	丹蕃	丹大社
			彎蕃	人倫社 卡托古朗社（カ トグラン）
		南部方言	郡蕃	伊帕霍社（イバ ホ） 郡大社
鄒族 （ツォウ）	鄒語 （ツォウ）	魯胡托方言（ル フト）		楠仔腳蕃社（ナ マカバン）
		阿里山方言		達邦社（タパン） 竹腳社 頂笨子社（ニヤ ウチナ） 樟腳社 鱉頭社（フイト ア） 殺送社（ササゴ） 落鳳社（ヨフゲ） 勃子社（タグブ ヤン） 獺頭社（ツアツ アヤ） 知母勝社（トフ ヤ） 角端社（タアト ン） 石捕有社（チブ ー） 流勝社（ララウ ヤ） 無荖烟社（メヨ イナ） 伊姆西社（イム ツ） 拉拉濟社（ララ チ）

沙阿羅阿族 （サアロア）	沙阿羅阿語 （サアロア）	沙阿羅阿方言 （サアロア）	四社蕃	哈伊森社（ハイセン） 塔拉魯社（タラル） 嘎尼社（ガニ） 希朗社（ヒラン）
卡那卡那富族 （カナカナブ）	卡那卡那富語 （カナカナブ）	卡那卡那富方言（カナカナブ）	卡那卡那富蕃 （カナカナブ）	塔卡奴哇社（タカヌワ） 朗西魯社（ランツルガ） 馬嘎新社（マガツン） 那璣沙魯社（ナギサル）
雅美族 （ヤミ）	雅美語 （ヤミ）	雅美方言（ヤミ）		伊莫魯茲多社（イモルッド）／（伊馬烏魯魯イマウルル） 伊拉塔伊社（イラタイ） 伊哇塔斯社（イワタス） 雅攸社（ヤユ） 伊拉拉伊社（イララィ） 伊拉奴密魯庫社（イラヌミルク） 伊哇璣奴社（イワギヌ）

由上表可知，此書以魯凱族為界，分作前半部和後半部，分類項目的使用準則不太一致。因為泰雅族、賽夏族、排灣族、卑南族和魯凱族的魯凱語，是由小川尚義所採錄；魯凱族的下三社語、阿美族、賽德克族、布農族、鄒族、沙阿魯阿族、卡那卡那富族及雅美族，則由淺井惠倫調查。前者通常使用社名，後者用方言、蕃別較多，因此造成魯凱族分類項目無法統一的狀況。也許是保留採集者對口語資料的判斷，淺井惠倫認為下三社的三個部落差異

較大,雖然馬嘎社(マガ)和托那社(トナ)音韻相近,蔓塔烏朗社(マンタウラン)變化較多,在與魯凱語比較後,仍可歸類於魯凱族〔註6〕,但在不能確定是否為同一語音系統的前提下,只好不用社名,而以方言表示。

調查各族所蒐集的故事語料數量不太一樣,假使量多就盡數列出,但若遇上採錄地區及故事數量皆少的狀況,兩位作者處理的情形又大不相同。小川尚義在採集泰雅族、賽夏族及魯凱族的魯凱語,判斷部落之間的語音幾乎相同,便以所得資料做為該族代表。卑南族則是受限於口譯者,所知道的故事以卑南社為主〔註7〕。淺井惠倫採集賽德克族、鄒族、沙阿魯阿族、卡那卡那富族和雅美族時,雖已調查語言分布範圍,但由於資料過少,無法確定採樣為該族的代表,故統一用方言稱之。布農族的故事數量雖然很多,不過出處集中在兩三個部落,就廣度而言略顯不足,因此除了用方言劃分語音相近的範圍,還用蕃別統括部落。

第二節 編纂體例之說明與探討

《原語臺灣高砂族傳說集》最前面有當時臺北帝國大學總長幣原坦〈序〉文一篇。接著是小川尚義寫的〈凡例〉十則。接著是〈目次〉。目次之後是〈臺灣高砂族言語分布圖〉,顯示了二十一種原住民族語言在臺灣各地的分布情況,也為接下來的各族傳說,勾勒出具體的地理位置,使讀者在閱讀時可同時參考圖表,對照故事中的地名、蕃社名稱等,探索故事的分布情況。

接著是〈總說〉,略論當時所見臺灣原住民族語的種類,及其與印度尼西亞語之間的關係,並就臺灣原住民語的音韻、詞彙、語法做大略的記述。

接著就開始分族分語,依序為泰雅語、賽夏語、排灣語、卑南語、魯凱語、阿美語、賽德克語、布農語、鄒語、沙阿魯阿語、卡那卡那富語和雅美語(ヤミ)等十二大類語言——陳述「語法概說」和故事「本文」。

〔註6〕同註1,頁364。
〔註7〕同前註,頁299。

1. ア タ ヤ ル 本 文

1. 大　豹　社
(ʃəɣətʃeq)

1. pins,ʔkaːn na məraho: raːral
　　警祥地　の　祖先　昔

1. 昔 の 祖先 の 發祥地

² nanɔ qo: / ginʔariŋan pasʔkaʔ sami o
　倒に　起原　彼出　我等ア

³ tajal heja ga: / makiʔ qotux jaʃa na ʃɔtu-
　タヤル其に　有　一　大の石

⁴ nux ma ro: / si: patəska makʔəkaʔ ro:
　さうだ面　自然　成小分　破裂　而

⁵ saziŋ məlikui qotux kənairil mahtɔ: sqo:
　二人　男　一　女　出　へ

⁶ pins,ʔkaːn / kotaːn nahaʔ məga: / lahlahoi
　破裂處　所見　彼等の　すると　深林

⁷ matəɡijuwai ro:ʔ qəsiːnɔ nanak; nanɔ qo:
　純粋の　と　獣類　只　何は

⁸ qotux məlikui heja ga: / "məqailaŋ sakɔ
　一　男　其は　儂　我に

⁹ makiʔ ʃaʃao na rahejal"/ mutʂi ro: / wa-
　居　上　の　地　といふ　語　去

¹⁰ jal miʐup sqo: pins,ʔkaːn laoʐi ma/ aki
　入　へ　破裂處　再　さうだ　欲

抑々我々アタヤルが[石を]破つて出た
起りは,其は一つの大な石が有つたと
いふことだ。[それが]パツと二つに割
れて,二人の男と一人の女がその破裂
した處から出た。彼等が見ると[周圍
は]只純粹の深林と獸類と丈であつた。
そこで一人の男は,私は地上に居るの
が願になつたといつて,其の破裂した
處へ再びはひつてしまつたさうだ。

採録地: 昭和六年十二月,及び同七年十月,新竹州大溪郡角
　　板山にて調査。
口授者並説明者: 大豹社の人, lausiŋ watan (日野三郎)
　　37才,維督府醫學專門學校出身,角板山駐在所公醫,
　　原文の内1. 2. 4. 5. 7. 16 に於て彝漢の内容,及び
　　文獻が Otto Scheerer 氏の Sagen der Atayalen
　　auf Formosa (Zeitschrift für Eingeborenen-
　　Sprachen XXII. 1932) のものと類似せる所あるは
　　同一口授者より材料を蒐集せるに因るものなり。

1. p-in-s-ʔəkaʔ-an　破つて出た處, pas-ʃəkaʔ (破つて出
　　る處, mak-ʃəkaʔ 破れる由, -in- 過去, -an 場所,
　　na 普通名詞(父母などの人名詞を除く)の屬格。

2. nanɔ qo: 文の始に用ゐる語,別あの…は,抑その…はたな
　　ど, nanɔ 何, qo: 冠詞主格,…は。
　　g-in-ʔariŋ-an 始めて…した事, g-əm-ariŋ 始める。
　　s-ami 我等,對語者を含まず,主格, IN. mi
　　ətajal 普通 atajal, 又 taijal といふ,アクセントに前行
　　する首節の正規母音は多く不正規母音に轉ず, 橋確の
　　發音は atajal に近し。

3. heja<hi-a　彼は,其は, IN. sia.
　　ga 數種の用法あり, (1)…は,…が, (2)…(した)が, (3)
　　…(したら)ば, (4)…(する)と,など。
　　jaʃa na ʃatunux 石の大なの。
　　ʃatu-nux 石, -nux 接尾辭, IN. batu.

4. ma (した)さうだ,…(だと)いふことだ,など。
　　ro: 名詞,動詞,句を結付ける接續詞, 而して, それから,
　　…と,…と。
　　si: 自然に,其儘になどの義より轉じて種々の義に用ゐ

らる。(1)自然に, si: patɔ-ska 自然に半分になる<ska
半分, (2)其儘, si: oʃutu-an 其儘物を呑込む<əm-aʃutu
呑込む。(3)其儘じつとして動かぬ, si: naga-i 其處に
じつとして居て人を待つ< ma-naga 待つ, (4)其儘直
に,突然, si: kəta ふと見るを,驚き見る<kita 見よ,
(5) owah 突然來る,來るなり直す,<m-owah 來る,(5)
其儘つづく,…しながら,常に,段々, si: pəsa-kəmtux
常に著い顔をしてゐる< kəmtux 貌, si: ʔn-gə-
gijuta 其儘父から次へと,段々に<(min-gə-gi)uta 段々
に, si: ʔn-gi-quwao 其儘相變らず出てゐる<(pi-gi-
quwao 出てゐる,動ける。(6)其儘で植物を混ぜぬ,其其
丈, si: ka-ramo 血だらけ<ramo 血, si: patə-ʃutʂi
各自分丈で卒する<ʃutʂi 各,此の si: はタミナン社,又
seedeq の asi に相當す。

5. sqo: <sa qo: sa…に,…へ, qo: 冠詞主格。

6. kətan<kita-an 見る,客體主,役割主 IN. kita.
　　nahaʔ <ʔna-haga, la-haga 彼等は, na…の, la- 複
　　數, haga<ʔhiga, IN. sirʲa. Atay. h<IN. s, 例heko
　　肘, IN. siku. Atay. g < IN. rʲ, 例, pəgai 粮, IN.
　　porʲai.

10. aki 橋確には aki. 數種の用法あり(1)…したいものだ,
　　aki ta h-əm-kaŋi 我等捜したいものだ, (2)…したい
　　ものだが如何かしらん, aki h-əm-soaʔ asa-n 教處へ
　　行きたいものだが如何かしらん, (3)…かもし れない,
　　aki wi kali-an wi mahag-an 晝や夜が出来るかも
　　しれない, (4)…したいと思つてしようとする, aki
　　nahaʔ qareq-an その人を彼等が引止めようとする。

　　《原語臺灣高砂族傳說集》十二章中，除了第五章以外，其餘十一章都先以「語法概說」介紹該章所介紹族群的語言概況。第五章是本書收錄魯凱語的篇章，又分為魯凱語和下三社語兩個部份，本書特為這兩個部分各寫了一篇「語法概說」，是全書的特例。因此全書題為「語法概說」的節次，共有十三個。

　　這十三個節次的內文，幾乎都依「分布」、「音韻」、「形態」、「品詞」四個小節，以介紹一種語言之概況。唯鄒語則只有「分布」、「音韻」、「品詞」而無「形態」。

　　以上各節次正文在「品詞」之後，接著記載各族方言或部落的傳說，也就是成篇語料的部分。頁面概分上下兩欄，以上欄記錄傳說故事，下欄為註解。每個頁面的上欄又分左右兩個部分，左半部以國際音標記錄故事內文，文中部分詞彙在頁面下欄註出日文意義。至於和國際音標對應的上欄右半部則是此一故事的日文翻譯。（圖例如前頁附圖）〔註8〕

　　以上各節次第一則故事之下，註明故事採錄日期、地點、口授者、說明者及補助者名字，增加調查資料來源的真實性。（圖例同前）

　　本書就是依照上述體例，對各節次所收傳說故事一一做原語和日譯的對照，並為原語詞彙一一做註解。

　　全書最後附有〈單語表〉，列出各個種族、部落或方言對同一詞彙的音標，做為學者研究臺灣原住民族語言的材料。

　　本書書名頁所列英文書名 *THE MYTHS AND TRADITIONS OF THE FORMOSAN NATIVE TRIBES* 下有小括號註明「TEXTS AHD NOTES」，由此來看，書中各族故事的國際音標和日文翻譯為文本（TEXTS），而註釋和單語表的性質較偏向筆記（NOTES）。列入筆記的目的，一方面是補充正文或延伸釋義，一方面則是展示調查成果，提供後世學者接續研究的基礎。

　　另外，從小川尚義為《原語臺灣高砂族傳說集》所寫的〈凡例〉也可以了解一些關於本書編纂的體例。這篇〈凡例〉說明此書主要與臺灣高砂族傳說有關，內容以語言調查為主，記錄仍在使用的原有語言並加以解說。其次

〔註8〕圖片取自《數位圖書館——日文舊籍數位典藏資料庫檢索系統》，國立臺中圖書館系統規劃，飛資得資訊有限公司系統製作，2014 年 6 月 7 日上網，網址：http://jdlib.ntl.gov.tw/cgi-bin/browse.cgi?bookid=bjn00173&fttype=jpg&root=NTdata。

是為了採集傳說而進行蒐錄，是有意編纂為傳說集，而不只是語言資料。書中提及臺灣原住民的族名或關於南洋的印尼語，都以常見的名詞稱呼。記錄語音則使用國際音標（原稱「萬國發音記號」），不過 α 和 a 兩種音標符號並未清楚區分，且有時會因找不到適合的國際音標而自製記音符號。關於語音的特殊情況，則分別列於各章的語法概說中。由於某些名詞出現率高，便把它們改成縮寫，以便比較，有：Atay.（Atayal，泰雅）、Bis.（Bisaya，米沙鄢，菲律賓方言）、Bun.（Bunun，布農）、IN.（Indonesian，印尼）、Mal.（Malay，馬來亞）、Paiw.（Paiwan，排灣）、Puy.（Puyuma，卑南）、Sais.（Saisiyat，賽夏）、Seed.（Seedeq，賽德克）、Tag.（Tagalog，他加祿，菲律賓方言）。〔註9〕

以下討論小川尚義〈凡例〉中沒有列出的幾個關於書內故事的標識符號。

故事中舉凡人名、地名、族名、物品名稱等以片假名組成的特定名詞，皆以私名號＿＿＿標明。漢字名詞則不使用私名號。

口授者敘述時未提及，但為了文意通順而添加的詞語，以中括號〔〕框起，以便和原來的內容區隔。若有字句未解其意或語意不明，就用小括號（）加以解釋及補充說明。不過在這些使用規則之外，還有一些與規則相悖的例子，中括號和小括號的混用。原本用來自添詞句的中括號，卻出現解釋的作用。譬如鄒族的〈楠仔腳萬社〉：

離開胡胡波，分成去和社的人和去那馬卡班的人。決定仿照塔馬阿哈那取名為馬馬哈巴那〔那馬卡班〕。〔註10〕

其中中括號裡的文字就不是為了文意通順，而是為了說明地名所指之處。而布農族的一則故事，更直接在篇名就點出題旨：「〈梭耶庫鳥〔由蔓可可姓分出梭黑康姓的由來〕〉」〔註11〕。另一種則是解釋看似無意義的聲音，而實際上卻有實質意義。如布農族的〈沙魯坡西安鳥與可卡伊西馬塔如鳥〉：

兩人都變成鳥啼叫，為自己的丈夫的事而悲傷。去山上的那一個是可卡伊西馬塔如〔意思是：丈夫死了，但也沒辦法。〕地叫，去谷中的那一個是沙魯坡西安〔意思是：心中悲傷〕地叫。」〔註12〕

〔註9〕同註1，〈凡例〉。
〔註10〕《原語による台湾高砂族伝説集》，同前註，頁 683；以下或簡稱《原語》。又：陳萬春中譯本《原語臺灣高砂族傳說集》，新北市：中國口傳文學學會，未刊稿，故事編號9.1.2；以下或簡稱陳萬春譯本。
〔註11〕《原語》，同前註，頁 630。又陳萬春譯本，同前註，故事編號8.1.28。
〔註12〕《原語》，同前註，頁 604。又陳萬春譯本，同前註，故事編號8.1.9。

同族〈竹雞與空空〉:「伊那～庫〔意指我的東西〕,伊那～庫,伊那～庫,梯可哈伊,梯可哈伊。」都顯示鳥叫聲所代表的含意。〔註13〕

中括號有時也會出現補充說明的性質,其一是在解釋之餘,進一步補足語意或予以修正,在此加上等號=表示同義。例如賽德克族〈女護國〉:

> 她們〔=女子〕打開所有的,也就是裡頭充斥著熊蜂、蜂、百足、蛇的門,讓它們全都跑了出來。
>
> ……
>
> 於是蕃人們急忙在茅原點了火,火的力量很多〔=強〕。有一個蕃人〔=去砍人的那個男子〕拿起樹枝,用樹枝在火焰中揮舞。

既忠實地呈現口語紀錄,又能達到清楚闡明的功效,不會誤認為其他人事物,或造成讀者閱讀時的阻礙。〔註14〕

其二是雅美族故事才有的少見情形,在〈伊莫魯茲多社傳承洪水神話〉裡,祖父替觸目所及的植物都取了名字,而這些植物名稱,皆取自佐佐木舜一的調查成果。不過植物種類眾多,並非每種植物都能找到互相對應的名稱,因此只要有「和名」(日文名稱)的植物,就用私名號標示,找不到對應名稱的,就用片假名在中括號內直接拼出原音,把國際音標轉化為日文,填入因沒有和名而空缺的部份。〔註15〕

小括號也有添加字句的特殊情況。一類是敘述時省略名詞,為使句意完整而增字。例如鄒族的〈洪水〉:「從前洪水時,(大家)都聚在新高山。」〔註16〕,〈托胡雅社〉:「(河水)被阻塞,變成海。」〔註17〕,都是補上主詞,讓施行動作的是明確的主體。又如鄒族〈蝌蚪〉:「(男子說:)『那,就告訴你,請你來河邊,我的家在河邊。』」〔註18〕藉由顯示說話主詞,釐清說這句話的主體是誰。而沙阿魯阿族〈猴子與穿山甲〉:「穿山甲說:『果真這樣,那我們就互相用刺木擦(屁股),如何?』」〔註19〕增加的則是受詞,不因省略名詞而

〔註13〕《原語》,同前註,頁629。又陳萬春譯本,同前註,故事編號8.1.26。
〔註14〕《原語》,同前註,頁575。又陳萬春譯本,同前註,故事編號7.1.6。
〔註15〕《原語》,同前註,頁760。雖然註釋只說根據佐佐木舜一(時任臺灣總督府中央研究所)的協助而確定植物名稱,但比較他的著作後,可參照佐佐木舜一著《臺灣植物名彙》,臺北市,臺灣博物學會,1928年。
〔註16〕《原語》,同前註,頁680。又陳萬春譯本,同註10,故事編號9.1.1。
〔註17〕《原語》,同前註,頁685。又陳萬春譯本,同前註,故事編號9.2.1。
〔註18〕《原語》,同前註,頁684。又陳萬春譯本,同前註,故事編號9.1.3。
〔註19〕《原語》,同前註,頁713。又陳萬春譯本,同前註,故事編號10.1.5。

模糊語意。

　　另一類是語言上的差異，起初用原住民語述說，翻譯成日文後，原本不構成問題的省略部份，在日文裡便會顯得文句不順，因此必須添加字詞。像是布農族的〈葫蘆瓜〉：「翁去一看，不是（粟），是葫蘆，一怒，拿石鐮砍掉葫蘆。」〔註20〕以及沙阿魯阿族〈洪水〉：「住在新高山的人沒有火，請山羊到關山去取火，沒能夠（運回來）。」〔註21〕都是語意不完全，透過增補字詞，使句子更符合文法結構。

　　此外，標示專有名詞的私名號，也有用於叫聲和歌聲的特例。不過除了前述布農族〈沙魯坡西安鳥與可卡伊西馬塔如鳥〉裡，鳥叫聲「可卡伊西馬塔如」和「沙魯坡西安」後來成為鳥的名字〔註22〕，排灣族〈嘎嘎伊鳥和鳩古魯伊鳥〉的鼠叫聲〔註23〕，以及布農族〈彩虹〉的歌聲〔註24〕，都與名詞沒有顯著關係，可能是作者使用標點符號時的誤植。

　　以下討論書中漢字音註的體例：《原語臺灣高砂族傳說集》全書以日文翻譯，記載的原住民故事用詞雖質樸，但從慣用的語法，以及今日多廢除不用或已變異的假名，可看出有日本古文的痕跡。對於以中文為母語的讀者而言，書中的漢字更接近自己熟悉的字形，與現代日本漢字的模樣有些出入。《原語臺灣高砂族傳說集》裡使用大量的日本漢字，不過只有少數漢字的上方才有假名，可推測作者的學力和預設讀者群，都是理解日本漢字程度頗高的官員或學者，因此為漢字注音有其特定意義。

　　用假名注音的日本漢字，可分為下列兩種情形。第一種是標明日語發音，其中又有以平假名標音和以片假名標音兩種形式。平假名通常註明的是訓讀音。日本的漢字和中文一樣，同一個字有兩種以上的唸法，分作「音讀」與「訓讀」，相當於中文的一字多音。前者依據中文讀法而模擬發音，後者則是以同義漢字連結日語詞彙，解決有音無字的狀況。比方賽德克族〈洪水〉裡的「海の本」，「本」字上註「もと」〔註25〕，用的就是訓讀，而不是音讀的「ホン」。可是卡那卡那富〈太陽征伐〉中「副食物」之音註「おかず」、「薪

〔註20〕《原語》，同前註，頁634。又陳萬春譯本，同前註，故事編號8.1.33。
〔註21〕《原語》，同前註，頁704。又陳萬春譯本，同前註，故事編號10.1.2。
〔註22〕《原語》，同前註，頁604。又陳萬春譯本，同前註，故事編號8.1.9。
〔註23〕《原語》，同前註，頁268。又陳萬春譯本，同前註，故事編號3.7.2。
〔註24〕《原語》，同前註，頁662。又陳萬春譯本，同前註，故事編號8.3.8。
〔註25〕《原語》，同前註，頁565。

木」之音註「たきぎ」，其日本漢字卻無法對應其發音。「おかず」的漢字應該是「御數」或「御菜」，有「配菜、副食品」之意。「たきぎ」則可寫成「薪」或「焚き木」，字義與中文一樣，是「薪柴」的意思〔註26〕。由此二例，可知作者有時寫的並不是日本漢字，而是同義的中文字體。

　　這類例子也出現在以片假名注音的形式中，如賽德克族〈人變成鳩的故事〉中「豆殼堆」的「堆」字音註為「ヅミ」，日本漢字應寫為「積」或「積み」（兩者發音相同），不使用日本漢字而選用中文字，或許是考量到中文詞彙容易望文生義，在保留日文說法時，也能讓人對其字義一目了然。〔註27〕

　　片假名注音除了上述同義詞外，還用於古語的說法，像是在雅美族的〈伊莫魯茲多社傳承洪水神話〉就出現各式歌謠，為了突顯是以雅美古語吟唱，刻意採取日本古文的寫法，和接近現代日文的故事敘述不同，因此所用的詞彙亦多為古語。「白金」上標「シロガネ」、「黑金」上標「クロガネ」皆為訓讀，但此種說法今多不用，而改以「銀」（ギン）、「鐵」（テツ）稱之〔註28〕。至於標注日本漢字的音讀，則表現在記錄原住民語音方面。

　　片假名常見於音譯外來語中，這項特性也被運用在《原語臺灣高砂族傳說集》中，標註以原住民語發音的詞彙。例如「達邦」（タツパン）、「知母勝」（ツフヤ）等部落名稱，便以原住民族對其部落的稱呼「tapaŋu」、「tuʃuʃa」而標音〔註29〕。卡那卡那富〈太陽征伐〉故事裡的「革袋」（パウ），即轉化「pau」的聲音，是卡那卡那富族人使用的日常用具〔註30〕。各族的命名，起源於人類學家調查時，以當地居民對自己的稱呼為族群名稱，該名稱也成為「人」這個字彙的語音。雅美族把自己叫做「tau」，因此作者將原音標記成「タウ」〔註31〕。這些用片假名注音的名詞，其共通點皆與原住民文物有關，可見在兼顧語言調查和紀錄口傳文學之餘，不忘重點式採錄各族獨具特色的文化及器具，也為此書增添更多研究的面向。〔註32〕

〔註26〕《原語》，同前註，頁729。
〔註27〕《原語》，同前註，頁576。
〔註28〕《原語》，同前註，頁755。
〔註29〕《原語》，同前註，頁681。
〔註30〕《原語》，同前註，頁730。
〔註31〕《原語》，同前註，頁753。「tau」即為現在所稱的「達悟」。
〔註32〕本節有關日文字彙的形、音、義，查詢自《廣辭苑》（第四版），新村出主編，東京，岩波書店，1992年。文中《原語》（同前註）的漢譯，以陳萬春譯本（同註10）為主，加上部份筆者自譯而成。

第三節　字詞之混用與誤用

　　《原語臺灣高砂族傳說集》的作者運用大量時間和心力，採錄原語資料及整理故事；面對龐雜的筆記，須依語意重新翻譯為日文，並且檢視所記錄的語言是否正確。兩位作者又各有自己的記錄習慣，在彙整時還得統一編寫規則，因此難免力有未逮。本節為找出《原語臺灣高砂族傳說集》字詞的混用與疏漏之處，以國際音標、逐字譯和隨頁註釋交叉比對正文，或用前後文、同書其他故事對照確認，並加以勘正。

一、看似翻譯錯誤之例

　　本書故事文風偏向簡潔，即使篇幅較大，增加的部份也合乎情節推展，所以相比之下，文詞短缺的情況較多。不過在布農族的〈卡波斯〉裡，出現冗贅的句子：

> 　　父親在外面院子說：「卡波斯啊，來這裡，給你鍋巴。來這兒
> 吧，給你膽。來這兒吧，給你鍋巴。來這兒吧，給你膽。來這兒吧，
> 給你鍋巴。來這兒吧，給你膽。」〔註33〕

光是「來這兒吧，給你鍋巴。來這兒吧，給你膽」就足以表達文意，此句卻重覆了三次，且原語（國際音標）部份也如出一轍，可見採錄時所記載到的就是如此，並非印刷錯誤或翻譯因素。〈卡波斯〉敘述被繼母虐待的孩子變成鳥的故事，而這句話是父親試圖喚回已變成鳥的孩子的苦勸，因此看似無須增加的重覆字句，反倒能夠生動表現出不斷對著空中呼喊的情景，也有助於讀者推想口授者講述故事時的聲音表情。

　　《原語臺灣高砂族傳說集》中有些故事因敘事人稱改變以致行文看起來突兀費解。這些故事結構雖完整，行文卻出現突兀之處，例如泰雅族的〈故人馬可哇伊〉：

> 　　馬可哇伊把長在河川兩側的草莓都摘了。但是回家一看，剛才
> 放進袋中揹回來的東西（草莓），是本島人的頭。馬可哇伊和神兩人
> 被草莓鈎剮而受傷，像是被鎗打中的一樣。我們（馬可哇伊和神兩
> 人，此處混用第一人稱）回家祭了本島人的頭。〔註34〕

故事從一開始就使用第三人稱視角，到了後段卻突然改用第一人稱，為

〔註33〕陳萬春譯本，同前註，故事編號 8,1,24。
〔註34〕《原語》，同前註。又陳萬春譯本，同前註，故事編號 1.2.4。

避免讀者感到混亂，所以作者在此加註。類似情形也出現在排灣族〈嘎嘎伊鳥和鳩古魯伊鳥〉：

> 於是鳩庫鳩庫變成了老鼠，「吱—吱—」地叫著說：「我要咬你的月桃盒子（放著貴重物品）喔。朋友，再見了，我在此告別，要飛走了，然後在大武山的山頂相會吧。」〔註35〕

雖然結尾是完整的句子，但自「朋友」以下，卻由第三人稱跳至第一人稱視角，說話主體也從鳩庫鳩庫變成的老鼠，換作孩子們變成的鳥，並未另行註解視角在此忽然轉換，也許作者從這句話無法斷定是否如此，只得先如實記錄下來。改變敘述觀點容易讓人誤以為缺文，不過所說句子並未脫離故事內容發展，因此不算是字詞的刪減。

　　《原語臺灣高砂族傳說集》中偶會出現由於口授因素致使情節不完整的情形。書中有數則情節不完整的故事。有些是大致將情節點出，內容卻過於省略；有些是情節和敘述都不甚連貫，失去故事應有的面貌。形成故事情節不完整的原因，在於口授者對故事的理解不全和取捨不當。這種故事在情節上雖然是欠缺的，但在口述時並無短少。應該是編者保留口述實況所致。

　　布農族的故事〈蚯蚓〉，內容描述女孩每天都坐在同一座位，某日出門後，母親因好奇坐至位子上，才發現座位下藏有一隻蚯蚓爬出來交媾，於是便用熱水燙死牠。女兒回來之後，得知蚯蚓已死就哭了出來。故事以「因為沒有足月，所以現在的蚯蚓變小了」結尾〔註36〕，似乎是在說女兒生下了未足月的蚯蚓，看似亦為敘述視角的轉換，可是文中只暗示蚯蚓與女孩有交媾行為，絲毫未提女孩懷孕的事，沒有說明女孩生出來的也是蚯蚓，而且也沒有提到早產的原因，但這也許就是口授者講述時的實況，因此不將此視為文詞短缺。

　　字詞混用似乎也出現在魯凱族〈變成烏鴉的故事〉。故事中母親從田裡挖出、烤好並吃掉的地瓜，有「蕃薯」、「薯」、「燒芋」和「里芋」等不同稱呼。「薯」可當作蕃薯的簡稱，但途中突然改稱為「芋」，不知是否為另一種農作物，因此比對日文翻譯和國際音標後，發現「薯」指的確實是「蕃薯」，不過「燒芋」的日譯竟是「燒薯」，而里芋的國際音標「atɛ」，和芋頭的魯凱族語「ate」幾乎完全相同，可見「薯」和「芋」不是單純的字詞混用。「燒芋」即為烤地瓜，因為「芋」在日文裡涵蓋了「薯」和「芋」，是塊根、塊莖類農作物的總稱，但「里

〔註35〕 《原語》，同前註。又陳萬春譯本，同前註，故事編號 3.7.2。
〔註36〕 《原語》，同前註。又陳萬春譯本，同前註，故事編號 8.1.21。

芋」並非從「燒芋」誤用而來,由原音可知,在記錄時就與「蕃薯」迥異,所以不是轉錄所致,而是口授者在講述時產生的問題。〔註37〕

　　早期的族群分類,常把魯凱族劃入排灣族內,而不獨立出來另成一族,因此從排灣族故事裡尋找,或許能發現相似的情節。上述的〈嘎嘎伊鳥和鳩古魯伊鳥〉,情節大致相同,故事中母親所吃的農作物是蕃薯,並未出現「芋頭」這個名詞〔註38〕。在《蕃族調查報告書‧排灣族、獅設族》卻出現不同版本,排灣族〈托胡魯伊鳥和嘎嘎伊鳥的故事〉,挖掘出的食物是芋頭〔註39〕,同族〈鳩古魯伊鳥和嘎嘎伊鳥的故事〉則是蕃薯〔註40〕,而《排灣傳說集》中,〈變成鳥的兄弟〉記載的也是芋頭〔註41〕,足見這類故事在流傳時,就已有農作物是芋頭或蕃薯兩種情形。口授者可能聽過這兩種版本的故事,對芋頭和蕃薯的印象產生混淆,導致在講述中一時口誤,而被作者如實記下。

二、日文翻譯的混用與誤用

　　《原語臺灣高砂族傳說集》也有明顯的字誤之例:

　　泰雅族〈布塔驅逐斯卡哈馬運的故事〉,在布塔等人追擊遷徙到哈馬彎居住的斯卡哈馬運人的情節中,有句云:「由於這個緣故,於是他們稱其他為哈馬彎的平地。」句裡的「其他」,對照前後文,除了哈馬彎以外,並未提及別的地名,所以使用這個詞彙,便顯得不符文意。之後無論斯卡哈馬運人移往何處,泰雅人便攻佔其住所,而布塔為土地命名時,皆可見「其地」二字,因此同理可證,上句中的「其他」應為「其地」的錯別字,有「專指這個地方」的意思。〔註42〕

　　又如布農族的〈太陽征伐〉,射日之人因為陽光消失而摸黑歸來,藉由丟擲石頭辨別道路,在此「行ってゐる脺」的「脺」,字義為「胰臟」,因此這個句子的直譯是「正在行走的胰臟」,於意不通。可知「脺」字出現在句中不甚合理。依據日文文法,「行ってゐる」是動詞,後面必須加上名詞,才能構成完整的句子,故「脺」應該是錯別字而不是贅字。檢視該句的國際音標,

〔註37〕《原語》,同前註,頁378。又陳萬春譯本,同前註,故事編號5.2.9。

〔註38〕《原語》,同前註,頁265～266。又陳萬春譯本,同前註,故事編號3.7.2。

〔註39〕佐山融吉:《蕃族調查報告書‧第八冊:排灣族、獅設族》,臺北,臺灣總督府臨時臺灣舊慣調查會,1921年,頁281～282。

〔註40〕《原語》,同註1,頁325～326。又陳萬春譯本,同註10,故事編號3.1.6。

〔註41〕小林保祥:《排灣傳說集》,臺北,南天書局,1998年3月30日初版一刷,頁39～42。

〔註42〕《原語》,同前註,頁66。又陳萬春譯本,同前註,故事編號1.1.14。

下方註解的日文，分別譯出「走」和「時」兩部份，因此「脺」有可能是「時」字，翻成中文則變成「在行走的時候」。〔註43〕

《原語臺灣高砂族傳說集》中有時字詞混用，雖不算有誤，但有時令人費解：

前述的〈太陽征伐〉裡說道：

一個是聰明人，一個是笨蛋，有人對他們說：『用手接糞。』聰明人因為糞很臭，而不想用手去接。笨蛋則是一用手去接，就出現首飾了。聰明人也想要，趕緊用手一接，便從腔門出現壞的首飾。

故事中的「腔門」一詞，對應內容應改為「肛門」，不過國際音標旁的日文部份，和該頁下方的註釋皆無多加解釋〔註44〕。同族的〈地下人〉也出現了「腔門」，註釋則說明是「排出糞便之處」，可知詞意與「肛門」相同〔註45〕。而沙阿魯阿族的〈地界〉，雖然正文和日譯記載的是「肛門」，卻以「腔門」做為註釋，足以證明兩者同義〔註46〕。除了字形略為相近外，會用「腔門」代替「肛門」的原因，或許是同音所致。腔與肛的日文發音皆為「こう」（kou），作者在記錄和騰寫時，可能一時拿同音字來使用，所以才形成「腔」、「肛」混用的情況。

《原語臺灣高砂族傳說集》中有時出現詞語顛倒的現象。詞語顛倒的狀況，可見於布農族的〈變成山豬〉，人和山豬所生的孩子，跑到「奧」的變成山豬，跑到「內庭」的則變成豬。依照註釋所附的圖表來看，布農族的住屋除了寢間，還分作 nato（外庭，位於屋外，地面鋪滿石頭，相當於前院）、qaĭto（內庭，位於屋內，人可通行的活動空間）和 nunto（穀倉，存放小米之處，位於住屋最裡面的地方）。已知「內庭」即為「qaĭto」，「奧」有「後、裡、最深處」之意，卻無直接對應的名稱，因此參照國際音標，得知等同於「nunto」。「奧」和「內庭」初次出現時，漢字上方分別寫著「カイト」（讀如 qaĭto）及「ヌント」（讀如 nunto），作者本想標註這些詞彙的原音，也許是在註明時筆誤，使最後呈現的結果正好相反。接著出現前後文都不曾見過的「外庭」，其原音竟是「qaitu」，顯然與「nato」相差甚遠，比對之下更近於「qaĭto」，且日文也標示為內庭，所以這應該是「內庭」的誤寫〔註47〕。（參見下圖）

〔註43〕《原語》，同前註，頁654。又陳萬春譯本，同前註，故事編號8.3.3。
〔註44〕《原語》，同前註，頁655。又陳萬春譯本，同前註，故事編號8.3.3。
〔註45〕《原語》，同前註，頁667。又陳萬春譯本，同前註，故事編號8.3.12。
〔註46〕《原語》，同前註，頁717。又陳萬春譯本，同前註，故事編號10.1.7。
〔註47〕《原語》，同前註，頁601〜602。

布農族住屋平面圖〔註48〕

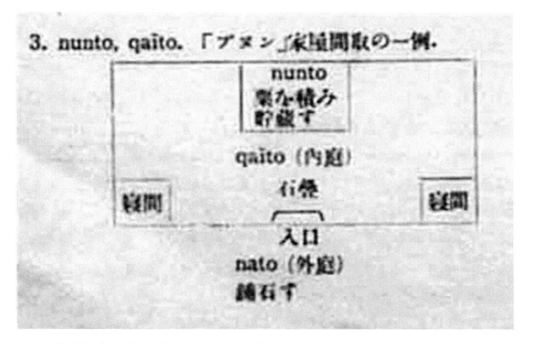

透過對《原語臺灣高砂族傳說集》的校勘，可以釐清書中疑點，除了能讓文句通順，使情節合乎情理，更能推敲出故事的內容，拼湊其原本面貌。從發現到修正錯誤，不僅能看出作者苦心撰寫的痕跡，亦見故事在流傳時，會因為口授者的表現手法、對講述內容的選擇，以及口頭不斷的傳遞，造成情節陳述上的誤差。可知口授者在說故事的時候，會根據現場環境、聽眾等條件，經過綜合評估下，才決定該如何講述，而作者同步記錄語料，彙整後再以文字呈現，皆是影響口傳故事的重要因素。

〔註48〕圖片取自《日治時期圖書全文影像系統》，國立臺灣圖書館規劃，2014 年 6 月 23 日上網，網址：http://stfb.ntl.edu.tw/cgi-bin/gs32/gsweb.cgi/ccd=BoFyos/ main?db=book&menuid=book#result。

第四章 《原語臺灣高砂族傳說集》之漢譯

第一節 余萬居漢譯本

中央研究院民族學研究所為整理日治時期文獻，將日治時期日本人編寫的幾種調查報告和著作翻譯成中文，以俾學者研究調查之參考。《原語臺灣高砂族傳說集》是日治時期語言學的著作，由余萬居先生負責翻譯，取名為《原語實錄台灣高砂族傳說集》。目前只有手稿本，藏於中央研究院民族學研究所內。〔註1〕

《原語實錄台灣高砂族傳說集》既是翻譯之作，內容順序自然大致依循原書，但在編頁時分「總頁」和「分頁」兩種頁碼。前者為從書首凡例到書後附錄單語表一貫編下的頁碼。後者則由各章各族分別計算起迄頁。此漢譯本省略幣原坦的序文而翻譯其凡例、總說、語法、故事語料和單語表。在故事語料部份：日文原書將每個頁面分成上欄為故事正文、下欄為註解的排版形式；而上欄正文又分左右兩欄，左欄以國際音標記錄故事語篇的原住民語音，右欄則為日文翻譯（參本論文第三章第二節說明）。余萬居譯本則將日本原書的原住民語部分影印剪貼至手稿中，把原書隨單字註記在國際音標下方的平假名改成中文，再將譯文日翻中，記於國際音標旁，以便交互對照，註解則列於其後。

〔註1〕小川尚義、淺井惠倫著，余萬居譯：《原語實錄台灣高砂族傳說集》，臺北，中央研究院民族學研究所，未刊稿。

　　余譯全書各章各族編撰體例統一，但賽夏族卻稍微有些出入。譯者在此採取全部手寫，謄抄國際音標，也將音標之下的平假名、日本漢字一律中譯，使其更為符合中文句式，看起來文意也較通順。版面編排也與其他族群有所不同，以原住民語－日文翻譯－註釋的順序進行。或許是篇幅較短，抑或是想嘗試不一樣的排版方法，使賽夏族的版面脫離全書，自成一格。

　　《原語實錄台灣高砂族傳說集》雖說是日文書籍的漢譯之作，但原著中以片假名拼音的各類名稱，則不採漢譯方式，而是用國際音標寫出，因而形成中文譯本裡面參雜許多不以中文音譯的國際音標的情況。這麼做的原因，除了方便直接對照原書原住民語部分的音標以外，可能也因片假名發音無法與國際音標完全契合，為了不影響音素而依樣抄錄，保留原住民語言的樣貌，但也造成中文讀者閱讀上的障礙。比如從字面上難以得知，由國際音標組成的單字代表何人或何處，如要以文中名詞查詢族群的遷徙、氏族的繁衍等現象，就必須確認記音符號的讀音後，再加以核對現在的名稱。從此處可看出，譯者用來參照漢譯的不只是原書中的日文，而是連國際音標記錄的原住民語及註釋也包括在內。

　　《原語實錄台灣高砂族傳說集》為手寫稿，頁面編輯不像原著那樣欄位整齊，也就是各族部分緊接在「語法概說」之後的傳說故事，將由原著剪來的原住民語，配合譯文位置隨機拆開擺放，因此與原書段落有些出入。原書舉凡說明或註釋提及文中某處參考頁碼，余萬居便將其改成「參照本譯稿某頁……」，而不是原書的頁數，為的是讓使用此漢譯本的研究者順利找到可以參考對照的部份。

　　除頁數外，頁面下欄隨頁註釋的題號標識方式也和日文原書不盡相同。原書的題號並非根據註釋數量依序遞增，而是標識所釋詞彙在正文中的行次。然而由於余譯本賽夏族的音標部份不以影印剪貼而全為手抄，行數已與日文原版不同，故註釋題號對應的是此一漢譯本之行次，而非原書行次。

　　至於內文裡時常出現的小括號，譯本所取的意義也與原書不盡相同（原書小括號的記號意義詳本論文第四章第二節）。譯本中使用小括號的情形大致有以下三種：原文本已有，用來表示譯者自行註解、說明之處，是為第一種；原書本無文字，但在漢譯本裡，為了文義通順而自行添加字詞者，是為第二種；原有此日文譯，但經譯者斟酌後，不直接翻譯成中文，而是用括弧隔開額外註明，則為第三種。像是泰雅族大豹社的〈哈魯斯〉：「據說，女人走過

時（橋）會像鐵一樣而不動，但是男人走過時就會軟綿綿地（上下）動，走起來很可怕」〔註2〕，原書日譯在這之前已出現過「橋（陰莖）」的話語和括號註記，此處為避免重覆詞彙而省略，不過主語相隔出現距離太長，光看此句難以得知主語為何，故余萬居漢譯時在此以小括號註上「橋」字。原書有「上下」二字但未加括號，譯為中文亦合語法，但譯者另用括號將「上下」二字括住，應該是因為譯者發現「上下」二字雖見於原書日譯，而於原住民語則未見之故。從這裡可以看出余萬居靈活的翻譯手法，卻也顯示譯本與原書體例不一的特性。

　　用以計量的數字，也時常發生中文與阿拉伯數字混用的情形。

　　譯文將原書中以片假名表示的專有名詞用國際音標取代而不譯為中文，看似《原語實錄台灣高砂族傳說集》的通則，卻又屢有例外。舉上述已提過的〈哈魯斯〉為例，其中的主要人物「哈魯斯」，在同篇傳說裡的名字，分別出現「哈魯斯」、「paok」和「ẕius」，也就是時而以中文時而以國際音標，而國際音標用音又不統一。〔註3〕其他篇章裡也可見此種情形。可知余萬居用以音譯的標準不盡相同。另一種中文與國際音標混合使用的例外，就是狀聲詞大多以國際音標呈現，有些卻只以中文音譯。例如賽夏族大隘社〈塔阿伊〉故事中表示割繩子和膝蓋關節聲響的「軋」、排灣族卡濟拉伊社（qatṣilai）〈沙普拉魯雅魯央〉（sapulalujalujan）故事中表示拔柱子聲的「咯咯」、卑南族卑南社〈沙基諾〉（sakino）故事中表示臭蟲回應聲的「嗯」〔註4〕……由人為或物品發出的聲響，雖然不是每個狀聲詞都採取同一原則，但由此能看出，譯者也許是為了書寫方便，在抄譯時順手用中文字表示。

　　上文所論，是譯本語詞或用中文或用國際音標的情形。此外，譯本有時同一詞彙的音譯也出現差異。泰雅族大豹社〈西古茲族的故事〉（siŋuts）中的「ㄙㄚㄙㄚ如風」〔註5〕一詞，罕見地使用國語注音符號標音。在日語原書中，「ㄙㄚㄙㄚ」的日文是「ガサガサ」（窸窣聲）〔註6〕，而在魯凱族大南社〈莫阿卡卡伊〉（moaka:kai）故事中的「ガサガサ」，余譯卻翻成「吵吵」。〔註7〕

〔註2〕同前註，頁82。
〔註3〕同前註，頁87、88。
〔註4〕同前註，頁234、263、539。
〔註5〕同前註，頁70。
〔註6〕《廣辭苑》（第四版），新村出主編，東京，岩波書店，1992年，頁469。
〔註7〕同註1，頁573。

　　譯本中也出現一個漢語詞彙翻譯不同日文詞彙的狀況。在泰雅族大豹社〈布塔的戰略〉（βuta）裡的「唏哩嘩啦」，形容失足跌落崖底，原書日文作「つるつる」〔註8〕。不過在阿美族奇密社〈兄弟和妖怪〉以「唏哩嘩啦」描述戰敗倉皇逃跑的情景，而原書日文則是「バタバタ」〔註9〕。「つるつる」（啜食聲；物品表面光滑）〔註10〕和「バタバタ」（腳步聲；腳步沉重的樣子）〔註11〕皆為日文的擬聲、擬態語，不但可當作某種動作所發出的聲音，還能用來形容動作的樣態，無論是聲音或狀態，兩者詞義都截然不同。

　　由音譯的差異，可看出余萬居的譯本並非單純對譯，而是在讀取日文詞彙後，消化成自己理解的意義，再視內容及語用、語境，選出最適當的翻譯。像是上述的「唏哩嘩啦」，用中文狀聲詞代替日文擬聲語，可是兩者詞義卻無法相通，因為「唏哩嘩啦」通常是形容水聲，並表現出水流移動或雨水大量降落的樣子。為何譯者選擇用此作為其漢譯，應該先從「つるつる」和「バタバタ」在內文出現的部份說起。從故事內文來看，這兩個詞彙皆使用於雙方交戰時，使對手潰不成軍的情形。中文在描述此種狀況，可用「落花流水」一詞表示散亂之貌〔註12〕，而「唏哩嘩啦」是水流動的狀聲詞，所以在中文的語境裡，「把敵人打得唏哩嘩啦」比「把敵人打得落花流水」更加淺白生動且具音律感，足見譯者翻譯時不僅考量到詞義，更顧及聲音和意象。又如阿美族奇密社〈兄弟與妖怪〉，將「ばらばら」譯為「劈哩叭啦」〔註13〕，則是另一種延伸翻譯的例子。「ばらばら」在此用來描述人頭被砍得七零八落、散落一地的景象，但本義除了表示分散貌，還可拿來形容大雨降下的情狀與聲音〔註14〕。不過它和「劈哩叭啦」的「燃燒爆裂聲」及「大量而連續的樣子」等詞義都不吻合。雖然「ばらばら」的解釋有「物品大量出現」〔註15〕的意思，近似「劈哩叭啦」詞義，但對照後發現其義不符內文，無法套用作為解

〔註8〕同前註，頁126。

〔註9〕同前註，頁711。

〔註10〕同註6，頁1738。

〔註11〕同前註，頁2066。

〔註12〕《重編國語辭典修訂本》，教育部國語推行委員會編纂，臺北，中華民國教育部，2012.4.13，上網日期：2012.5.16，網址：http://dict.revised.moe.edu.tw/cgi-bin/newDict/dict.sh?cond=%B8%A8%AA%E1%ACy%A4%F4&pieceLen=50&fld=1&cat=&ukey=1406012451&serial=1&recNo=1&op=f&imgFont=1。

〔註13〕同註1，頁713。

〔註14〕同註6，頁2105。

〔註15〕同前註，其中詞義之一，有「大量冒出或射出」的意思。

釋翻譯的理由。余萬居有可能是由「煙火」施放的情景和聲音,將「ばらば
ら」與「劈哩叭啦」連接起來:前者取其義;後者取其聲。更因為兩者發音
上的相似(「ばらばら讀若 barabara〔註16〕」、「劈哩叭啦讀若 pilipala」),讓譯
者直接聯想而作此翻譯。

　　日文與中文的語言特性不同。中文對於行為的描述較精確,同一舉止可
用多種動詞詮釋。例如以眼睛視物,便可使用看、瞪、瞥、盯等字,不僅表
示其程度大小,也區分同類動作之間些微的不同。日文形容動作的字詞較為
概括性,不太有明顯的差異,加上擬聲或擬態的語詞之後,便能夠清楚區隔
並描述相似行為,因此也產生多種模擬聲音、樣態和情感的詞彙。許多事物
皆有其專屬用詞,但轉譯成中文時,過於詳細的區分卻無法適用,所以不是
套用中文裡已有的狀聲詞,就是搭配譯者認為適合的語詞,因而出現一個中
文對應多個日文詞彙的現象〔註17〕。「つるつる」和「バタバタ」即為一例。
以下列出余萬居和其他漢譯版本加以比對:(底畫線者為該詞之漢譯)

　　上文所論出現於泰雅族大豹社〈布塔的戰略〉的「つるつる」一詞,余
萬居《原語實錄台灣高砂族傳說集》的譯文作:

　　　　(敵人)應戰,他們詐敗後退。(敵人)說:「我們追!」就跑
　　來了,可是來到舖有皮件處,都大出意料之外地,嘶哩嘩啦地,一
　　個個從崖上滑落下去。〔註18〕

陳千武《台灣原住民的母語傳說》的譯文作:

　　　　敵人多數馬上應戰來進襲,他裝著敵不過他們而逃跑。敵人喊
　　著:「追!追!追啊!」跟在布達後面追來,來到敷有鹿皮的地方,
　　布達避開了,很意外地,敵人一個個突進過來,都踏上鹿皮滑進懸
　　崖墜落下去。〔註19〕

陳萬春《原語臺灣高砂族傳說集》的譯文作:

　　　　當敵人應戰而來時,他們就佯裝逃走。敵人喊著「喂,大家追
　　吧。」追了上來,但來到舖著鹿皮的地方時,意料之外一個接著一

〔註16〕「ら」的羅馬拼音雖標示為「ra」,但日文無捲舌音,故讀音與「la」相同。
〔註17〕徐一平、譙燕、吳川、施建軍著:《日語擬聲擬態詞研究》,北京,學苑出版
　　　社,2010 年 3 月初版一刷,頁 32〜34。
〔註18〕同註 1,頁 126。
〔註19〕陳千武譯述:《台灣原住民的母語傳說》,臺北,臺原出版社,1991 年 2 月第
　　　一版第一刷,1995 年 5 月第一版第五刷,頁 101。

個滑溜溜地，從山崖滑落了下去。〔註20〕

　　陳千武和陳萬春都採取意譯的方式——地上鋪有鹿皮，造成敵人腳滑，又因為天黑視線不佳，使敵人逐一從懸崖掉落。陳千武的「突進過來」是順著「一個個」的句意而言，強調「緊接著」的意思。陳萬春把接連墜崖的語意，放在「一個接著一個」上，並以「滑溜溜」表現出敵人失足，點出鹿皮表面光滑的狀態。

　　至於阿美族〈兄弟和妖怪〉的「バタバタ」一詞，余萬居《原語實錄台灣高砂族傳說集》的譯文作：

　　　　那時，弟弟（模仿老太婆的口音）說：「我在這兒！」（把手）伸進牆壁裡（想抓老太婆）。弟弟拉了拉ka_luts_lutsai的手，那手臂脫落了。ka_luts_lutsai說：「這老太婆的力氣不該這麼大啊！」就唏哩嘩啦的奔逃。〔註21〕

陳千武《台灣原住民的母語傳說》作：

　　　　弟弟模倣老婦人的聲音說：「來啊！來抓啊！我在這裡。」

　　　　卡魯窄怪物把手伸入牆裡，要抓老婦人。弟弟卻緊握卡魯窄身進來的手臂，用力拉了一下，手臂就斷了。卡魯窄吃驚地說：「這裡的老人，不應該有這麼大的力量，真厲害，看起來我們贏不過他。」

　　　　卡魯窄一起拍達拍達慌張地跑掉了。〔註22〕

陳萬春《原語臺灣高砂族傳說集》則作：

　　　　那時，弟弟模仿老婦的口音說：「來啊，我在這裡。」因此卡魯茲魯扎伊把手插進牆壁，想抓老婦。弟弟就拉扯那個卡魯茲魯扎伊的手臂，那條手臂竟被拉斷了。卡魯茲魯扎伊說：「這裡的老人應該沒有這麼大的力氣啊，我們敵不過他。」於是紛紛逃掉了。〔註23〕

陳萬春選擇翻譯語意而不翻出聲音，以達到文句通順的效果，卻也因此缺少聲音所帶來的生動感。陳千武直譯其音，加上「慌張」一詞顯示怪物的心理狀態，但句中並未說明「拍達拍達」為何物，無法立刻與腳步聲串聯起來，失去日文直指其意的作用。

〔註20〕小川尚義、淺井惠倫著，陳萬春譯：《原語臺灣高砂族傳說集》，新北市，中國口傳學會，未刊稿。
〔註21〕同註1，頁711。
〔註22〕同註20，頁171～172。
〔註23〕同註21。

余萬居將「つるつる」和「バタバタ」翻譯為「唏哩嘩啦」，雖然出現聲音的元素，不過和日文發音不符，所以並非該詞之音譯。由「接連滑落山崖」和「慌亂逃走狀」，可知「唏哩嘩啦」用於表現多而散亂，同時帶有吵雜聲音的狀況，是從中文的遣詞用字思考出發，與陳千武和陳萬春貼近日文語法的作法相異，也能看出每位譯者在翻譯語意上的取捨。

《原語實錄台灣高砂族傳說集》收錄的雖是口述傳說，譯文卻傾向文言。這一點或者是譯者行文習慣使然，或是為了要讓手寫工作變得更加精簡。若將其當作民族學文獻來處理，固然方便從中擷取並研究民族文化及社會現象；但如果視為民間文學，則不免在翻譯謄抄之際，影響到故事的口語化特色，成為見諸於書面上的「文本」了。余譯將口語翻譯得趨於書寫體的情形有兩種。一種是經常使用成語，例如排灣族內社〈普拉魯雅魯央與鳩庫鳩庫〉（pularularujan 和 cukucuku），以「如膠似漆」〔註24〕形容夫妻感情融洽，使平鋪直敘的語言，精煉成寥寥數字。另一種則是句子過度工整，比方說像排灣族庫那那烏社（kulalau）（普拉魯拉魯央與銈庫銈庫）（pulalulalujan 和 ṭukuṭuku）的「無夫何故妄生子？是誰給她懷了孕？」〔註25〕每句字數皆相等，將口語不規則的句式，排列為整齊和諧宛如詩句節奏的格律。此種漢譯與傳說貼近口語的本質似有扞格。

余先生漢譯本形成的原因，是為了讓臺灣研究民族學的學者能夠藉由熟悉的文字，研究未知的民族和語言。余萬居翻譯名詞時很花費時間和心力，而其中一部份直接取用國際音標，讓民族和語言學家可經由這些國際音標，去推敲臺灣原住民語的特性，以及讓熟知原住民各族語言的人循音找出正確名稱，因此先不妄加更動，這是他對於原書日文專有名詞所做的「擱置」。由全篇形式、體例和翻譯過程而論，譯者或多或少都進行了改寫。逐句翻譯傳說內容時，余萬居除使用對譯外，不時出現理解後轉化而成的譯文，這是無法只從原文本或漢譯本任何一方，就能得知翻譯基準的主動更改。可見譯者雖然以如實翻譯為基本方針，實際上卻逐漸滲入自己的意識，並將其見解反映在譯文裡。漢譯本與原文本傳達的訊息雖有些落差，卻更能接近中文讀者的閱讀習慣和思考邏輯。雖然有時會出現比較文言的譯筆，但余萬居在兼顧傳說內容和臺灣原住民語音之餘，運用靈活的文筆，讓故事不再只是僅供分

〔註24〕同註1，頁441。
〔註25〕同前註，頁393。

析的資料彙集，而是活潑生動的民間傳說，透過譯者的觀點，不僅重新建構原住民族代代相傳的故事，而且再度展現了口傳文學趣味橫生的畫面。

第二節　陳千武漢譯本

　　陳千武譯述的《台灣原住民的母語傳說》，其所譯正是小川尚義和淺井惠倫合著的《原語臺灣高砂族傳說集》。

　　此一漢譯本之誕生，源自於陳千武先生在一次與友人的聚會交談下，得知日治時期的日本學者們花費許多時間、心力，深入臺灣山野部落進行大規模的田野調查，蒐集並有系統的整理及編纂原住民故事，內容不僅涵蓋各族，所蒐集到的故事數量也頗為可觀。但是這些書籍皆由日文撰寫，對臺灣讀者而言，閱讀時會遭遇到語言不通的困難；就連略懂日文者，面對日治時期參雜文言的字句有時亦如霧裡看花。因此，對於陳千武來說，先前在編輯《臺灣日報・兒童版》的時候，曾寫過幾篇原住民故事的經驗，逐漸化成想更了解台灣原住民文學的契機。

　　於是，他寫信給同為《笠詩刊》成員的友人——住在日本千葉縣的北原政吉。沒多久北原先生就以掛號寄來《原語臺灣高砂族傳說集》的日文原書。北原本欲介紹其他類似作品給陳千武，不過《原語臺灣高砂族傳說集》內容實在太過龐大，光翻譯就耗費一年的時間，所以陳千武婉謝了友人的好意。而在初步翻譯後，又花了約莫一年光陰，依照故事的趣味性，加以整理和「剪接」——主要是將所有的故事重新分類，才終於完成了這本《台灣原住民的母語傳說》。〔註26〕

　　原住民族故事有其獨特的文學性，又或者是生活環境相鄰，故事交互流傳影響下，因此在各族可見情節相似之故事。陳千武抱持著將原住民族故事介紹給國人的心態，翻譯原文後，再合併相似度極高的故事以避免重覆，目的不在於完全呈現每一則故事，而是讓讀者閱讀漢譯本時，能對各族的故事情節、民情特色一目了然，並對原住民的神話及傳說產生興趣，進而去研究原住民，使臺灣原住民的文化更被社會大眾所關注。陳千武心目中設定的讀者除了一般民眾外，其實還有另一類族群，那就是經常出沒於這些故事中的主人翁——臺灣原住民。藉由翻譯打破語言的藩籬，讓他們自祖先起便世代

〔註26〕陳千武：〈認識原住民的根源——《台灣原住民的母語傳說》後記〉，書同註19，頁 228～229。

相傳的故事能不斷延續下去，也希望透過這個漢譯本，補足臺灣文學中昔日被人忽略的這一部份，也提醒讀者需重視母語及本土文化。〔註27〕

《台灣原住民的母語傳說》將原書的章節故事打散，另外依照故事內容，揀選出在各族裡相似或幾近相同的篇章，融合成為一篇，然後將所有故事分別歸為「共同神話」和「各族傳說」二輯。

「共同神話」依主題分「洪水神話」、「征伐太陽」、「女人國」、「陰陽綺譚」、「處女與花鹿」、「情夫記」、「地下人」、「巨人之死」、「人性變易」、「人變猴子」、「人變飛鳥」、「婚姻異趣」、「穿山甲和猴子」、「傻丈夫」、「狗的故事」等十五節。「各族傳說」則依族群分「泰雅族傳說」、「賽夏族傳說」、「排灣族傳說」、「卑南族傳說」、「魯凱族傳說」、「阿美族傳說」、「賽德克族傳說」、「布農族傳說」、「曹族傳說」、「雅美族傳說」等十節。「共同神話」編為輯一，把在各族間出現率高的故事視為普遍現象，有些故事甚至可以和其他國家做比較，顯現故事的同質性，以及散布範圍。其他較具特定民族風情的故事，則編入「各族傳說」為輯二，從這些故事，能看出原住民特有的文化、藝術、習俗、禁忌、歷史沿革與蕃社變遷，也是保留臺灣原住民面貌最多的部份。陳千武雖然將故事依文類分成了兩部份，但在他行文敘述裡，卻並未看出對於這兩者有明顯的區分。就以輯一「共同神話」而言，輯內所收本應為「神話」，但它們幾乎都又被稱作「傳說」，比如「洪水神話」第一節名為「諾亞的方舟」，開篇介紹云：「世界普遍有名的洪水『神話』，該算基督聖經創世紀裡的『諾亞的方舟』。」而文末則謂此一神話「是以宿命論為基準而傳說。」是又以「傳說」稱「神話」。此下二至五節名稱分題「亞洲大陸的傳說」、「台灣原住民的傳說」、「泰雅族的傳說」、「曹族卡那布亞力方言傳說」，也都以傳說為稱〔註28〕。或許是囿於所譯日文原書書名已有「傳說」二字，不便擅作修改；或是譯者也認為這些原住民故事都是傳說，所以便如此稱呼，不過由陳千武的故事分類，可感覺到譯者似乎有意要將故事中的「神話」與「傳說」做出區隔，只是在敘述上仍以「傳說」稱之。大體而言，輯二題名「各族傳說」的「傳說」，也許偏向於文類意義的傳說。而輯一之以「傳說」稱「神話」，則可能偏向神話之依口耳相傳而使用。

〔註27〕陳千武：〈台灣原住民的語言與傳說──《台灣原住民的母語傳說》前言〉，書同前註，頁12。

〔註28〕同註20，頁18～24。

　　既然是合併相似故事而成的嶄新篇章，自然無法兼顧所有題目，因此陳千武將兩百八十四則傳說重新整理並歸類，共計四十九種〔註29〕，並參考故事篇名與內容，為每篇重新訂定新的題目。一開始他將外國及中國原始神話和臺灣原住民比較，除了呈現原始民族的質樸率真性格，更顯示出此種故事不光出現在臺灣，還出現在其他地方，可見故事流布之廣，並不侷限一地，而是橫跨不同國家和族群。「共同神話」以相同題材為標題，再依族別及蕃社名稱作為次標題，比對相似故事內容之有趣程度，選擇一、兩篇譯出全文，其餘則列出採錄蕃社名和故事梗概，以顯示故事的變異性；「各族傳說」則以族別當作標題，然後視各族收錄故事情形，依主題、蕃社名、數字及故事重心等再做細分，故事之間的變異性本來就很大，所以儘量每篇全文都翻譯出來，除非有相似度極高的不同版本，才會在譯文之後另加附註。可見輯一和輯二的編排方式完全相反，分別以相同主題與族群為主，這樣排版的結果，雖然讓讀者以最小篇幅看到最大的故事變異，但是卻影響到故事原本的風貌。

　　在達到相同故事主題的前提下，陳千武不再以族別為首要考慮因素，而更動《原語臺灣高砂族傳說集》故事的次序，並用小括號註明其採錄蕃社的名稱，讓讀者閱讀故事時能感受到故事的趣味，不會因為情節重覆出現而降低娛樂性，以及得知故事分佈在哪些地區，大致上算是交待了故事的流傳情況，至於採錄範圍、地點、時間和口授者、說明者、補助者這些採錄對象的相關資料，便放在前言裡先行說明，讓正文單純以故事本身呈現，避免過多的附註或補充資料干擾閱讀。不過原本想要做到精簡篇幅、方便閱讀，而為故事訂定新名稱，卻衍生出故事分類的問題。

　　有些故事分屬在不同題材，但其情節有相似之處。例如「處女與花鹿」故事是女子把花鹿當作丈夫，不過「情夫記」則是女子將花鹿以外的動物，如：老鼠、蝌蚪、蚯蚓、熊和豬做為丈夫。「人性變易」是指人變成其他形態的事物：有昆蟲，例如蟬和臭蟲；有動物，如山豬、老鼠、豹和鹿；有植物，如狗尾草、榕樹、有臭味的樹；有自然現象，比方星星和彩虹；甚至變成蜻蜓珠、水、石頭等無生命的物品。而此種題材跟「人變猴子」、「人變飛鳥」故事一樣，都是由人類轉變成其他東西。「婚姻異趣」是與婚姻有關的故事，像是結婚、交合、受孕等；可是「男女之間」故事裡，人物之間不是夫妻，就是有結婚、交合之行為，同樣也跟婚姻有關。像這樣情節單元相像的故事

〔註29〕同前註，頁11～12。

卻分作兩篇，與本書其他多數故事的處理方式似乎大相逕庭。

　　相似情況還有一個例子值得提出來觀察。陳千武譯本「各族傳說」中的布農族及雅美族傳說皆有題為「創世紀」的小節，內容雖然都在敘述先祖繁衍的緣起、洪水、食物及生活必需品的取得、遠古的生活情形，可是有關洪水的部份，在「共同神話」的「洪水神話」中早就以概述大意的形式出現過。也許是為了保持故事的完整，才不把洪水部份從「創世紀」中刪掉。不過題目和情節的重覆，一來使故事統整不夠簡化，二來容易造成分類上的混亂。

　　從上述例子，可知陳千武先生在區分故事類別時，傾向於將相似度高、數量多的故事整理成同一則，但由於全書畫分成以題材為分類標準的「共同神話」和以族群為分類標準的「各族傳說」，分類標準出現主題和族群等兩個不一的標準，因此出現情節類同的故事在不同類別重複出現的情形。而在制訂章節題目方面，除大多數是以題材和族別命名外，亦出現少數例外。「魯凱族傳說」又分「小故事」和「彩虹女」二節，其中的「小故事」，收入三則篇幅短小的故事，並未依照題材和族群取名，而是因為故事篇幅短小，因而收錄在此單元裡。

　　《台灣原住民的母語傳說》輯二「各族傳說」分類方式繁雜，雖以各族區分，但族名以下，卻用不同項目逐步歸納故事，試將此部份分類順序列舉如下：

《台灣原住民的母語傳說》各族傳說分類層次表

第一層	第二層	第三層	第四層	故事名稱
族別	題目（題材）			領土爭奪戰、 勇士復活、 眼光殺人的巴利、 愛的復活、 蛇妻、 因果報應、 婚姻異變、 磨刀石遺跡、 孤兒和烏鴉、 彩虹女、 兄弟和公主、 兄弟星星、 飛人馬維魯、 盲目的寡婦、 靈魂之家、 創世紀（雅美）

族別	題目（題材）	數字（題目）		祖先的生活、紋身的起源、仇怨
族別	題目（題材）〈短篇幅，非真正題材〉	數字（題目）〈題材不同〉		小故事
族別	題目（題材）	數字（同篇分段）		阿美族的起源、創世紀（布農）
族別	題目（題材）	題目（故事重心）		阿泰雅祖先、男女之間、石窟門及其他、寶物及其他、沙瓦及其他、妖怪和漁網、去火燒島（外一篇）
族別	題目（題材）	題目（故事重心）＆蕃社		祭祀及其他
族別	題目（題材）	蕃社	數字（題目）	飄簞及其他
族別	數字（題目）〈數量過少〉			卑南族傳說、曹族傳說
族別	題目（故事重心）			賽夏族傳說

由上表，可見造成分類層次混亂的原因，除了沒有統一分類標準外，內容的更動也是影響因素之一。陳千武在翻譯《原語臺灣高砂族傳說集》的過程中，為了避免情節雷同，又要呈現故事精彩處，陳千武大幅調整篇章，由數則相同題材或族群的故事組成各類傳說，選出其中情節較複雜、有趣的翻譯全文內容，其他類似故事簡略說明並條列於後，而以「題材」為分類依據，對於結構鬆散的原住民口語故事來說，勢必得取捨內容且加以整合，才能達到文意通順、集中敘事的效果，因此使用「剪貼」手法不僅可濃縮篇幅，亦可提升故事趣味度。當同類故事情節太過近似或結構簡略，就不會使用翻譯部份故事並註解說明的方式，而是採取互文建構的原則，將同類故事的段落、文句打散，相似部分選擇敘述較完整的句子，相異部份則重新排列，組合成一篇全新的故事。如輯一的「地下人」、「巨人之死」，以及輯二「勇士復活」、「眼光殺人的巴利」。「地下人」的情節是以魯凱族大南社為主，布農族郡大

社與曹族沙阿魯阿（沙阿魯亞）方言為輔，捏合而成。以下列出陳千武譯《台灣原住民的母語傳說》中「地下人」全文〔註30〕，並根據陳萬春譯《原語臺灣高砂族傳說集》〔註31〕以小括號註明出處，如此交叉比對，可以看出陳千武譯本揉合三篇故事的痕跡：

　　古早，叫人仔山的地方，是族人常去做稻米或粟子交易的地方。人仔山有個洞，從洞穴可以進入地下世界（筆者註：以上出自魯凱族大南社）依可甸去。（筆者註：依可甸之名，出自布農族郡大社）

　　社裏的人要去地下的世界依可甸，必須從那個洞穴進進出出。可是現在卻有很多奇異噁心的石頭堵塞了洞口，遺跡變成竹叢了。從前這叢竹子只有一支根，上面有枝葉繁茂著，還有很多藤蔓，看起來陰陰森森，令人感到恐怖。族人視為禁忌區域，絕不走近，也不敢用手指指向那個地方。（筆者註：本段出魯凱族大南社）

　　地下界依可甸的人都有尾巴。我們的祖先要去依可甸社區，必須在洞口事先大聲叫喊，讓依可甸人有時間走到臼子那兒去，把尾巴藏在臼子裡，以免祖先走進去互相覺得尷尬。（筆者註：以上出自魯凱族大南社）祖先從洞孔下到地界，必用鹿角編織的梯子，才進入依可甸人的房屋。（筆者註：以上出自鄒族沙阿魯阿方言）一進入房屋，就到水甕邊去喝他們的水，他們就會說：「哦！我們的親戚喲。」祖先在依可甸大便，很不可思議地會變成紅色小圓柱形的玉，而他們把玉拿來吸吮就會有孔，可以串線做裝飾。（筆者註：以上出自魯凱族大南社）

　　依可甸人持有很多穀物。古早，我們祖先族人都是沒有穀物的可憐虫。依可甸人還沒有承諾跟我們祖先交易的時期，如果我們的祖先去依可甸玩，回家時，就要求我們的祖先脫光衣服，全裸身體讓其檢查。他們怕我們的祖先帶他的穀物出去，一粒也不行。那是他們的禁忌。（筆者註：本段出自魯凱族大南社）

　　然而我們的祖先說：「我們沒有穀物的種子，如果這樣繼續下去，我們食糧吃盡了，最後全社人都會死去。」因此下一次去玩，男人們就把粟子藏在自己的局部，女人們也把米藏在自己的局部。

〔註30〕同前註，頁56～58。
〔註31〕同註21。

在回家的路上關卡，要全裸檢查的時候，所有的人連指甲、鼻、嘴、耳朵、屁股、肛門都要檢查。（筆者註：以上出自魯凱族大南社）男人們藏在局部裡的粟子也被發現，沒收取回去。只有女人們藏在陰部裡的米粟，依可向人羞恥地不敢檢查，才沒有被取回，（筆者註：以上出自布農族郡大社）好不容易帶回家，播在家周圍旱田繁殖了，便不再發生困苦。（筆者註：以上出自魯凱族大南社）

　　古早煮穀物，如果是粟子，只煮穗中一條，鍋子就盈滿。如果是米，只煮一粒，鍋子就會盈滿。因而僅有雙手捧起來的米和粟子，就可以吃一年。地下世界的依可向人，知道我們祖先的社區能生產穀物之後，才願意互相交易。（筆者註：本段出自魯凱族大南社）

　　有一次，有個懷孕而背著孩子的母親，到地下界依可向去交易。要回家，走到通地下界的洞孔的地方，突然腹部開始陣痛而呻吟，很奇怪，呻吟了不久，那個女人忽然變成石頭，把地下界進出口的洞孔堵塞掉了。從此我們祖先族人不能再到地下界的依可向去。那個石頭很像背著孩子的人像，有孩子的形態又是大肚子，中央橫側面就很像人的肚子，到現在還有那個石頭。（筆者註：本段出自魯凱族大南社）

　　那個石頭堵住洞孔不久的時候，還沒有甚麼問題，當時我們祖先族人社區，還持有很多穀物。然而有一天，阿克洛家的人，由於穀物太多，覺得一粒一粒煮得麻煩，就試著拿粟子一穗全放進鍋裡煮了。因而不可思議的事發生了，粟子突然增加，很快塞滿全屋子裡，把全家人都擠死了，沒有死而殘存下來的變成猴子。他們那個家留存很久，卻逐漸荒廢，現在已經看不見痕跡了。（筆者註：本段出自魯凱族大南社）

　　自從石頭堵塞了洞孔之後，我們祖先的族人就不走進人仔山，也不在那附近吹笛或唱歌。族人說：「假如有人能把那個人形石頭除掉，我們還可以走進地下界的依可向去……」（筆者註：本段出自魯凱族大南社）

此類傳說差異較大的部份在第五段，以魯凱族大南社的版本「因此當他們裸體時，大家雖然連指甲、鼻子、嘴巴、耳朵、屁股都被找過了，就是沒

有找陰部」〔註32〕，和布農族郡大社所流傳「先是男子把米藏在陽物，但是伊可匃（即伊可甸，此依陳萬春先生譯語）檢查時找了出來，伊可匃就收回去了。因此換由女子去偷，藏在女陰。伊可匃不好意思檢視女陰，因此沒有被發現〔註33〕」不同，陳千武把魯凱族不檢查陰部的部份，改成只檢查男性陽物，而將布農族先後兩次闖關，改為一起挾帶稻米回家。將故事合併雖然方便讀者閱讀，但為了拼湊情節內容，不僅消弱了各族特色，也改變原來的情節發展，增加辨識故事原貌的困難。

　　若遇到故事篇幅太長時，則採取將全文拆成數個小節的編譯策略，以符合原住民傳說敘事簡短的特點。如阿美族「阿美族的起源」又拆成二小節、布農族「創世紀」又拆成八小節等。也許是為了達到各類傳說文體的工整，或認為長篇故事本就是數則傳說集結而成。只是因為原書須忠實記錄口語敘述，便依口述者所說定為一篇。雖只是拆開段落，各自成篇而不更動文句，但在翻譯的立場來說，已經是更改原撰者本意的二度創作。

　　《原語臺灣高砂族傳說集》的名詞全為音譯，有時既冗長又拗口，陳千武在此也稍做更動，合併字音或省略疊字以縮短名詞長度，減少專有名詞過多干擾閱讀的情況。名詞縮寫雖然能使閱讀速度流暢，可是讀者或研究原住民故事的學者，卻無法直接從這些名詞去追溯原有的地名、蕃社名、人名，遑論以此去探討各族居住及遷徙的軌跡、氏族繁衍的變化，和傳說故事流傳的過程。

　　歷經日本和國民政府教育的洗禮，成為「跨越語言的一代」〔註34〕，陳千武深知文學對人民的重要，為了能讓更多人看見並重視根植臺灣的原住民文學，他儘量運用淺白的文字敘述，使讀者易於閱讀而接受。但身為翻譯文學，此漢譯本無論在形式或內容上都更動頗多，與其說《台灣原住民的母語傳說》是翻譯自《原語臺灣高砂族傳說集》，倒不如說是以《原語臺灣高砂族傳說集》做為底本，吸收故事概要而加以全面改寫的作品。但這也不能為譯者病，因為這本書的作者署名下，不是用「譯」，而是用「譯述」來指明作者編寫此書的工作性質。如果用當今出版界習用的語詞來說，用「編譯」來理解陳千武的工作，也許更為貼切。

〔註32〕同前註。
〔註33〕同前註。
〔註34〕阮美慧：〈陳千武在《笠》發展史上的地位〉，《東海中文學報》第17期，2005年7月，頁154。

第三節　陳萬春漢譯本

　　多年來致力於民間文學推廣與研究的中國口傳文學學會，除了派研究團隊到各族部落做田野調查，整理錄音資料彙集成書，更計畫翻譯與民間文學有關的一批日文書籍。日治時期的政府與社會、人文及民俗學者，為了治理人民和學術研究，對臺灣原住民族進行調查，出版許多記錄原住民文化的專著，而其中一部份是神話傳說，不過這些著作皆以日文撰寫，少數作品即使有漢譯，也因尚未出版而難以調閱，中國口傳文學學會的陳勁榛先生就商於他的父親陳萬春先生，著手漢譯一批日文臺灣故事書，希望經由系統化的編譯，將日治時期臺灣原住民的民間文學風貌，展現在世人眼前。目前已出版的有鈴木作太郎著《臺灣蕃人的口述傳說》。而雖未出版，初步譯稿已先放在「口傳文學網」的有《蕃人童話傳說選集》、《生蕃傳說集》。〔註35〕

　　中國口傳文學學會研究對象以民間文學為主，因此陳萬春在翻譯《原語臺灣高砂族傳說集》時，只取傳說內容，省略各章語法概說和以國際音標記錄的原住民語故事部份，只依日文將傳說故事譯出。並附上採錄時間、地點，以及口述者、說明者、補助者資料。且視內容需要加入註釋，使讀者在閱覽時，遇到不熟悉的專有名詞，能得知其意義並更能理解故事敘述。

　　此一譯本除了保留原書的分類階層以外，由陳勁榛先生囑咐筆者在每則故事之前新增編號，以阿拉伯數字表示，數字之間用小數點隔開。為了簡化各族不同的分類階層，一律以三個數字編號，每個數字代表一種分類層次：第一層是以語言區分的族別，第二層是蕃社名稱或方言類別，第三層則是故事排列順序。比如泰雅族塔可南社「食物會自己來」的故事編為 1.2.3，其中 1 表示它出於本書的第一章「泰雅族」，2 表示它出於本書泰雅族部份的第二個社，3 表示是這個社的第三個故事。因此這個故事的分類階層是「族別－社別－故事」。餘可類推。

　　但面對魯凱族和布農族過多的分層，則採取打破原有分類階層，折衷進行編號的方式，將魯凱族「族別－語言－蕃社名或方言類別－故事順序」的分類，縮減為「族別－語言－故事順序」。比如魯凱語下三社蔓塔烏朗方言裡的第六個故事是「變成豹的故事」，本書編號時將「蔓塔烏朗方言」這個類階省略，因而編成 5.2.25 這個號碼。另把布農族「族別－方言類別－蕃社名－

〔註35〕〈中國口傳文學學會出版暨參與出版圖書〉，2012.4.12，《中國口傳與現代文學學會》，上網日期：2012.4.17，網址：http://nfs84305851.myweb.hinet.net/。

故事順序」的階層改成「族別－方言類別－故事順序」，其編號方式可以類推。
如此一來，能讓故事依序遞增號碼而不致中斷，亦能統一編碼規則。此種號碼
不但易於檢索，對於編製索引也大有益處。為故事編號之必要，一是方便搜尋，
相當於幫每個故事打造了獨一無二的定位；二是統整原書紊亂的分類層次。

　　陳萬春的譯本在專有名詞的翻譯上，採取日文與中文對音的方式來解決。
余萬居譯本的專有名詞，大多據原書故事原住民語部份中的國際音標來記錄，
造成中文譯本漢、西語參雜的情形。陳千武譯本則將專有名詞依現有習慣譯
成中文，但事實上原書記錄的許多地名、族名，都無法與現代地名相對應。
因此陳萬春譯本就將日文五十音和連音的每一個發音都找一個中文字來對應。
比如布農族郡大社「地下人」故事中的地下人，原書國際音標作「ikolon」，
原書日文音譯作「イコション」，余譯據國際音標直書，陳千武譯作「伊可旬」。
陳萬春譯作「伊可匈」，則是因為日文中凡「イ」都以「伊」對應，凡「コ」
都以「可」對應，凡「シ」都以「西」對應，凡「ション」連音都以「匈」
字對應（對應表見本論文附錄一）。這是在還沒針對日文地名、族名乃至傳說
中神、人之名做過全面調查之前不得已的作法，但也很方便檢索（名詞音譯
索引參本論文附錄三）。

　　民間故事由口頭敘述到書面文字，當中必須經過採錄（使用器材錄音、
邊聽邊手寫記錄等）、彙整及編寫，如果再加上翻譯，極有可能在這些步驟中
產生變異，所以譯者在翻譯故事時，只能儘量忠於原著。一個詞彙通常附有
多義，故從一種語言翻譯成另一種語言時，除了選擇通常使用的詞義，還必
須視上下文來決定其中一種，不僅涉及譯者對兩種語言的掌握度，而且須考
慮讀者藉由文字所接收到的訊息，是否與作者想傳達的意思相近。陳萬春為
保有原文本的風貌，依據日語譯文逐句翻譯，句意上較為貼近日文，包括不
破壞日文的語氣、含意和語法，只在遇到有疑義的時候，才會自行判斷做適
當更改，或在文後以「案」、「譯案」等字眼加註補充說明，但須切合日文意
思的前提之下，使譯者在翻譯時，有時會遇到難以界定語意的情形。

　　承陳勁榛先生吩咐，筆者將陳萬春譯稿和日文原書做了一次對校，筆者
因而透過自己對日文原有的理解和一些工具書的解釋，找出原稿一部份翻譯
問題，列出以供參考：

　　《原語臺灣高砂族傳說集》充斥許多名詞、動詞、形容詞與副詞，其中
有些漢字詞彙，可能沒有適合或相近的中文語詞能夠取代，譯者便直接將日

本漢字當作中譯。例如泰雅族的〈哈魯斯〉：

> 他的道具（陽物），有足可架河為橋的長度，據說，平時他都
> 纏在腰間。

「道具」一詞，日文原義眾多，囊括工具、器官、道具、武器、法器等意義〔註36〕；在中文裡則有「道具」（戲劇、電影或其他表演中所需的舞臺用具）和「法器」（佛家稱可資助僧徒學道的器具）兩種解釋〔註37〕。詞後註明此為「陽物」，而中文解釋皆無可與其對應之意，因此所適用的詞意，應選擇日文解釋之一的「器官」較為確切。可見日本漢字詞彙看似可以由中文字面理解，詞義卻出現差異、無法通用的情形。

即使詞彙相同、詞義相近或有所關聯，將日本漢字視為中文使用，也有可能會產生文句不順的現象。比方說「訪問」就是一例。「訪問」的中文詞義是「詢問」與「拜訪」〔註38〕，日文一樣有「拜訪」〔註39〕的解釋，可是實際用在譯文中，看起來卻有不自然的感覺。因為「訪問」在中文裡的慣用表現，其實包含「詢問」成份居多，而故事內容所提及，通常只是前往某人家的「拜訪」之意，仔細區分下，兩者還是有所不同。是以藉由套用日文漢字詞彙而通用詞義，容易造成文意的偏移，影響口語敘事的流暢度。

當譯者在兩種語言間穿梭，試圖解讀文本訊息，並轉化成譯本之際，必定會遇到難以對譯的地方，也許是相異文化裡，沒有等值的事物可以對應，又或許是對此一概念、物品的認知和思維截然不同，這時譯者所能夠倚靠的自身（本國）文化已不足夠，還得對外邦文化有相當程度的了解，才能經由認識、消化文化意涵後，進一步判斷並決定翻譯方式。陳萬春處理專有詞彙的原則，凡是以片假名拼音，一律採取音譯；若以平假名或日本漢字書寫，則視情況選用直譯或意譯。直譯部份前項已提及，因而在此要討論的是「意譯」對於譯文所造成的影響。

此書為口語調查實錄，其內容又是結構單純的原住民傳說，因此不太有

〔註36〕同註6，頁1805。
〔註37〕同註12，上網日期：2012.4.17，網址：http://dict.revised.moe.edu.tw/cgi-bin/newDict/dict.sh?idx=dict.idx&cond=%B9D%A8%E3&pieceLen=50&fld=1&cat=&imgFont=1。
〔註38〕同前註，網址：http://dict.revised.moe.edu.tw/cgi-bin/newDict/dict.sh?cond=%B3X%B0%DD&pieceLen=50&fld=1&cat=&ukey=639615327&serial=3&recNo=0&op=f&imgFont=1。
〔註39〕同註6，頁2345～2346。

像翻譯詩歌般，須注重到格律、表現手法、作者風格等攸關內容優劣的部份，所以無論是文法或各種詞性的詞彙，除差別不大外，在翻譯時也讓譯者有較多的彈性可供發揮，但唯獨名詞例外。因為名詞本身具備定義功能，事物一經命名，便帶有明確且固定的意義，所以譯者必須更加精準地譯出詞義，以免與作者原意相距甚遠，甚至阻礙讀者對事物的理解。

並非所有名詞都能找到與其呼應的詞彙，倘若詞義範圍太廣，無法以單一名稱總括，就會出現「一詞多義」的情況。例如日文中的「泥棒草」，原譯稿把它翻譯為「咸豐草」，是以此草能沾附於人畜及物品表面而得名。「泥棒」是日文「小偷、強盜」之意〔註40〕。「泥棒草」的由來，源於其果實常悄然附在人類衣物與動物毛髮上，猶如無聲無息潛入屋內竊盜的小偷〔註41〕。稱作「泥棒草」的植物不勝枚舉，有菊科的蒼耳屬、鬼針屬、豬草屬、款冬屬、豨薟屬，禾本科的蒺藜草屬、狼尾草屬、淡竹葉屬、求米草屬，以及豆科山螞蝗屬、莧科牛膝屬、薔薇科龍牙草屬、繖形科竊衣屬、玄參科通泉草屬、茜草科豬殃殃（拉拉藤）屬……等，「咸豐草」則歸類在菊科鬼針屬，亦為其中之一〔註42〕。可見「泥棒草」不是單一植物，而是泛指相同性質的概念名詞，所以無法與「咸豐草」劃上等號。一來臺灣沒有可以完全相呼應的名稱，二來直譯其名恐怕會造成讀者對文本的疏離感，故譯者選擇用「咸豐草」代替，讓讀者一看便理解該詞彙欲傳達的訊息或意象。但以詞義不對等的名詞當作翻譯，不僅模糊原意所指，而且也改變了此名稱在日文所給予讀者的語感。然而譯者不直接引用字面之意，另行選擇詞彙作為代稱，可見譯者處理譯文時，經過查證、判斷後才進行翻譯的用心。

陳萬春的漢譯淺顯簡潔，力求符合日語文意，雖然偶而會過度拘泥於遵照原文，但仍依循著原住民故事的口語化，平實呈現原住民的民間文學。

〔註40〕同註6，頁1884。

〔註41〕《語源由來辭典》，2012.3.24，上網日期：2012.4.17，網址：http://gogen-allguide.com/nu/nusubitohagi.html。

〔註42〕〈ひっつき虫〉，《植物雜学事典》，岡山縣：岡山理科大学，上網日期：2012.4.17，網址：http://had0.big.ous.ac.jp/thema/hittsukimusi/hittsukimusi.htm。〈8-3.動物付着散布〉，福原達人著，《植物形態学》，福岡縣：福岡教育大学教育学部，上網日期：2012.4.17，網址：http://www.fukuoka-edu.ac.jp/~fukuhara/keitai/8-3.html。名詞中文查詢，出自《國立台灣大學植物標本館（2012），台灣植物資訊整合查詢系統》，臺北，國立台灣大學生態學與演化生物學研究所，上網日期：2012.4.17，網址：http://tai2.ntu.edu.tw/index.php。

第四節　徐人仁漢譯本

　　中央研究院的民族學研究所，整理許多日治時期的民族學、語言學和人類學著作，並且翻譯成中文，但大多用來供學者進行研究，並未上市成為出版品。《原語臺灣高砂族傳說集》除了有余萬居所翻譯的完整漢譯本外，尚有徐人仁對日文原書第 591 至 668 頁譯出之版本，也就是布農族的部份〔註43〕。只翻譯《原語臺灣高砂族傳說集》一部份的原因不明，但以余萬居的漢譯本與之對照後，徐人仁的版本只有日文的漢譯，隨頁註釋大致只選擇可說明內文名詞者，其他一概不譯成中文，這點與陳千武和陳萬春的翻譯策略相似。不過可能是翻譯完布農族的傳說故事，便不再繼續其他族群的漢譯，或是省略譯出註釋，和沒有附上國際音標的緣故，研究者多用余萬居的漢譯本，而不見使用徐人仁的版本。

　　徐人仁翻譯的方式和余萬居一樣，原書以日本片假名拼音的專有名詞，並不轉譯為中文，而是以國際音標呈現原音，這應該是在準備漢譯工作之初，就將其譯本定調為語言學和人類學的研究資料，所以才統一不漢譯拼音名詞。他翻譯的形式較為自由，除了故事正文以外，只翻出幾個隨頁註解做為故事內容的補充，故事正文裡用以通順文意及表示說明的括弧內詞句，也只視情況做選擇性的翻譯；如果遇到需要釐清詞彙意思的情形，便會在詞彙旁邊（謄寫位置以外的空隙）另作說明。在巒蕃的〈Tanapima（姓）的祖先〉、〈Saðoʔso〉，丹蕃的〈創生記〉、〈Saðoʔso〉、〈Sojeq 鳥〔soheqqan（姓）出自 maŋqoqo（姓）的由來〕〉，卡社蕃的〈人類的起源〉，和郡蕃的〈郡蕃〉、〈從天上來的 asaŋ deŋŋað〉故事前面出現了數字，標題之後並附註蕃社名稱以便統整。此等數字記號未見於日文原書中，由於與譯文沒有直接關係，因此不知是譯者的筆記，或翻閱此漢譯本的研究者隨筆所致〔註44〕。不過由這些編號，可看出標註數字者應該是想對種族、姓氏和蕃社的起源傳說做進一步的整理。

　　徐先生翻譯拼音以外的日本漢字名詞，有時沿用日文說法，如〈採薪〉：「在粟只要一粒一粒的煮的時代，柴薪是自動地到家裡來的。如果是貧窮的家就來生柴和不燃燒的肥松，有錢人家裡則來乾柴和會燃燒的肥松」〔註45〕。

〔註43〕小川尚義、淺井惠倫著，徐人仁譯：《原語による台灣高砂族傳説集》（節錄），臺北市，中央研究院民族學研究所，未刊稿。
〔註44〕同前註，頁 3、5、9、13、20、24、29、35。
〔註45〕同前註，頁 15

其中「肥松」一詞的另一個解釋是「松明」，即「火把」之意。松木裡含有油脂，易於點燃，可用來照明。中文裡也可見「松明」一詞，詞意也相同〔註46〕，不過「肥松」的說法只見於日文〔註47〕。而在〈有尾人〉這則故事中，「松明」則被翻譯為別的語詞：「我們曾經去玩過三次。因為 ikulun 在很遠的地方，需要燒盡一籠火炬才能到達」〔註48〕，徐人仁直接翻成「火炬」，可知有時是依照譯者的想法自行判斷。

　　同樣的詞彙，出現套用日文說法和譯者自行判斷兩種情形的還有「內庭」（參照本論文第三章第三節相關討論）。這個語詞見於巒蕃的〈豬〉：

　　　　從妻子的肚子裡出現四隻小豬。到 qaito（內庭）的二隻變成豬，
　　到 nunto 的二隻變成豚。小豬們商量，到裡 qaito 去的說：「你們就
　　光吃腐爛的東西好了。」到外庭的則說：「你們就光吃濁酒好了。」
　　到裡面去者的子孫的豬，所以被殺死，給唱咒文時，只吃濁酒。到
　　內庭變成豚的，因為人家叫只吃腐爛物，所以才光吃腐爛的了的東
　　西。〔註49〕

　　依前文來看，「內庭」等於「qaito」，而豚（家豬）逃往的「nunto」，和「外庭」似乎是同一地點，但是最後到內庭的動物，居然變成了家豬。譯文前後出現矛盾，無法確定「內庭」究竟是哪個地點。

　　「內庭」又可見於郡蕃〈女人與豬〉：

　　　　丈夫用刀刺破妻子的肚子，妻子死後肚子裡出現小豬。小豬全
　　部有十隻，二隻在被刺時死亡，故只剩八隻。其中四隻到 tainunto
　　（內庭）變為豬，另外四隻到戶外變為家畜的豚。〔註50〕

在這則故事裡，「內庭」為「nunto」（「tai」即「往……去」之意），是山豬逃往的地方，與上述所說的「qaito」相反。對照日文內容，「到 qaito 的二隻變成豬」的「內庭」寫作「奧」，「其中四隻到 tainunto 變為豬」的「內庭」則寫

〔註46〕同註12，上網日期：2014.6.3，網址：http://dict.revised.moe.edu.tw/cgi-bin/new
　　　　Dict/dict.sh?idx=dict.idx&cond=%AAQ%A9%FA&pieceLen=50&fld=1&cat=&i
　　　　mgFont=1。
〔註47〕《YAHOO!JAPAN 辭書》，日本，YAHOO!JAPAN，上網日期：2014.6.3，網
　　　　址：http://kotobank.jp/word/%E8%82%A5%E6%9D%BE?dic=daijisen&oid=062
　　　　79400。
〔註48〕同註43，頁4。
〔註49〕同前註，頁6。
〔註50〕同前註，頁33。

成「家の奧」，「奧」則有「裡面；深處」的意思〔註51〕。不譯作奧而改為內庭，應為徐人仁判斷之後所採取的翻譯。唯有「到內庭變成豚的」句子之中，「內庭」才是未經改動，由日文沿用而來。

以下列出余萬居翻譯的〈山豬〉與〈女人和山豬〉作為比較。〈山豬〉文如下：

> 肚子裡出來了小山豬，出來了4隻。（其中）到 nunto（屋內最深處）去了的兩隻變成了山豬，到 qaito（屋中泥地部分）去了的兩隻變成了家豚。小豬們商量了，到 nunto 去了的說：「你們光吃餿了的東西吧！」到 qaito 去了的說：「你們光吃（喝？）釀（白）酒好了！」咸稱赴 nunto 者（的後裔）山豬被殺而被唸著咒文時都只吃釀酒。赴 qaito 者（的後裔）曾被說要只吃餿物，所以都只吃餿了的東西。〔註52〕

〈女人和山豬〉文如下：

> （妻子）沒有拿，肚子被刺，（她）就死了，出來了小豬。小豬有 10 隻，其中兩隻被刺死，所以有 8 隻存活。分開後，其中 4 隻到 taĭnunto（屋中深處）去成了山豬，另 4 隻走出門去成了家豚。〔註53〕

余萬居和徐人仁正好相反，讓山豬逃往「nunto」，家豬則逃到「qaito」，不翻出「內庭」或「奧」等詞彙，可見譯者對文意的理解不同，所做出的翻譯也不一樣。

若遇到內容意義不明之處，徐人仁會根據行文敘述來決定漢譯。卡社蕃〈人類的起源〉中，出現難以翻譯的名詞「poklav」：

> 太古時代，芋蟲變為人類。芋蟲是仰臥著行走，所以走不快。糞蟲和蚊子和 poklav（好眼屎的蚊子之一種）商量，為了作糞，為了甜蜜的腿汁，poklav 則為了眼屎，把他叫起來吧。芋蟲那時被叫起來變為人類。走路也變成很快了。因此蚊子就刺腿，poklav 集中眼睛前面，糞蟲要人糞。

poklav 在日文原書中寫作「メカカ」，但沒有註釋加以說明，也並非某種

〔註51〕同註6，頁344。
〔註52〕同註1，頁979～981。
〔註53〕同前註，頁1077。

專有名詞，不易從國際音標或日文查出是何物，因此漢譯者只能依文意或自己的翻譯策略訂定此名詞。余萬居的版本不漢譯名詞，直接寫成「poklav」，並附上「譯者不識此物」的註筆〔註54〕。不過徐人仁則加註「好眼屎的蚊子之一種」，可見他已經對文本作出了判斷〔註55〕。「好眼屎」由故事內容就能得知，可是文中並無提及任何有關 poklav 是哪種生物的線索，所以譯者應該是從日文的メカカ研判。「メカカ（mekaka）」與「目下蚊（mekaka）」同音，符合故事內容所述，從字面就能推測出，此為停留在眼睛下方的一種蚊子，是以對 poklav 加上解釋以確立詞意。〔註56〕

　　某些字句的翻譯，漢譯者有時會為了使情節通順，而在文意上產生和日文原書相異的結果。例如丹蕃的〈創生記〉：

> 祖先們在他們那時候，到山裡採伐建築用的木材。採了一支棟樑，用繩子拉著回來。有一個傻瓜來迎接他們，說：「其他的人都在喝酒，趕快回去吧。」有人一聽這話兒，即暴跳如雷而潛入土中，沒有潛入土中的因為憂慮而哭了，哭著擦去鼻水，那些人立刻變成了石頭。鼻水即變為方解石。潛入地下的人滿頭泥土，把頭上的泥土打掉，即想到其他的人到底到哪兒去了？抬頭一看，發現其他的人都變為硬石，只好由潛入土中的人們拉著棟樑回家。〔註57〕

由故事可知，在傻瓜說完話後，潛入土中的是用繩子拉著棟樑回來的人，對照後來潛入土中的人回到地面，徐人仁的翻譯合乎情節發展。而到了余萬居翻譯的〈創世記〉，角色卻易位：

> 而，祖先曾在那一個時代裡，去採建材。祖先採了很大的棟木，用繩子拖回來。有個白癡出迎，說：「別人在喝酒，請你快快回去！」棟木生了氣，自暴自棄，潛入土中。棟材是潛下去了，可是有潛不下去的人，（他們）擔心而哭。〔註58〕

陳千武的〈創世紀〉和余萬居一樣，潛入土中的是木頭而不是人：

> 祖先去採建築用的木材。祖先採取棟木，就用繩子綁起來。有個傻瓜跑來迎接他說：「別人都在喝酒，只有你在工作，別拖棟木，

〔註54〕同前註，頁 1039。
〔註55〕同註43，頁 24。
〔註56〕同註6，頁 405、2507～2508。
〔註57〕同註43，頁 11。
〔註58〕同註1，頁 995～996。

趕快回去吧。」棟木聽了很生氣，便亂鑽進入地下。帶棟木的人能鑽進地下，但有鑽不入地下的人，那些人都很擔心，會哭而擤鼻子。〔註59〕

結局雖然都是由潛入土中的人帶著棟樑回家，不過聽了傻瓜的話而發怒遁地的，卻出現人類和木材兩種情形。起因在於故事裡生氣的主體是棟樑，之後卻是人類從土裡探出頭來，所以譯者們採取相異的翻譯策略。徐人仁是將生氣的角色改為拉棟樑的人，余萬居的漢譯較接近原文，陳千武則在文中添加「帶棟木的人能鑽進地下」，點出遁地的不只是棟樑，還有帶棟樑回來的人。

另一個譯文產生歧異結果的例子，是卡社蕃的〈tsalpoṣi-aŋ 鳥〉：

她要出嫁了。本來不肯出嫁，後來變了主意才決定去嫁。<u>男的沒有向她報仇</u>，男的不要她了。所以很悲傷。她說：「可悲的很，我織布織得好，所以想出嫁，我要去嫁。」於是就織了有花紋的胸衣，爬上屋頂，擲給男的。男的擲返屋頂上，說：「我把有花紋的胸衣投回屋頂了。」因為男的不要她了，悲傷至極，變為 tsalpoṣi-aŋ 鳥。〔註60〕

心意反覆的女子終於決定要嫁人，卻被男子退婚而變身成鳥。在徐人仁的譯文中，男子沒有對女子展開報復，不過對應余萬居的〈tsalpoṣi-aŋ 鳥〉和陳千武的〈人變飛鳥〉，報復的主體與客體竟產生極大的差異。余萬居譯文如下：

她需要出嫁，很不想出嫁，可是改變（主意），決定出嫁。<u>（她）沒有讓（別人）給男人報復</u>。（她）被男人拋棄，傷心了，說：「我傷心。善於織布，所以想嫁！想嫁！」〔註61〕

陳千武譯文則作：

她原不想嫁人，因為被男人遺棄了。但是她想還是嫁人才好，<u>並不是要對男人報仇</u>。是因為她織布技術很好，才想要嫁人。〔註62〕

余萬居將句子譯為「（她）沒有讓（別人）給男人報復」，可知做出報復

〔註59〕同註20，頁208。
〔註60〕同註43，頁26。
〔註61〕同註1，頁1047。
〔註62〕同註20，頁75～76。

舉動的是他人，遭到報復的是男子，也就是「女子沒有叫別人去報復男人」。陳千武則翻譯為「並不是要對男人報仇」，可見復仇者是女子，被報復的人是男子。譯者依據對文句的理解度，而顯示截然不同的語意。

　　徐人仁的漢譯本雖然只佔《原語臺灣高砂族傳說集》的一部份，不過他兼顧行文流暢和口語化的特色，以及推敲故事內容而決定出的文句，都讓此版本通順且易讀。

　　依據不同的編纂目的，使得撰寫漢譯本時的重點也不一致。余萬居和徐人仁是為中研院民族所的文獻整理計畫進行翻譯，所以在譯文中保留大量的國際音標。透過詞彙的原音紀錄，有助於回溯語言的轉變，和建立該族群地理與歷史的推移。陳千武以故事的型態，想將古老的原住民文化，介紹給年輕的一代，強調故事裡具族群特色與趣味的部份，而不著重於全文的呈現。陳萬春為中國口傳學會的漢譯，實際上是向讀者展示臺灣早期的原住民口傳資料，十分注重故事內容的忠實反映。不過作為可用來比較故事的漢譯本，維持故事流傳時的說法，較有學術研究價值。內容完整且詞句樸實，偏向口語化的陳萬春漢譯本，因此適合用於民間文學的研究。

第五章　《原語臺灣高砂族傳說集》故事分類說例

　　本章依照廣義民間故事的定義，分神話、傳說、民間故事三節，舉例說明《原語臺灣高砂族傳說集》裡的成篇語料，大多是完整口頭敘事的文字記錄，可以成為民間故事研究的材料。

第一節　文體之分類

一、日本學界所認為的神話、傳說、故事

　　相對於以文字記述為主的「文學」，用口語傳誦的則稱為「口承文藝」（oral literature）〔註1〕或「民話」（folktale），一般分為傳說、昔話和世間話。由名稱可知，此觀念明顯受到歐美國家影響，且用來定義日本的口傳文學。但像是位於東北一帶的原始民族愛奴族，多為神話而少有上述三種分類，因此現在也將「神話」納入民話的研究範圍。

　　「神話」出現於祭祀的場合，以司祭者唱誦固定形式或主題的神話，並且認為是存在過的事實而沿襲下去。「傳說」和神話一樣，也是傳承古老的事情，但年代略晚於神話，所說之事與英雄事蹟、信仰行為有關，其過程不一定全為真實，因此敘述形式較為自由。「昔話」是年長者在家中的火爐邊，向子孫或晚輩們講述虛構的事件，常用「好久好久以前」當作敘述的開頭，以

〔註1〕關敬吾，《日本民俗學大系》第十卷，東京，平凡社，昭和37年4月1日，頁1。

「某人」或「某地」稱呼事件所發生的場所及角色,性質上最接近「民間故事」。「世間話」則是近似於廣義的傳說,遊走於世間的旅人、僧侶,將聽說之事加以流傳,述說內容可能有部份為真實,不過敘事發生年代最晚,甚至是口述者曾遭遇的人、事、物。雖然與民間散體敘事的「神話」、「傳說」和「民間故事」幾乎相同,不過日本的定義並未區分散文和韻文體裁,所以即使敘述形式為韻體,也能收入民話裡。〔註2〕

二、神話、傳說和民間故事的分類標準

民間對於故事的分類,常以「神話、傳說、故事」區別。廣義而言,「故事」同時包含了神話、傳說、故事三者;狹義的故事,卻是指排除神話和傳說之外的「故事」。為了避免產生混淆,便以「民間散體敘事」通稱不具韻體的所有敘事文學,也就是神話、傳說和故事,而狹義所指的「故事」,則改用「民間故事」加以稱呼〔註3〕。這三者彼此之間雖有關聯,但本身特性仍與其他兩者有所不同。因此有人認為民間散體敘事可分出「神話傳說」、「傳說故事」或「神話故事」等種類,不過一般最常見亦常被使用的,還是「神話、傳說、民間故事」三分法。

從字面上解釋,「神話」是關於神的故事,但這個名稱並未見於中國古籍,可知中國古代的故事雖提及神祇,卻不曾以「神話」作為稱呼。傅錫壬先生於《中國神話與類神話研究》中指出,現在所使用的神話一詞,最早可見於1903年(清光緒二十九年)高山林次郎的《西洋文明史》,以及白河次郎和國府種德合編《支那文明史》的日文書籍。而中國較早引用此詞的,是留學日本的蔣觀雲,他在《新民叢報》發表〈神話歷史的養成人物〉時,文中就用了「神話」二字〔註4〕。然而蔣觀雲所認為的神話,可能受到日本影響,難以確定此觀念源於中國。

對於「神話」的概念雖眾說紛紜,總括而論差異不大。袁珂在《中國古代神話》中說,神話是先民經歷大自然的各種現象,卻無法理解其原理時,以為

〔註2〕福田晃、常光徹、齋藤壽始子編,《日本の民話を学ぶ人のために》,京都,世界思想社,2000年4月10日第二刷,頁4~7。

〔註3〕金榮華,《中國民間故事與故事分類》,臺北縣,中國口傳文學學會,2007年9月,頁67。

〔註4〕傅錫壬,《中國神話與類神話研究》,臺北,文津出版公司,2005年11月,頁2。

這些現象出自於能力強大的操控者，將無法解釋的事物神格化的結果〔註5〕。潛明茲的《中國古代神話與傳說》，則認為神話是人類想達成某些事情，卻又不可能做到，因此創造奇幻而又符合社會需求的世界觀〔註6〕。金榮華在《中國民間故事與故事分類》裡，提及神話為遠古時代人類的思考方式，反映出先民們的形象思維、原始思維和藝術思維〔註7〕。傅錫壬則於《中國神話與類神話研究》中，以與神相反的「人」來為神話定義，凡是不具備或超越「為父母所生」、「生命以死亡作結」、「能力有其極限」，便可歸類至神話，或者是近似神話，具有神話因素的「類神話」，反倒是人類以外的生物和物品，若具有人的特質，例如會說話、會走路等，亦可算是神話的範圍。〔註8〕

　　和神話相比，「傳說」的出現時間較接近現代，不過有些傳說流傳甚廣，年代也頗為久遠，不易將其區分。潛明茲以時間順序而分出傳說。與神話一樣古老的傳說，幾乎分不出兩者的差異，故稱為「上古神話傳說」。由原始狀態進入文明社會後，將集體的生活經驗，集中至一定的歷史人物身上，揉合神性和人性，而後逐漸強調人性的部份，便與神話分道而馳〔註9〕。袁珂雖然也用時間遠近分辨神話和傳說，但傳說中的主角性格，必定得趨近於人性，而敘述內容也不似神話，將野蠻的情節轉化成合理且富人情味，文明的成份較多〔註10〕。金榮華認為傳說中所描述的主體，都是真實存在或曾真實存在過的，但與主體有關的其他事物，是以想像所建構而出〔註11〕。傅錫壬則由神話的角度來看傳說，若敘事裡的人物是虛構，即為神話；反之，則為傳說。〔註12〕

　　「民間故事」所敘述的時間、地點和人物，並沒有特定的對象，所以虛構性質極高。由於敘事主體不依附歷史事件或人物，甚至只以「某人」作為主體的代稱，因此可用其他詞彙替換或略而不說，再加上以口頭輾轉講述，民間故事的說法變動較大〔註13〕。江帆的《民間口承敘事論》，說明民間故事

〔註5〕袁珂，《中國古代神話》，臺北，臺灣商務印書館，民國82年，頁3。

〔註6〕潛明茲，《中國古代神話與傳說》，天津，天津教育出版社，1991年11月，頁1～3。

〔註7〕同註3，頁7～8。

〔註8〕同註4，頁4。

〔註9〕同註6，頁3～5。

〔註10〕同註5，頁13～14。

〔註11〕同註3，頁68。

〔註12〕同註4，頁28。

〔註13〕同註3，頁1～3。

是可以發生在任何時間或地點的典型事件,故事裡的主人公,多為動物、人或以神化身的人,而故事內容幾乎全被擬人化與類型化,是出自民眾自覺的虛構幻想〔註 14〕。《中國民間文學集成工作手冊》,詳細列出民間故事應以虛構性為其特徵,具有娛樂或教育的作用,不解釋事件或現象,人物多為平民百姓,以強調故事的普遍性。〔註 15〕

綜合以上所述,神話、傳說與民間故事的區別,可分為下列幾點:敘事形成的時間、敘事主體的性質、內容的真實性、建構敘事的觀點。神話形成的時間最早,其次依序為傳說和民間故事。根據浦忠成的說法,臺灣原住民對時間並無精準的劃分,主要是因為深居山林,社會型態幾乎沒有明顯的變化,對時間的計算,也是靠著觀察大自然事物的週期循環而定,因此很難以時間先後為神話、傳說、民間故事斷代,只能憑藉某些神話、傳說的主題,以及三者之間的其他特質佐以判斷〔註16〕。神話裡的主角多為神或半人半神。傳說則是歷史上真實存在的人物,或不具神性的英雄。民間故事的敘事主體,是生活裡常見的人物。至於敘事的內容,神話是原始思維的體現,屬於虛構的情節。傳說必定依附於實際發生或存在的人、事、物,並以此為基礎編造故事,部份真實部份虛構。故事的變動性最大,主體可以替換,情節也能夠更改,娛樂性質濃厚,因此講述時著重於故事情節的發展,解釋和說明的作用較弱。

在判別故事時,如果沒有特定的人、事、時、地、物,即為「民間故事」,若某故事常與特定人物結合,則可能是「神話」或「傳說」。即使口述者認為自己說的是事實,但在原住民故事中,無法確定這些因素是否曾出現於歷史。因為古老的史實亦為口傳,缺乏文字資料佐證其真實性,加上故事結構簡單質樸,與神話的原始思維接近,所以更難分出傳說。運用神話和傳說都有解釋事物的功能,為《原語臺灣高砂族傳說集》的內容分類時,先把具備解釋成分的故事挑選出來,再用宏觀或微觀角度的描述,區隔「神話」、「傳說」兩者。「神話」解釋的通常是宇宙天地、人類全體之事,「傳說」則侷限在某些部族或地區,其次才依有無特定對象或事件分出「民間故事」。

〔註14〕江帆,《民間口承敘事論》,哈爾濱,黑龍江人民出版社,2003 年 2 月。

〔註15〕中國民間文學集成總編委員辦公室編,《中國民間文學集成工作手冊》,北京,中國民間文學集成總編委員辦公室,1987 年 5 月,頁 76～77。

〔註16〕浦忠成,《台灣原住民族文學史綱——自序》,臺北,里仁書局,2009 年 10 月 20 日,頁 4～5。

　　本論文以下三節即分別舉例說明《原語臺灣高砂族傳說集》中的神話、傳說和民間故事。但在此之前，先對此書的例外——非故事部份稍作討論，以便和具有情節的故事有所區別。

三、《原語臺灣高砂族傳說集》中的非故事語料

　　除了神話、傳說與民間故事，《原語臺灣高砂族傳說集》亦有祭辭、歌謠的韻文，和散文體裁的歷史記錄。兩百八十四篇語料之中，有祭辭一篇、歌謠三篇和史料十一篇。因此非民間散體敘事的部份共有十五篇。雖然數量極少，不過仍被收入書中，因此將列舉其內容，藉以觀察一併收錄的理由。

《原語臺灣高砂族傳說集》其他文類一覽表

祭辭	歌謠	歷史記錄
6.3.5 祈禱	8.1.30 青鳩	1.2.1 阿塔雅魯的散布
	11.1.4 人化成芒草的故事	1.2.10 祖先的離別
	12.1.1 伊莫魯茲多社傳承洪水神話	1.2.11 刺青
		3.2.8 吃蛇
		3.2.9 濟莫
		3.4.4 吃人
		3.5.3 五年祭
		6.1.6 相互鏖殺
		6.3.2 太巴塱和馬太鞍的戰爭
		9.1.2 楠仔腳萬社

（一）、祭辭

阿美族太巴塱社的《祈禱》，其全文如下：

　　嗯，你們，祖先們，可莫多伯父，沙坡多伯父，可拉斯伯父，那莫伊內黑，拉塔馬雅烏，萬諾多恩，卡特耶伊內黑，羅喔庫利烏，馬雅烏伊內黑，卡羅梭托，卡羅那卡烏，塔伊空和卡尼烏，透古多和拉克黑，萬諾托耶多，阿朗斯拉，卡羅卡特耶，阿岡利嘎，塔列拉塔，馬雅烏沙瓦魯，可喔魯，阿岡卡特耶，瓦喔托那卡烏，托耶多卡瓦拉羅，卡羅卡濟帕阿，拉塔瓦渭庫喲。

　　如果我們現在的子孫，停止祭拜你們的墓，那事情就大了，我

們子孫都是這麼想的，祖先們。因此，向你們祖先們獻酒。願我們子孫面對別蕃時，我們子孫都能堂堂地開口議論，心情愉快、無畏地與其戰鬥。願蕃社的農作物豐收，蕃薯、芋頭、米和粟等受露水滋潤成長，青年和處女的農作物能產得最多。我們這樣地祈求。

嗯，伯父們（祖先），願有馬拉塔喔神（狩獵與穀物的神）的保護，為了狩獵時期到來時，能使蕃社的青年遇上一直到狩獵時還讓牠休息著的獸類（放著不捕捉的獸類）。作為其子孫的我們，悉為頭目，能像管狀玉、赤玉那樣堅固，不會罹病。又，願能吸取你們祖先們的熱氣（靈氣），我們子孫這麼地祈求。我的話只有這樣。來吧，你們（祖先們）喲，你們先喝吧。〔註17〕

此為眾人聚在一起飲酒時，頭目帶頭唱出感謝的祝詞〔註18〕。族人認為祖先和神明守護著他們的子孫與農作物，即使是手中的美酒，也是受神靈庇佑所致，因此在喝酒之前，必須懷著感恩的心情，向先人和神祇獻上謝意及佳釀。依歌詞內容所述，可知這並不是一篇具備情節的故事。

（二）、歷史記錄

有些文字記載儀式或事件的經過，但是當中並沒有可構成故事的情節，娛樂成分極少，而著重於儀式或事件本身的傳達。例如泰雅族的《刺青》：

我們阿塔雅魯有刺青，我來告訴你刺青的起源吧。古時候我們最初的祖先，並沒有刺青這一回事。有一次他們在訓練時，在腳上嘗試刺青，覺得很好看，因此古時候的祖先思考後說：「我們試試看，如果把這個刺青刺在我們的臉上，看起來也許會很漂亮吧。」這是起因，他們就開始在臉上刺青了。

古時候的刺青，不像現在我們這樣的刺青。每當古時候的祖先在臉上做刺青時，他們的臉就全部變成漆黑。他們的刺青是以後才慢慢狹窄起來的。

他們的刺青並不是自己做，是給來做刺青的人報酬後，他們才

〔註17〕小川尚義、淺井惠倫著，陳萬春譯：《原語臺灣高砂族傳說集》，新北市，中國口傳學會，未刊稿。
〔註18〕小川尚義、淺井惠倫著，《原語による台湾高砂族伝説集》，東京：刀江書院，1935年初版，1996年二刷，頁513～514。

為我們在臉上做刺青的。他們為女子刺青時，天一亮就開始做刺青，到了日沒時分，他們才會做完那個女子的刺青。她們要請來做刺青的人吃飯。原因是要請刺青師能好好想，設計出好的花紋。刺青師的報酬，便宜的是七束（鐮刀或柴刀等的東西每五把作成一束），即相當於現在我們所說的七圓。又，貴的是八束，即相當於現在我們所說的八圓。日本人來後，刺青師為了賺錢，報酬變成了三圓，但因為我們開始採取日本的習慣（廢止刺青），結果，連我們的報酬三圓也沒有了。

我們男子出去殺本島人回來後，就要在額頭、下巴刺青。即使是去殺一個人，祖先甚至連孩子們也帶著大夥出去出草。然後把所砍的頭的頭髮一人一根分給孩子。回來後，去殺那個本島人的人都要刺青，它的結果是，那些孩子們會像風那樣快速長大。且說，依阿塔雅魯的習慣，殺了很多人的人，要在他的胸部刺青。殺得少的人，就不在他的胸部刺青。

我們殺了本島人回來時，我們會一路上高喊著回來。當我們回到家時，我們大家都來放著本島人首級的地方唱歌。到翌日，我們就聚集著跳舞，然後把本島人的首級放在頭架上。我們會把我們妻子所搗的粉麻糬塞進那具頭的嘴巴，然後我們再把它拿出來，給去那次出草回來的我們的孩子吃。我們為慶祝而釀酒，也去打獵。當我們的酒釀成後，我們會招待全社的人，因此大家都會來喝我們的酒。〔註19〕

此篇敘事詳細記錄了刺青的由來、方式和演變，並且描寫出草歸來的儀式。出草過程中表現出色的人，便能獲得在臉上刺青，作為英勇的象徵，同時也顯示刺青和出草之間的關聯。

又如排灣族《五年祭》：

我帕伊彎每五年會舉行一次五年祭，首先是製作樹皮的球和竹槍，作一個月的扎球練習。一個月結束後，帶著槍和球去頭目的地方做五年祭。然後在社門的後面製作椅臺，七天的時間都住在社門的後面。然後到社門的前面，那天再製作椅臺。女子要做麻糬、釀

〔註19〕同註17。

酒，三天中有兩天的時間連續跳舞。然後，在社門前面飲酒、扎球等。那時，要呼請祖先，獻上麻糬和酒，大家一起唱歌。唱歌時，要高喊鄰社的頭目和勢力者的名字。這是自古就有的。

五天結束後要去狩獵，狩獵回來後，就製作竹槍的尖頭，去敵人的地方出草。如果斬得首級，就把首級帶回慶祝。回來後，就集合起來去頭目的地方祭敵人的首級。然後，祈禱我們今年能有好年而跳舞。不論男、女、小孩都集合到頭目的地方。殺人的人要拿豬來祭供被殺的人，並跳舞。然後「喔一喔一」地歡呼，慶祝獵得了首級。被殺的人的首級是放在在庭院中央翻轉過來的臼上。然後，男、女、小孩圍成圓圈，轉著圓圈跳舞。滿五天後，高呼我們的敵人首級萬歲，結束祭事。〔註20〕

內容是排灣族五年祭的過程，以及出草的行動。當中並無任何故事的情節，使其看起來更像是過往史事的陳述。

（三）、歌謠

前述祭辭或儀式過程的記錄並沒有故事性。相較之下，《原語臺灣高砂族傳說集》中所錄歌謠，都是故事中的一部份。

沙阿羅阿族有《人化為芒草的故事》。長大成人的孩子想要娶妻，但母親一再推託而不肯答應，孩子一怒之下，邊唱歌邊變成了芒草花：

孩子出生了。長大了。「媽，我要娶妻。」「等等，你年紀還不夠，等到你的頭髮長到肩膀的時候。」他的頭髮長到了肩膀。「媽，我還不可以娶新娘嗎？」「頭髮長到小腿時，才娶新娘。」他的頭髮長到了小腿，說：「我要娶妻。」她說：「你不可以娶新娘。」兒子生氣，拿了鎗，出去外面，「媽，你不照顧我。」他拿了鎗，插在屋外地上。芒草根從他的腳長了出來。從那時就開始唱：

匹烏烏那調

再見了父母親啊，我要變成芒花，要求娶妻，母親不許，太傷心了。〔註21〕

雅美族《伊莫魯茲多社傳承洪水神話》，其中出現好幾首歌謠。首先因為

〔註20〕同前註。
〔註21〕同前註。

造船而需要木材時，從竹子生出的人用銀器砍樹，沒想到銀器不夠堅硬，一碰到木頭就變得彎曲，所以和從石頭生出的人交換，取得鐵器用於砍伐樹木：

> 白金是我之所望
> 沒有黑金而悲傷
> 去山上砍伐樹木
> 粗的樹被砍而倒

造好船之後，便能划船出海捕飛魚：

> 石的人，從几帕普托庫，
> 去綿津海，自山上下來，
> 在大原的几馬拉馬伊
> 行捕魚開始之祭
> 在竹崎靠船
> 燃火炬捕飛魚。

西密那魯梭古娃伊之長子西密那馬哇哇，與長孫西密那馬托多一言不和而互鬥，結果身為父親的西密那馬哇哇戰敗身亡。其祖父西密那魯梭古娃伊太過悲傷，便將耳飾烏娃伊交給他的同居人丟入海裡，當作放棄生命的象徵。不過同居人捨不得丟掉耳飾，將烏娃伊放在海邊的岩石上就回去了。而後祖父與長孫言歸於好，以交換耳飾作為和好的約定，但西密那魯梭古娃伊苦於烏娃伊已丟棄，經同居人的告知，兩人便前往海邊找尋。到達放置耳飾的地方，卻發現不見烏娃伊，只看到那裡長著一棵樹。遍尋不著之際，拔起木頭一看，烏娃伊竟附著在樹根處：〔註22〕

> 雖說是將其丟到海中
> 如果難捨珍貴的烏娃伊
> 夾在岩隙回去
> 尋找捨去的烏娃伊
> 不知失於何方沒蹤跡
> 拔起長在岩上的樹
> 奇哉可憐就在樹下
> 光輝過去不復現。

〔註22〕同註18，頁766。

　　巴丹人和雅美人女性通婚，在巴丹島生活的他們，因缺乏食物而挨餓，
因此坐船前往天界之神西托利雅烏的居所：

　　　　船輕輕地滑行

　　　　有時高有時低

　　　　搖晃前進，那時

　　　　大浪來，船受損

　　　　島崩坍沉入水底

　　　　連船舷也充滿水

抵達天界後，巴丹人和天神西托利雅烏之孫去打獵，半路上遇見伊卡魯東人，
便被邀請去看他們的舞蹈：

　　　　沒有雨，草木枯萎

　　　　天之鳥戴上茶碗吧〔註23〕

　　布農族則有一則《青鳩》：

　　　　青鳩要搬線架，想揹起它，但是怎麼也揹不起來，因而「嗯—
　　嗯—」地呻吟起來。想唱「哈伊多耶嘿—」搬運歌，也唱不出來，
　　勉強唱，也只能唱出「喔娃—喔，喔娃—喔」而已。因為無法揹起
　　線架搬運，所以就慢慢變成了青鳩。〔註24〕

　　故事裡雖沒有歌詞，但出現了「哈伊多耶嘿—」和「喔娃—喔，喔娃—
喔」唱歌的情景，並在國際音標部份記錄其音律，表示此為搬運物品時所唱
的歌謠。（圖片如後所示）〔註25〕

　　以上雖為韻體的歌謠，但歌詞所述皆為故事內容，未脫離情節的發展，
因此算是口傳故事的一部份，並沒有另外分出。

　　總結以上所述，祭辭和歌謠雖然不是以散文形式呈現，但多用於祭祀鬼
神，或涉及神奇因素的情節，而歷史記錄沒有民間故事所需之情節，記載的
多為部落重大事件與部族英雄事蹟。可見《原語臺灣高砂族傳說集》收錄的
不只是神話和傳說，實際上是民間文學的諸多文類。

〔註23〕同註17。

〔註24〕同前註。

〔註25〕圖片取自《日治時期圖書全文影像系統》，國立臺灣圖書館規劃，2014 年 6
　　　　月 23 日上網，網址：http://stfb.ntl.edu.tw/cgi-bin/gs32/gsweb.cgi/ccd=BoFyos/m
　　　　ain?db=book&menuid=book#result。

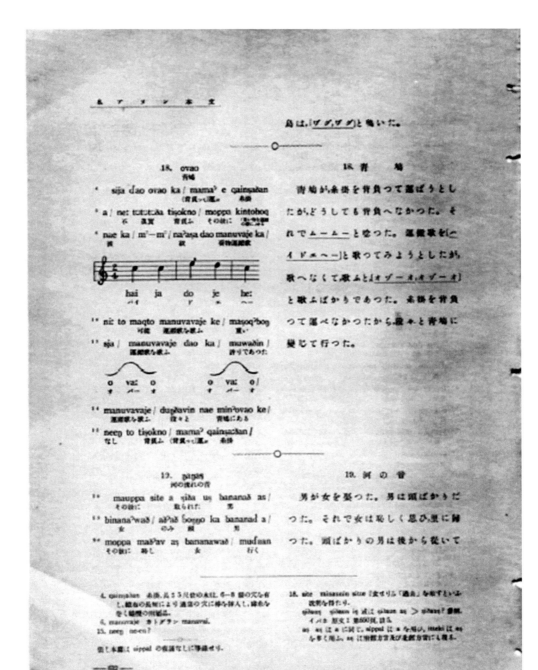

第二節　神話

關於《原語臺灣高砂族傳說集》中的神話，可以當成民間文學的研究材料，而不只是語言學的成篇語料，舉射日、黃金年代和洪水神話做說明。

一、射日

對遠古的民族而言，太陽的光線和熾熱所造成的災害，是難以避免且抵擋的，於是產生了許多征伐太陽的神話。利用自己經歷的生活經驗，表現出杜絕太陽肆虐的原始思維。如泰雅族大豹社〈把太陽分半的故事〉：

> 古昔祖先時代，太陽只有一個，到了白天時，半年一直是白晝；一到晚上，就有半年一直是暗夜。據說，人們因而非常困惱。他們想盡了所有的辦法，於是有人說：「去把太陽分成兩半，不知會如何。這樣一來，也許就會有時是白天，有時是晚上也不一定。」他們商議的結論，是去把太陽分成兩半。
>
> 因而，他們為此選出了三個健壯的青年。他們三人又各自揹著自己的嬰兒出發。據說他們去時，一路上都種了蜜柑。行行復行行，總是到不了，一看，年輕從家鄉出發的人，都已變成了白髮。然而，他們差不多到了太陽的附近地方時就都死了。
>
> 這時，他們揹來的嬰兒都已長成青年，因而就由他們代替了父親。那些青年們代替已故的父親們前行，終於來到太陽出來的地方。很熱，他們小心地潛伏在太陽要出來的山頂等候著。不久，太陽出來了，熱得眼睛都快要暈眩了。他們靜靜地等候著，然後看好適當時機挽弓，「咻」地射了出去。鮮血「唰」地迸出，射了太陽的那個人，從頭淋到血而死了。倖存的人雖也淋了血，但他們仍能邊吃著來時種的蜜柑，邊往來路回去。據說，回到家時，已是彎著腰，拄著拐杖，頭長白髮的很老的老人了。
>
> 他們射了太陽回來之後，就變成有白晝，有夜晚，白晝時太陽會出來，夜晚時月亮就會出來。而據說，自此之後。所有的人的生活就變得幸福了。〔註26〕

泰雅族認為太陽只有一個，與伐日神話常見的多個太陽有所不同。因為太陽

〔註26〕同註17，故事編號1.1.4。

每次都會出現半年的時間，嚴重影響人們的日常作息，所以解決的方法是把太陽分為兩半，使太陽出現的時間變短，讓白天與黑夜的切換頻率增加，不會再因光害所苦。在此故事中，前往伐日的人帶著嬰兒，並沿路種植柑橘，待走到太陽所在之處，是由嬰兒長成的青年射殺太陽，因為原先嬰兒的父親們早已死去，而歸來時可摘取先前父親種下，已變成大樹的柑橘果實食用，到達家裡的時候，這些射日之人，已變成白髮蒼蒼的老者。臺灣原住民運用人的死亡和成長，以及柑橘樹茁壯結實外觀的改變，顯現出對時間的觀念。他們並沒有制定計時的單位，只能在繩子上繫著所需天數的結，每過一日，便解開一個繩結計算日期，或是觀察自然萬物的循環變化，例如月亮的盈缺、花朵盛開和凋謝，知道天、月、年等時間的推移。〔註27〕

魯凱族有兩篇伐日神話，一是托那方言的〈太陽征伐〉：

> 古時候有兩個太陽。「有兩個太陽真是可惡，我們去射殺一個，如何？」「種了蜜柑再去吧。」兩個人去了。在小孩的時候就去了。一個太陽死了。一個人死了，一個人回來，但是老著回來，變成白髮、成為沒有牙齒的無牙仔。種的蜜柑結了實，托那社的人們都誇讚他，說：「我們擔心得不得了。」說著哭了。他一回來，大家都因想懷念他而說：「你為什麼自己一個人回來？你們兩人之中的一個去哪裡了？」「死了，死了我很困擾，會做惡夢，為什麼他死了呢？已經不會回來了。」那個人的孩子這樣告訴他的祖母和他的祖父。〔註28〕

一是魯凱族蔓塔烏朗方言的〈太陽征伐〉：

> 有兩個太陽，想睡覺時，怎麼辦？，想睡也沒有辦法睡。去射它吧，兩個孩子去了。去了，射了，兩個之中的一個死了。兩人之中的一個人回來了，一個死了。到了家已變成老人了，他到家時，已經沒有牙齒，變成了白髮。為什麼死了呢？真傷腦筋，是被太陽燙傷而死的，就是因此而死的。〔註29〕

這兩篇魯凱族的神話，是以梗概的形式描述伐日過程，但托那方言的〈太陽

〔註27〕鈴木質著，王美晶譯：《台灣原住民風俗》，臺北，原民文化，1999年7月，頁141～142。

〔註28〕同註17，故事編號5.2.12。

〔註29〕同前註，故事編號5.2.21。

征伐〉出現大量對話，有別於完全以第三人稱的旁觀者敘述，魯凱族蔓塔烏朗方言的〈太陽征伐〉敘事則較為簡略。前往伐日的人是兩個小孩，遇到太陽時已長大成人，直到完成任務回到家，才變成髮白齒落的老人，當中並未經歷世代的交替，可見魯凱族對於征伐太陽的時程，比其他族群較短。內容裡提及的兩個太陽，是臺灣原住民敘述伐日神話最常出現的說法，以下神話所出現的太陽數目也多為兩個。

排灣族下排灣社有〈兩個太陽〉的神話：

> 古時候，據說天很低，有兩個太陽，因此大家都很困擾。大家都只能工作，無法睡覺。大家都說：「為什麼是這樣？」
>
> 有一次，托卡尼無甕家的人在搗粟時，杵撞到天，因此有一個太陽掉了下來。而，天也高高升了上去。因此而有了夜晚，我們也才能睡覺。〔註30〕

藉著「天很低」和「兩個太陽」這些因素，說明太陽的光線讓人們無法休息，疲累不堪，但卻沒想到要去討伐太陽，而是在一次偶然的機會下，搗粟時不小心用杵撞到了天空，使一個太陽被撞擊震落，天空也因此被杵推了上去，形成現在日夜的輪替，和天空位於高處的現象。此為不主動伐日的少數情形，故並不使用弓箭向太陽射擊，而是以杵間接擊落，同樣達到停止太陽為害的目的。

雅美族也有把天變高的〈太陽傳說〉：

> 太陽太低，孩子被太陽曬得太可憐了，他的母親刺了太陽。太陽死了，晝夜開始交替。巨人把天推了上去，因此天就變高了。〔註31〕

攻擊太陽的角色變成母親。因為捨不得看見孩子被曝曬，所以刺死了太陽。由於太陽和天空距離人類居住的地面很近的關係，因此不需要身強體壯的青年，或是具有成長空間的嬰孩，用以強調時間的漫長和路途的遙遠。不過使天空上升的方法，與排灣族的〈兩個太陽〉不同，是由巨人將天空往上推，但巨人的出現，已然跟前面的情節無直接關聯。

賽德克族有塔羅可方言〈太陽的故事〉：

> 哎，為什麼太陽要出來呢？有兩個太陽，我們怎麼辦。晚上睡不著覺，夫婦也不能交合。「去射太陽。」一個女子和一個男子出發

〔註30〕同前註，故事編號 3.9.2。
〔註31〕同前註，故事編號 12.1.2。

去了。途中種了柚的種子，把粟粒放在耳飾裡，雖然少，但是，把一粒粟分成兩個，就煮成了一鍋滿滿的飯。途中種了蕃薯。以後回來經過那裡時可以吃。要去世界的邊端，暗襲太陽。太陽的光華愈來愈大。放了箭，但是箭沒有中。次日早晨，真的實行暗襲，做射箭的準備。天開始亮時，放了箭。這一次真的中了。血流了出來，流出來的血很燙。有一個太陽死了。後面射的箭造成的傷痕冷卻了。這樣，開始有夜晚了，這樣，真的變得舒服了。柚子長大了。熟了。經過時吃了。回到了家，但頭髮蓬鬆雜著白髮，已經完全是一個老人了。〔註32〕

出發射日的人改為一女一男，內容卻沒有說明為何有女性的加入，或許和賽德克族女性的地位不輸給男人有所關聯。在賽德克族的版本裡，沿途種下的水果是柚子而非柑橘，並且增加種植蕃薯，以及將粟粒放在耳飾內，解決往返所需糧食的問題。射殺太陽的過程較為仔細，甚至在中途還曾經失敗過一次，增添伐日的辛苦與困難，卻使情節的推展更加刺激和驚險。

同族的霧社方言，也有一則〈射日月的故事〉：

兩個太陽一起出來，兩個月亮一起出來。三個人去射日和月，一個父親，一個青年和一個小孩。途中種植朱欒。父親雖然去了，但沒有到達。青年射中了所射的太陽，一個太陽死了。躲著射月亮，射中了月。又射中了另外一個月亮，沒有死，但出了很多的血。回家時，青年死了，死在來時種的朱欒的地方。只剩下小孩一個人，小孩真的是成了老人才回來。「父親在哪裡？」「父親已經死了。」「哥哥在哪裡？」「哥哥已經死了，我也差一點到不了家，實在很遠。」昔日箭射的傷，成了今日月面的疤痕。〔註33〕

除了兩個太陽之外，這篇神話裡還多出兩個月亮，與前述〈太陽的故事〉相異的是，黑夜的形成不是因為其中一個太陽被射死，而是一個月亮被射傷，導致天空的亮度減弱變暗。在〈射日月的故事〉中，太陽的死亡只是使白天不再炎熱，和夜晚並沒有關係。伐日的人數增至三人，故其過程也分別由父親、哥哥和弟弟接續完成。以父親無法抵達太陽所在之處，哥哥無法活著回到家鄉，唯一存活的弟弟也變成老人來看，可知所耗費極長的時間。賽德克

〔註32〕同前註，故事編號7.1.2。
〔註33〕同前註，故事編號7.2.1。

族的兩篇神話，皆提到被箭射傷的傷口，最後變成月亮表面的痕跡，顯示他們對月亮的觀察與重視不亞於太陽。

布農族有兩篇伐日神話，一是卡托古朗社〈太陽征伐的故事〉：

> 洪水過後，我們就住在坦西莫庫。那個時期有兩個太陽，一個一沉下去，另一個就出來，非常熱。
>
> 在伊西卡魯姆茲坦有小孩死亡，是因太陽太熱而死的。父親怒而去征伐太陽。他帶著一個孩子、弓箭，把四串粟放在指甲間，去了。他種了蜜柑樹後，躲在太陽要出來的地方等著。等到害死他孩子的太陽出來時，父親把箭射出去，射中太陽的眼睛。因為射中太陽的眼睛，所以就變得不熱了。因此那個太陽變成了月亮。
>
> 月亮追人追到西帕讓，月在那裡逮到人，但人從手指間掙脫出來，因為人太小，所以月抓不住人。月在手指上抹了口水，才抓住了人。
>
> 月和人在巴班協議，月說：「希望每次月出時能舉行祭事。」那個人拿織物、雞、豬、山羊和狗給月。月就拿布擦眼睛，現在大家還可以看到那塊布。
>
> 太陽還沒被射傷的時代，煮一粒粟，就夠相當多的人食用。也有人變成猴子。有很多的奇蹟。自從我們開始在新月或滿月時舉行祭事以後，我們的情況就有了改善。〔註34〕

一是伊帕霍社的〈太陽征伐〉：

> 祖先那個時候，沒有月，沒有晚上。古時候月和日是兄弟。因為沒有晚上，所以就拚命耕作。睡在石牆下的人是懶惰者，勤勉的人都睡在石牆的上面。那時太陽有兩個。父親和母親在耕作，把山羊皮放地上，鋪好，讓孩子睡覺。孩子被曬乾，死後變成蜥蜴。母親和父親很悲傷，出發去征伐太陽。父親種了蜜柑。到太陽出來的地方，射了。用箭射，射中右眼。太陽雖然用破布擦傷，但是一隻眼睛看不見了。那個太陽變成月，那個月想要抓人，想用手抓，但人從指頭掙脫出來。射的人被踩住，但是從腳趾間掙脫。人雖得以踏上歸途，但月被人射到，太陽沒有出來因而黑暗。沒有食物，沒

〔註34〕同前註，故事編號8.1.2。

有木柴，大家都感到困擾。射的人回來了，不過他是在黑暗中走路的。走路時〔譯案日語原文是「行ってゐる脾"，直譯是「走著的胰臟」，不知何意。〕，先丟石頭，如果落在草上，就再丟別的地方，如果落在道路上，就前進。當往前面丟時，丟到「正在小便」的羌仔，羌仔正在小便，因此對於丟石頭的事很生氣。山羊生氣地高聲一叫，太陽就出來，變亮了。月在古時候就是太陽，變為月時，跟著人的後面來，教人要拜祭。月說：「勿食甘味的東西，如果違反，將招來饑饉。」射太陽的人回到家時，蜜柑已結出果實。兩個兄弟被留了下來。一個是機靈的人，一個是愚笨的人。有人向兩人說：「用手接糞。」機靈的人因為臭，不願意用手去接。愚笨的人用手去接，竟出現了項鍊。機靈的人很想要，接著也用手去接，卻從肛〔案日文為「腔"〕門出來壞的項鍊。月說：「今後，必須祭拜，新月時非祭拜不可，滿月時非舉辦孩童的祭事不可。」自那時以後，我布農族就在項鍊祭日舉行祭事。當滿月時不祭拜，孩童就會死。當滿月時祭拜，孩童就會長生。所以，有必要遵守祖先的祭事。〔註35〕

從布農族伐日神話的內容，可看出他們重視月亮的程度更甚於太陽。太陽被射傷而成為月亮，但之後卻偏離敘事方向，把重點放在月亮上，用以說明祭拜月亮的由來。一篇是月亮用口水黏住人類，使人們為了求和，準備動物以進行祭祀，另一篇則是月亮抓不到人，於是跟在人身後，告訴人類必須祭拜它，以免災難會隨之降臨。月亮表面的陰影，源於拭去傷口血跡的布，與賽德克族的箭痕相比，布農族的性情較傾向和平，因為賽德克族表現出的是製造創傷，布農族則是試圖將傷口弭平，由此可見族群之間性格的差異。

在卡那卡那布族的〈太陽征伐〉，祭祀的對象是太陽：

女孩是孤兒，她沒有佣人為她捕捉作為副食品的獸類。拿魚網去河川捕魚，很想捕到魚，但做了好幾次都沒有捕到。流木來勾到網。丟掉。好多次想用網捕魚，流木都來勾住網。拿起它，夾在腰帶。說：拿回去作我的木柴吧。回到家。想拿它出來，不見了。我真的遺失了。不久，有了身孕，孩子出生了，長大了，逐漸有智慧，看見鳥，用手一指，就落了下來。長大了，手指一指，鳥和鹿就死了。射鹿和山豬的腳印，鹿和山豬就死了。別的人商量說：「捕獵物

〔註35〕同前註，故事編號8.3.3。

的用具叫什麼？我們來騙他怎樣？」去山上，別的人說:「去打水。」
去打水，別的人拿了他的皮袋（帕烏），打開蓋子，看他的弓，是用
豬的肋骨製成的，箭是豬的肩骨。回到家。「媽，大家都笑我的皮袋。」
他向母親說:「請拿木柴和鬼茅給我。」母親說:「木柴做什麼用呢？」
他說:「我要去射太陽。」他說:「我要和朋友一起去。」做了繩子，
把它綁在房屋，拉著繩子去了。到了太陽休息的地方，躲了起來。
太陽出來了。「朋友，我一射，我們就一起跳進水中吧。」太陽出來
了，他脫掉熊的皮衣，拍打地面。說:「在我休息處的傢伙是誰啊？」
太陽被那帕拉馬濟射了。跳入水中。友人因為太慢，被太陽的血擊
到。用手摸索著回家。變成永續的黑暗。別的人都很困擾，沒有可
以燒的東西。食物也是，他們燒圍圍小屋，借它的光亮挖蕃薯。人
們獻上供物祭拜太陽。太陽來了。太陽來一下就回去了。逐漸沉入
西方，沉入西方因此舒服多了。古時候的太陽有兩個，因為那帕拉
姆（案前文為馬）濟射了，所以只剩下一個。〔註36〕

人類射殺太陽之後，造成一個太陽死亡，另一個太陽則躲起來，此篇和布農
族伊帕霍社的〈太陽征伐〉一樣，伐日的結果是使全世界變得黑暗，讓太陽
再度出現的方式卻不太一樣。卡那卡那布族的神話，是獻上供物祭拜太陽，
讓害怕的太陽願意現身一下，然後又趕緊躲回去，因而形成了日與夜。布農
族的伐日神話，是山羌被人類用來探路的石頭丟中，盛怒之下大聲鳴叫，而
把太陽嚇到現身。

　　依據討伐太陽的目的不同，伐日的成員也會跟著變化。如果內容涉及對
時間的觀念，或者是說明天空的高度，那麼人類和太陽之間的距離亦會有所
變動。伐日神話展現了原始民族對太陽造成災害之反制思想，同時也包含對
日月又敬又懼的矛盾心理。但從原住民神話多為兩個太陽而論，可知漢族「十
個太陽」的說法，並未順利流傳至部落間。

　　以上以射日神話為中心，所舉《原語臺灣高砂族傳說集》中的幾則記錄，
故事繁簡短長不一，而且有些故事「射日」的情節單元和它如「一粒米煮一
鍋飯」之類的情節單元結合，讓故事看來曲折有趣，這是因為《原語臺灣高
砂族傳說集》中的故事雖然是語言學的語料，但採集語料的學者兼且注意每
一則敘事的完整性，讓這些故事不只是可以當成語言學的成篇語料來看待，

〔註36〕同前註，故事編號11.1.1。

而且可以成為民間文學研究的原始資料。

二、黃金年代

　　過著原始生活方式的人們，取得飲水、食物等物品，都得花費很多時間和體力，因此在他們的想像之中，遠古的生活物質非常充裕，想要什麼東西，只要叫一聲，物品就會循聲而來。這些物品總是能源源不絕地隨時補滿，讓人們不用為日常所需而煩惱。如〈食物會自己來〉：

> 　　古時候，我們的祖先沒有買東西這回事，那是因為各種的食物會自己出來的緣故。像是水，他們一呼它就來，又如木柴，也一呼就來，還有豬，也是他們一呼就來，鹿也是他們一呼就來。有一次，他們又呼了鹿，鹿是來了，但他們割取了超過了他們所需用的肉，鹿就生氣地逃離不再來了。好了，因為一直沒有再來，所以就變成只有去打獵才能取得了。甚至於連水、木柴、豬都生了氣，因此大家都不來了。從此之後，阿塔雅魯就變得勤勞起來。從此，成為不努力工作的人，就要餓死了。〔註37〕

　　除了水、柴木和動物的肉以外，粟米也能呼之即來，一粒粟就可煮出一大鍋的飯。若想取得肉類，不僅可割下所需的分量，只要拔一根野獸的毛，用東西覆蓋等上一段時間，就會變出成堆的肉。又〈古時候的生活情況的故事〉說：

> 　　古時候祖先的生活，實在是很安樂的生活，據說工作不須要做到感到累，田圃也只須墾耕大概可以種十株粟的地。為什麼呢？據說，粟只要一粒，就可以煮成滿滿一鍋飯的緣故。
>
> 　　且說，就是所有的食物，如果有什麼想要的東西，就立刻會自然地出來。想吃山豬時，山豬自己就會來，然後拔一根毛，用畚箕蓋著，過一會兒，打開一看，就會有像山那麼多的山豬肉。想要鹿時，也是照樣去做。想要所有的野獸時，也都照樣做，沒有不同。木柴也是，當大家相互說「沒柴了」時，它就自己會出來，水也是那樣，沒有不同。這樣，打獵、出草、出去訪問親戚時，據說，只要把穀實裝進耳飾的竹管中，就算待在外面很久也不必為食物困惱。

〔註37〕同前註，故事編號 1.2.3。

　　但是這樣的事再也沒有了。有一個人放很多的穀實去煮，因為還沒煮熟，所以就蓋上了鍋蓋。一會兒之後打開一看，竟出現麻雀，「唧唧」地叫著，「啪噠啪噠」地飛了上去，停在外頭的茅穗上。然後麻雀說：「今後，你們如果認真工作，也許還不至於會挨餓，縱使是這樣，我還是會吃的喔。還有，那些懶骨頭就別想有食物了。」從此之後，就變成只有收成多時才能有東西吃了。

　　且說，獸類也是一樣，人們對於要一根一根的拔出毛，用畚箕蓋著感到不耐煩。因此有一次，一個老婦人突然割取了一大塊的肉片，因此，獸類也很生氣，從此，只有去打獵時才能吃到獸肉了。

　　木柴也是。有一個女子正在織布，家裡的人想要煮飯，說「沒木柴了」。於是木柴就自己從窗門出來，卻撞到了織物。正在織布的女子生氣地把木柴扔掉。自此，木柴就再也不自己出來了。

　　阿塔雅魯會變得需要拚命去尋找食物，據說原因就是這樣。

〔註38〕

獲得獸肉的方法，由直接割取到拔毛變化，可能受一粒粟煮一鍋飯的形式影響，以皮肉上的毛，擴充成大量的肉類。古代不易保存食物，因此沒有將生食煮熟再儲存的概念。需要肉類就去附近的山林打獵，獵得的份量剛好可在數餐之間吃完，不然就必須用鹽醃漬以防腐敗。穀類採收後，連莖帶葉直接風乾保存，直到要煮飯的時候，才除去莖和葉，以杵舂米脫其外殼。假如一次拿取份量過多的食材烹調，吃剩的食物將會無法保存而任其敗壞，顯示原住民對食物或水、柴木之類的生活必需品，是抱持著永續利用的心態，不過度開發，資源便能不虞匱乏。這樣的敘事，涉及神話歷史觀念中的黃金時代，也完整而有樸趣。

三、洪水

　　遠古的環境尚未穩定，氣象的起伏變動較大，因此容易造成天氣型態的極端化，如冷熱溫差明顯，或是出現乾旱、暴雨等現象。水雖然是灌溉萬物的泉源，但是水若太多，也足以釀成重大損害。許多族群都歷經這種災難，所以有描述洪水的神話，紀錄水災發生時和之後衍生出的事情。

〔註38〕同前註，故事編號 1.1.7。

泰雅族有兩則洪水神話，一則是大豹社的〈洪水〉：

話說古時候既沒有深谷也沒有山崖，據說土地是一面沒有凹凸的平地。就是有山也是小小的，和一般的平地一樣，河川也是，不知道它水流的方向。

有一次發生洪水，小小的溪澗也湧出了水，轉眼之間，不斷漲高變成了海。蕃人於是都逃向大霸尖山，但水又再增漲，逐漸進迫而來，蕃人終於被逼擠到大霸尖山的山頂。

於是蕃人商量說：「這水之所以會一直增加，到底是什麼原因呢？是神有什麼要求嗎？如果我們獻上一個人，會怎麼樣呢？」因此，他們就選出一個沒用（死不足惜）的人。他們一把那個人丟進水中，轉眼之間，水就發出聲音，反而更加高漲起來。大家又都商量說：「我們獻上了沒用的人，一定是神在生氣，如果獻上頭目的女兒，不知會如何？」當他們一向頭目報告，頭目就答應了，因此他們就把頭目的女兒獻上去。眨眼間，「轟一」地一陣山崩似的聲音，水就退去了。

一看地面，因山崩形成了深谷和山崖。水流過的地方，到處卡著很多的魚和鰻。那些魚鰻因多得吃不完而腐爛，據說是非常臭。古時候的老人都口碑相傳說：這個土地上所形成的山崖、高山、深谷，就是從那個時候開始的。〔註39〕

一則是塔可南社的〈洪水〉：

古時候我們的人不多，由於海來而發生洪水，我們就從海逃難到腹地，到了大霸尖山的山頂，只有這個地方海沒有來。由於海一直追到大霸尖山，阿塔雅魯也一直逃，都集合到大霸尖山的山頂的地方。因為食物很多，所以大家都一直待在那裡。當時他們是把粟穗插在耳朵去旅行啦……等等。把一粒分成一半去煮，煮好時，就變成大鐵鍋滿滿的一鍋。

獸類也都逃到大霸尖山，蛇也逃到大霸尖山。而獸類、蛇和阿塔雅魯同在一起，三者自始就和睦地沒有吵過架。他們在那裡住煩了，因而把上好的狗投入海中來安撫海，但海不答應，既不動也不

〔註39〕同前註，故事編號1.1.5。

退。後來，他們給了優秀的阿塔雅魯人予以安撫，海水就退了。於是，阿塔雅魯再度來到現在我們居住的這個地方。

這個地方本來不錯，由於海來過，我們現在住的這個地方才變壞了。為什麼這地方變壞了呢？那是洪水來時，鰻魚在地上爬過，因此這個地方凹了下去，而形成了凹凸不平。古時的祖先就是再度來他們以前住的地方，他們還是沒有丟掉粟實。

有以進入大便之中為常習的神。有一次那尊神向阿塔雅魯承諾說：「如果你們願意幫我洗，你們就會像這百日紅那樣，依順剝去皮，永遠不會年老，從而，你們就永遠不會有死亡這種事。」可是他們沒有洗那尊神，因此祂就哭著說：「如果你們不關心我，連洗都覺得麻煩的話，那我們如果對你們保護的事開始厭煩時，就算是小孩也要取他們的生命喔。我們對不討厭給予保護的人，就任其自然，當其命數盡時，我們再來取他的命。」

好了，話是這麼說了，而，事實的確也不是謊言。之後就是小的人（小孩）也會死掉了，而祂所沒有停止保護的人，到了老人時，祂才會取他的命。因此，我們的壽命才變成這樣子的。〔註40〕

兩則神話皆以人為祭品丟入水中，藉此消退洪水，而地形的生成，也因為鰻魚爬過或山崩變得凹凸不平，難以居住或耕種，說明洪水的影響在其退去後，仍能造成人類的不便。大豹社和塔可南社的內容裡都有鰻魚，可是其作用卻不一樣。前者是可供食用，不過由於數量太多，只能任其腐敗發臭；後者並沒有說明是否與洪水有關，但從爬行後能形成地勢變化，可得知牠的體積非常龐大。塔可南社的〈洪水〉，加上了死亡起源的部份。人類本可以像蛇、蟹那樣，不斷褪去舊殼，刺激細胞活化而維持身體的年輕，卻因為不答應神幫祂洗澡的要求，喪失永生不死的機會，進而促使死亡的形成。

排灣族有三篇類似的神話，一是內文社〈洪水〉：

古時候，因洪水以致陸地溶化，連山都變成了水，但剩下一座小山。人類也都死盡，據說，只剩下兩個人，他們被在山上的拉娓魯樹枝勾住。過不久，水退了，那被勾在樹枝上的兄弟（兄與妹）得以生還，可是既沒有火，也沒有任何東西。於是，兩人就折了勾

〔註40〕同前註，故事編號 1.2.2。

了他們的拉娓魯的小樹枝，鑽木取火。不久發火，於是使它燃燒起來，因此，才有了煮東西用的火。

之後，兩人成了夫婦，但是，據說他們生了眼盲、跛腳、瘰癧等的孩子。傳言說：後來他們將瘰癧的孩子送到平地，跛腳、眼盲的送到臺東，健康的作自己的孩子。不過，聽說，之所以會生出眼盲、跛腳、瘰癧的孩子，是因為他們是兄妹結婚所致的。後來，隨著結婚對象的血緣關係逐漸疏遠，就生出不是眼盲、跛腳、瘰癧的孩子，情形也慢慢好了起來。自古以來的傳說是這麼說的。〔註41〕

二是大鳥萬社的〈洪水〉：

古時候的傳說有：有一次發生洪水，各處的山因雨沖刷土壤，而造成山的崩塌消失。有兩個兄妹雖被水沖走，但因抓住拉嘎嘎如草，而免於難。他們兩人既無土地也沒有家，因此光是哭著。可是，這時偶然出現一條斷了一半的蚯蚓，牠每排一次糞，就形成一個山的稜線。他們找到了鍋，但也是壞了的。

他們終於得以在某一個地方安定下來，但是由於沒有火而困擾。說：「用什麼東西作我們的火呢？」這時忽然出現一種甲蟲，銜來點著火的火繩。兩個孩子老遠就看見說：「那是什麼啊？」等來到前面一看，竟然是火。於是兩人就拿了甲蟲帶來的火，兩人一拿起火，那隻甲蟲就「嗡一」地一聲回去了。從那時開始，火就沒有熄滅過，一直延續到今天。

他們兩個人長大了起來。因為那隻蚯蚓排出了泥土，所以也形成了耕植地。兩人看著那些園地，既沒有可以種植的蕃薯，也沒有芋頭、粟等的東西，因此到各處去找。不久，發現了蕃薯、芋頭、粟的芽，兩人就以此為種子栽植。

兩人長大了，可是沒有對象，因此說：「我們怎麼辦！」於是開始找對象，但沒有發現其他人類。沒有辦法，他們便以兄妹結成夫婦。可是起初出生的孩子，都是些身體有傷痕、眼瞎、手腳缺陷的孩子。第二代生的孩子稍稍有了改善，到第三代出生的，就不是眼盲、手足有缺陷，而是健康的孩子。由於有過這種事，也才了

〔註41〕同前註，故事編號 3.2.6。

解兄妹不能成為夫婦，否則就會不吉。傳言這麼說。〔註42〕

三是下排灣社的〈洪水〉：

> 從前，平地有名叫塔羅瓦魯的妖怪，河川的水都要流進牠的口中。可是有一次，塔羅瓦魯的嘴巴阻塞，水因滯積而變成洪水。由於水太多，小的山全部都被水淹沒了。沒有被水淹沒的，只有托馬帕拉帕拉伊山、霧頭山和大武山而已。
>
> 下帕伊彎社的人都逃到托馬帕拉帕拉伊山，但是那裡沒有火。剛好有小鹿在那裡，人們便遣牠去霧頭山取火。那頭小鹿游到霧頭山，拿了火回到托馬帕拉帕拉伊山。因此，托馬帕拉帕拉伊山終於能夠煮飯了。
>
> 其後，由於塔羅瓦魯的嘴巴打開，積水消了，水也退去。頭目發現在洪水留下的痕跡中有蚯蚓卡在樹上，就給牠食物。蚯蚓一排便，糞就成為泥土。現在之所以有土地，就是這個原因。還有，這裡的土地之所以屬頭目所有，是因為他給蚯蚓食物的緣故。〔註43〕

內文社和大鳥萬社都有兄妹婚的情節，隨著人口逐漸繁衍，生出的孩子也越來越健康正常，可見近親通婚是在傳宗接代前提下的破例，一般狀況是不被容許的，血統越為疏遠，便越不容易產生基因的突變。而大鳥萬社、下排灣社的洪水神話，皆出現蚯蚓糞成為山稜與土地。透過體內的消化管道，蚯蚓把吃下去的東西，化為極富養分的糞便，可當作有機肥料使用，加上外觀亦近似土壤，所以將蚯蚓糞便和肥沃耕地的印象加以連結，這與泰雅族形成貧瘠地勢的方式相異。

魯凱族則有四篇，一是馬嘎方言〈與人煙同時出生的故事〉：

> 風往這邊來了。下三社蕃被暴風雨吹襲，為什麼會有暴風雨？斯阿布祖先來，水就增漲，人們都逃到托庫魯魯山。斯阿布祖先來了，斯阿布說：「你們為什麼要逃？是我使水增加的，我向人們要求牲供。」人們回答說：「是的，我們會給你。」斯阿布說：「是嗎？五天後，我就把它解除。」人們說：「是嗎，很感謝斯阿布爺為我們解除那些水。」水沒有了，然後有牡狗來喝，不能完全喝掉，於是，牝狗來喝了。他們住在托庫魯魯山，開始害怕回蕃社，一定會有妖

〔註42〕同前註，故事編號3.5.2。
〔註43〕同前註，故事編號3.9.6。

怪出現吧。妖怪會變成豬、變成羌、變成猴、變成山羊、變成鹿。拉伊沙多那冒起了火煙，沙布魯那升起火煙。同一天，雖然比比卡魯曾經出去外面，但是不知道。他四處眺望，看遠處的沙布魯那，有人，比比卡魯到下面去，去沙布魯那。比比卡魯說：「啊，朋友，你住在這裡啊。」斯布拉的塔特利說：「我住在這裡，我是斯布拉的塔特利，你住哪裡啊？朋友。」比比卡魯說：「我住在那一邊的拉伊沙多那。」「是這樣啊，你是住在那裡的啊？」「是的，朋友，我下來這裡，我們兩人一起住吧。」塔特利說：「可以的。」比比卡魯問：「這是什麼啊？」「是蓋壺罐的布，有刺繡的布是我的。」比比卡魯說：「是這樣啊。」〔註44〕

二是馬嘎方言的〈創生記〉：

　　海水漲了起來，人們都逃到山上，在山上住了五天。祖先斯阿布來了，用人作牲供送給他，祖先斯阿布就解除海水，水消退了，還有一些水，牝狗來喝，沒有辦法喝完，牡狗來全部喝掉了。

　　在拉伊沙多那，比比卡魯第一次和火煙一起出生，比比卡魯走出外面，到下面去一看，在沙布魯那也有人和火煙一起出來。比比卡魯說：「是誰呢？」就到那邊去看，看見有人。「我的名字叫塔特利。」塔特利說：「朋友，你住哪裡啊？」「哦，我住那一邊。」「你住哪裡呢？」「我住那邊的拉伊沙多那。」又說：「是這樣啊，你住這裡啊，朋友，這是什麼呢？」「這是壺罐。」「這是什麼呢？」「是要蓋我的壺罐的布。」

　　我的這個壺罐生了人的孩子，我的壺罐生出孩子了啊！是女的呢？是男的呢？咦，是男的耶，給他取什麼名字好呢？就叫卡列姆多吧。然後，生活過得很舒服，因為我們的人多起來了。

　　我們播了粟的種子，種了稷〔譯案日文為「龍宮玉」〕，種了蕃薯，但天旱，食物都枯了。我們沒有食物，於是要去射掉一個太陽，而且是在小孩的時候就出發去射太陽。太陽死了，但，回來時已成了老人。把茅葉結成圓形，說：「變成人，然後把衣服送給我當禮物，送給我食物。」回到村中，從此我們有了食物，我們開始曉得白天

〔註44〕同前註，故事編號5.2.1。

和夜晚，食物和種子也不再枯萎。〔註45〕

三是托那方言〈洪水的故事〉：

古時候，因發生洪水逃難到特阿帕達朗，所有的村莊的人都聚集到那裡。沒有去取火不行，羌去了，游泳到卡托姆阿奴，取了火，綁在牠的角，回來了。生了火，煮了飯，吃到了暖和的東西，有精神了。水退了，被水沖走了，其他的人留在山上，成了蕃人，被沖走的人成為本島人。由於蛇而形成了河川，後來，水流通過而成為河。有了特布，有了巴魯巴拉奴，有了拉拉嘎魯，有了塔塔拉斯，有了塔魯古拉奴，有了帕阿茲嘎奴，有了塔瑟拉烏波阿奴。然後有了帕阿茲嘎奴莫阿那卡伊。帕阿茲嘎奴的朋友去狩獵，頭目的狗留在後面，他們回家後又返回去找狗，狗不想回去，大家都喜歡上這座山，在這裡建造家園吧。帕阿茲嘎奴的人知道回到了這裡，於是聚集到托那社，建造家園，焚了火，大家和睦相處，結婚生子，成了親戚。〔註46〕

四是蔓塔烏朗方言的〈洪水〉：

發生洪水，所有的村莊的人們都走了，聚集到卡托莫窩山和庫烏匝烏匝山。但要從哪裡拿火來？於是在卡托莫窩山的人都去找火，羌游海而去，游阿游，到了庫烏匝烏匝山，取到火，火熄滅了。青蠅來了，做旋轉，為什麼這樣做？大家學著做，旋轉多脂松枝，生出火了。會那樣子阿！怎麼辦？如果沒有蒼蠅怎麼辦？如果沒有這隻蒼蠅，食物就沒辦法吃了。因為有火，所以高興。〔註47〕

馬嘎方言〈與人煙同時出生的故事〉與〈創生記〉，揭示形成洪水的起因，源於祖先要求人們奉上供品祭祀所致。當人類祭拜祖先後，祖先則停止狂風暴雨，但水勢仍舊無法消退，只好由公狗和母狗接力喝光海水。不過繁衍人口的方式，並非排灣族所敘述的近親通婚，而是從火煙或壺罐之中生出人來，可知魯凱族認為壺罐具有神秘的力量，能孕育人的生命，因此成為其信仰象徵。

托那方言〈洪水的故事〉和蔓塔烏朗方言的〈洪水〉，描寫的則是水災過

〔註45〕同前註，故事編號 5.2.2。
〔註46〕同前註，故事編號 5.2.11。
〔註47〕同前註，故事編號 5.2.20。

後，人類尋找火源及遷移分布的情形。前者由羌游泳到另一頭的山頂，取得火種再游回來，把火交給人類；後者同樣由羌渡水取火，卻未能成功，而是模仿青蠅旋轉的動作，鑽木取火以烤熟食物。上述兩種取得火種的情況，顯示原住民對於火的起源，分別有從外界傳入和自行摸索的說法。

賽德克族塔羅可方言〈洪水〉：

> 海水增加，湧到這裡的土地，而充滿了水。因此而逃到托哇卡山頂。壞女孩被投進海中，但水還是來到山頂。海仍然是那個樣子，海水沒有減少。一個好青年和一個好女孩被放下去，坐上畚箕，到達遙遠那邊的海的本源。他們去把掉積滿在那裡的塵埃。海路塞滿塵埃，把塵埃除掉，海水就通了，因此海水減少了，因為海水退了，所以大家又回家了。他們去看穀倉，塞滿了魚，家中也塞滿了魚，他們就把魚丟掉。儲存的食物還揹在背上，於是就把它放進穀倉。蕃薯種子還揹著，因此到家時，就把它們重新種植。蕃薯的蔓增長了。蔓被割了。長出蕃薯，它們（蕃薯）變得很多。食物真的豐富了起來。〔註48〕

內容和泰雅族一樣，皆提及以活人當祭品，但在賽德克族的神話裡，這種舉動並未收到成效，於是讓一男一女坐上畚箕，前往海的源頭清除淤積，可是文中沒有交代這對男女完成任務以後的下落，所以他們也極可能是送給海的祭品之一。

布農族也有三則〈洪水〉，一則出自卡托古朗社：

> 是我們的祖先從拉莫岡移居到坦西莫茲庫時的事，有大蛇住在伊羅空，牠阻塞了河水，因而成為洪水，地面淹沒不見了。
>
> 我們逃難到新高山和卓社大山，但沒有可吃的穀物，只吃肉。新高山有火，卓社大山的人令蝦蟆去新高山取火，但因蝦蟆潛了水以致所取的火熄了。其次命西利奴茲塔魯鳥去取火，但火在途中熄滅了。再次命卡伊拼鳥去取火，卡伊拼鳥取來火。因此，我們便決定不殺卡伊拼鳥和蝦蟆。
>
> 有一隻螃蟹，看到人們遭遇洪水，螃蟹很憂心，因而說：「想和蛇鬥一鬥。」螃蟹向蛇說：「蛇君，你先咬我。」蛇就咬螃蟹，但

太硬，咬不死。其次，螃蟹用螯剪蛇，蛇斷成兩段，死了。蛇一死水就退了，陸地重新浮了出來。

話說，我們回到了坦西莫庫，但是所有的穀物都已流失，只有一串粟掛在塔比庫那如草上。從此，播粟時，拔除塔比庫那如草遂成為禁忌。因食物缺乏，由於這個原因，花蓮港廳轄下的「布農」族從我們分離出去。以後有卡社蕃和丹蕃離去。〔註49〕

一則出自人倫社：

蛇阻塞了水，因而水增加了。人們都逃難到東巒大山和卓社大山。卓社大山的人想煮飯，但是沒有火。命蝦蟆去東巒大山取火，因為潛進水中，以致火熄掉了。再命卡伊佩西鳥去。卡伊佩西鳥在上面飛，卡伊佩西鳥銜著火回來了。因為有火，於是就煮飯。跟鹿在一起，跟豬在一起，和山羊在一起，和猴子在一起，和所有的鳥在一起，和所有的蛇在一起。人們想宰獸類看看，有脂肪的就宰來吃，沒有脂肪的，就不殺。過了一年，蛇先咬螃蟹，螃蟹沒有死。輪到螃蟹咬蛇，咬成兩段，因此洪水退了。〔註50〕

一則出自伊帕霍社：

聽說我們的祖先的時代，發生過洪水，那是因為蛇阻塞了大河，所以地上全部成為洪水。洪水時，造成所有的生物都缺乏食物，因此，螃蟹和蛇爭鬥。蛇先咬，「太硬，我咬不下去。」輪到螃蟹用螯剪，一次就剪斷了。大蛇的確死了，由於這個原因，洪水消退了，所有的生物都很高興。當洪水來時，所有生物都集合到大山的新高山高處。因為沒有火，所以首先是由蝦蟆去取火，因涉過洪水，火因而熄滅。換由哈哈拚鳥去取火，因為是飛去的，所以火沒有熄滅。沒有食物，只烤肉而食。抓獸類時，不宰小的和瘦的，只宰肥的來吃。洪水退去後，大家都高興地回去恢復成陸地的各個地方。回去後，用石頭像使用刀和斧頭那樣耕作田地。〔註51〕

構成水災的原因不是雨水或河水過多，而是阻塞不通所致。布農族覺得是一條大蛇堵住了河流，使河水氾濫成災，因而出現巨大螃蟹與之相鬥，利用蟹

〔註49〕同前註，故事編號8.1.1。
〔註50〕同前註，故事編號8.1.32。
〔註51〕同前註，故事編號8.3.2。

螯將蛇剪成兩段，恢復河道的暢通，水勢便不再蔓延。

而在鄒族的兩篇洪水神話，造成阻塞的動物變成鰻魚。一為魯胡托方言〈洪水〉：

> 由於怪鰻身體轉為橫躺，這個地方變成了海。如果沒有巨蟹，地面可能會完全被水淹沒。水開始滿了起來，在還沒漲滿之前，巨蟹來到新高山，我們就催牠去掐鰻吧。水只差一些就要到新高山頂了。如果漲到上面，生物大概就要全部死亡吧。水不會來到最高處，因此要避難到最高的地方。怪鰻是和新高山同樣高的喲！巨蟹試著在怪鰻的肚臍一掐，咦，有點在動！巨蟹在找形成洞穴的疊岩，那是考慮等一下真的要掐時，可以躲進去的地方。怪鰻如果被用力掐，就會旋轉身體，於是水會流進牠的體內。牠的背完全和山一樣，有檜木林，妙的是也有廣闊的丘陵。這個世界的水都可以一起流進牠的體內，怎麼會不發生洪水呢？因為平常的時候水被牠喝掉，所以不會氾濫。據說古時候沒有火。決定催可悠伊西鳥去取火。去是去了，但飛得太慢，沒能把火送到新高山這個地方。於是回到新高山說：「我沒能帶回來，燒到了嘴巴，痛得沒有辦法，才毅然把火丟掉。」接著催了烏胡古鳥，那隻鳥大概會快速地飛去取火吧。火帶回來了，終於有火了。是烏胡古運來的。以後就經常讓牠進去稻田的中央吧，因為牠帶火回來。可悠伊西鳥是被排除者，從此牠不被允許在稻田的中央吃，因為牠沒有帶火回來。雖然還是給牠吃，但是因為飛得不夠快，所以只讓牠在園地的邊緣吃。
>
> 從前洪水時，大家都聚在新高山。洪水退後，大家都回去了。回去時，分裂成馬雅、西洋人、郡蕃和鄒族。離別時，把弓分了，馬雅拿了根部，西洋人是前端，郡蕃是第二，鄒族則是第三。馬雅去了平地，西洋人也去平地，鄒族和郡蕃決定繼續留下來。
>
> 大家商量說：「我們來殺猴子看看，怎樣？」看猴子的這種臉，有點有趣耶，「如果大一點，才真的有趣吧，試試大的如何？舉行祭拜和跳舞怎麼樣？也許聲音會變得很棒喔。如果殺的是人，就會有非常美妙的聲音吧。」跳舞的時候說：「我們來殺孩童如何？」從此，我們就和郡蕃交惡。〔註52〕

〔註52〕同前註，故事編號9.1.1。

另一則為阿里山方言的〈托胡雅社〉：

> 鰻魚變成橫躺，河水被阻塞，變成海。因此，水淹沒了山，因
> 此，人們逃了，逃到新高山，逃到新高山聚集在一起。有很多的鄒
> 族和馬雅。沒有食物而飢餓，吃鹿肉。沒有米而吃鹿肉。有很多的
> 鹿一起在新高山，殺其中的一部分作為食物。在新高山分開，到各
> 處去找居住的地方。住在魯胡托。不久後來這裡，來這裡建造家屋。
> 離別了的人也被招請集來建造家園，同蕃社的所有的人都被招請。
> 〔註53〕

尤其是魯胡托方言那篇所描述的鰻魚最為特別，牠平時能夠喝乾河水，但如
果橫躺身子不喝水的話，便會引起河水堵塞，使海平面上升。螃蟹攻擊鰻魚
的招式，也與其他類似神話相異，以鰻魚和新高山同樣高度來看，螃蟹的體
型顯然比鰻魚小得多，因此無法將其剪斷，只能用蟹鉗掐住鰻魚的肚臍，逼
迫牠扭動身體喝下海水。蛇與鰻的外觀都是細長光滑，遠看極為相似，故這
類神話常同時出現這兩種動物的版本。

沙阿羅阿族有兩篇〈洪水〉：

> 古時候，有老鰻魚阻塞水，因此變成洪水。有兩座高山，人們
> 逃到西雅庫拉帕山和阿西帕坡可西攸山。沒有火，看見蒼蠅搓手，
> 思考後，用木頭仿造，一摩擦就發出火。在別的山的人想要火，拜
> 託山羊取火，山羊去了，還沒有到家之前，角就燙得痛了起來，牠
> 泡了水，回來了，但是沒有火。換羌仔去，得以帶火回來。大家都
> 高興地撫摸牠，竟然慢慢變小了。大家都說：「怎麼辦，為什麼洪水
> 不消退呢？」山豬說：「我去疏通淤塞的水吧，但請以讓我的孩子吃
> 香蕉和芋頭作為報酬。」山豬這麼說後，去把老鰻咬斷。洪水流出
> 去了，山豬被沖走了，所有的鳥和獸都很高興。決定要造河，但只
> 有鷹不肯幫忙。大家都說：「喝了河水會死喔。」鷹說：「沒關係，
> 我只喝樹洞的積水就好。」鷹如果喝河水就會死。〔註54〕

另一篇則是：

> 地面變成海，因此，人們都逃難，所有的人都逃到高山集合。
> 住在新高山的人沒有火，請山羊到關山去取火，沒能夠運回來。由

〔註53〕同前註，故事編號9.2.1。
〔註54〕同前註，故事編號10.1.1。

羌仔替換。終於能運回來。被大家撫摸，因此變小了。託山豬去咬斷鰻魚的尾巴，因此洪水才終於消退。人們從那個地方出去，托馬馬馬利基沙西雅族去馬利基沙西雅的地方，托馬西雅西雅斯嘎族去西雅斯嘎的地方。我的故事只有這樣。〔註55〕

阻塞河流的仍然是鰻魚，但解決其困境的動物換成了山豬，牠用獠牙咬斷鰻魚的身體，使洪水因而退去。沙阿羅阿族的洪水神話，多用來說明動物的習性，例如羌的身體較小，山豬喜歡吃香蕉和芋頭，以及老鷹不喝太多水。

卡那卡那布族〈洪水〉，則大致與沙阿羅阿族相同：

鰻魚橫臥河中，因此出了洪水，蕃人集合在「塔奴烏因伊茲」山。也有人在「那烏斯拉那」。沒有火，因而困擾。祖先說了話，山羊來了。不怕水，去「那烏斯拉那」，取火回來。蕃人很高興，祖先說了話，山豬來吃了鰻魚。水沒有了。山豬說了話：請給我食物。給牠東西，全部給了。以後請照顧我，請讓我吃農作物。〔註56〕

雅美族的〈伊拉拉伊社傳承洪水神話〉，引發大水漫流的原因，與其他洪水神話皆異，是翻倒珊瑚造成海嘯：

去找那密西魯。懷孕的女子去海上。翻倒了珊瑚，湧出很多海水。往陸地跑。海水來到海濱。他們回到蕃社，拿了行李，去山上。海水增加了。海水往山湧去。帶著鹽去，住在山上。沒有食物，因此他們就把鹽抹在帕普托庫吃著。很多人集在吉匹嘎棍。沒有食物，因飢餓而死亡，殘存的人只有十人，其他的人都死了。經過十年，海水才退去。他們往下面下去。他們去找自己的家，已被海水毀壞了。各自回去自己的村落。一部分去伊拉奴密利庫，一部分去伊哇利奴，一部分去伊莫羅多，去伊拉塔伊。一部分去伊哇塔斯。一部分去雅攸，一部分去伊拉拉拉伊。如此，他們分裂了。建立蕃社。海水剛退去，還沒食物。他們起初的食物是阿布丹的葉子，他們蘸鹽吃，這樣地維繫了古時候的人的生命。其次的食物是吃百合。他們到處尋找，找到小的水芋。把找到的水芋埋在地上，然後再栽植。然後把芋頭種在這裡。芋頭增加了。發現水，把莖植在水中。有蕃薯可吃了。植在水中的東西是蕃薯，長得好大。人們都飽腹了。古

〔註55〕同前註，故事編號10.1.2。
〔註56〕同前註，故事編號11.1.3。

時候的人沒有鐵製的農具，他們裂開石頭磨利，用於開墾山。經過一段時間，有一個人去海岸，看見流來的漂流木板。看到很多的鐵，是外國人裝配船的。帶回村裡。他將其破壞敲打，然後製成斧頭和挖芋棒。磨後拿到山上砍樹。用來砍斷建屋的柱子的木頭。然後切了大的木板。然後把很多人叫回來。決定要請來幫忙的人吃大豬和水芋，讓來幫忙的人吃了很多。木板都準備齊全了，因此就要開始建造房屋。並列而立的房屋的柱子有三十根，然後把屋樑綁好，然後架好木料結構，然後在屋頂的橫竹編入鬼茅。很多人幫忙鋪敷屋頂。屋頂鋪好後，他們拿了水芋。準備請客。然後招待親戚。客人來了。戴著銀帽，然後晚上唱歌。然後繞到圍欄，查看圍欄裡的豬和山羊。很多人都感嘆有這麼多的獸類。看過獸類後，再去看重重堆積著的很多芋頭。作分配，分配完了。把分給親戚的水芋裝進籠中。水芋裝好了。抓豬，綑牠的腳，用棍子穿過，刺牠的喉嚨。豬血用碗去接。刺殺後用火燒。燒後除去焦毛，烹調。烹調後再吃生的肉。吃過生肉後細切。排好盆子，把肉放進那裡面。放進去後，把各人的份交給親戚。給了之後，親戚就回家去了。親戚回到了他們的家，吃飽了肚子，很高興。〔註57〕

　　雅美族居住在海上島嶼，因此對洪水的印象，多來自於海洋而不是河川。遭逢洪水侵襲後的雅美族人，因糧食不足而形成飢荒，只好努力尋找可以吃的東西，並種植芋頭、蕃薯等農作物。憑藉漂流而來的外國船隻，獲得鐵而製造出鋒利的鐵器，建造全新的房屋，這段敘述表現出房屋祭的過程，和生鐵外來說的觀點。

　　洪水神話不只是呈現災害的過程，更帶出之後火的起源、人類衍生與散布等一連串重大事件。大水毀滅了原有的一切，但在洪水消退後，人們運用自己的智慧及能力，重建適於人類居住的環境。不僅是以口頭複製對過往災害的記憶，還紀錄人類開創文明的歷程。就敘事文本的複雜度而言，依附於洪水的情節單元，更甚於射日神話與黃金年代，甚至較常出現傳說性的敘事。不過從上舉各例來看，《原語臺灣高砂族傳說集》所錄故事仍可謂完整可讀，並且也可以針對不同族群故事做細節的比較。因此更可證明這本書裡的神話是可以為文學研究者所取用的。

〔註57〕同前註，故事編號 12.1.3。

第三節　傳說

　　《原語臺灣高砂族傳說集》中的傳說的故事性，舉女人之地傳說和關於人口散布與土地分配的傳說為例做說明。

一、女人之地

　　在族群所生活的場域之外，還有其他不同的族群或國度，像是〈駕喔瓦伊瓦伊社的人〉，就是一個只有女人、沒有男人的地方：

　　　　駕喔瓦伊瓦伊社的人都是女子，沒有男人。因此，有一次說：「我們真想生孩子。」於是跑到山上，俯身露出屁股迎風。不久就懷孕生了孩子。可是生的都是女的，而且都是殘障又不健壯的人。

　　　　因此，她們再到山上，俯著身。這時，剛好有駕喔匝雅匝雅社的人來打獵。他們爬到樹上眺望時，看到有女士們俯著身。男子一見說：「那些女子為什麼都那樣子做呢？」於是就去探問那些女子。可是女士們卻愛上了男子，就捉住他並與交媾。於是生了男孩。那個社的人才因此增加起來。傳言是這麼說的。〔註58〕

　　在〈只有女子的蕃社〉，男子因為交媾過多，無法滿足女頭目而被殺害：

　　　　某地方住著女人，而且是只有女人。當她們的陰部渴了（起了性慾）時，就到山崖上，讓風吹進陰部，就會懷孕。生再多的孩子，也只是女子而已。他們從前的情況就是如此。雖然只有女子，但是也不是沒有頭目。一個老嫗在當頭目。

　　　　那些女人們不曾見過男子。有一次，我們阿塔雅魯的祖先因為狗失蹤，出去找狗，但是走進了那些女人們住的地方。男子向那些女子說：「我的狗沒有來這附近嗎？牠是去追山豬的。」女子說：「沒有啊，狗平常是不會來我們的地方的。」男子說：「喔，是這樣，那就好，我去別的地方找找看。」女子說：「在你胯間的東西，叫什麼啊？我們不曾看見過那種東西，在你胯間的東西，為什麼搖搖晃晃地垂著啊？」男子於是說：「我們的地方也有像你們這樣的人（女子），咦，原來你們是沒有所謂對手的人啊！」於是女子說：「如果可以的話，就讓我們試試看。」男子說：「那麼，我們就去你的寢室睡吧。」

〔註58〕同前註，故事編號 3.3.1。

女子說:「我們每一個人都要稍微試一試喔。」於是就到那個地方的寢室,她們一個一個地和男子交媾。她們不管怎麼擺動,都沒能得到滿足,那是因為女子太多,他的性器無論如何也沒法和全部的人交媾的緣故。完了之後,她們才叫那個老女頭目。她們叫老嫗說:「伯母、伯母,來這裡試試看,太舒服了。」老嫗笑著往這邊來,說:「你們說的好舒服,是怎麼一回事?」老嫗來後,雖然也去寢室,但那時男子已因交媾得太多,再怎麼想交媾也沒有辦法了。老嫗因而說:「你們為什麼不先讓我交媾啊?我是你們的頭目耶。」那個老嫗生氣了,因此拿起柴刀,把來找狗的男子的陽具切斷了,那個男子因而死了。〔註59〕

〈馬濟烏濟烏〉,則是把男子抓起來飼養,但目的不是為了繁衍後代,而是將其視為食物:

有一天,名叫沙達宛的人到河川去撿木柴(流木),他撿了很多木柴回家。回家時,他是把它們編成木筏回去的。可是,那時水流湍急,因而被沖到海中。他心中雖然想下去,可是水使他無法如願。因此他的木筏沒有流向上游陸地,而一直被沖到海中。他很擔心,心想只有死路一條。他認為「自己會死」,因此他把生命委給了命運。他浮在水上有幾天了吧,由於神佑,他終於被沖上瓦拉伊珊(女人島)的社。他想:「我現在到底身在何處呢?」不久,有瓦拉伊珊人來,他就被那個人抓了。

那個社的人都奇怪地說:「這個人有這樣的東西,有像這種尾巴的人,是什麼樣的人啊?」原來她們所謂的有尾巴,指的是男根。她們說:「這一定是豬,那,我們就養著,等到肥了時,我們再宰他。」因此,她們就為沙達宛建了小屋,又作了極為堅固的柵欄,使他無法逃脫。之後,瓦拉伊珊每天養他。這樣,到了第二個月,那時飼主開始心儀沙達宛,終於有一天晚上,去沙達宛那裡,同眠了。不久,她懷孕,產期漸近,她終於生了一個男孩子。社人知道她生了孩子,都去看小嬰兒。大家都說:「有像這種尾巴似的東西的人,是什麼啊?」大家都覺得奇怪,拉扯那個孩子的男根。因此,那個孩

〔註59〕同前註,故事編號 1.2.9。

子就病死了。〔註60〕

臺灣原住民的族群，有父系和母系的社會制度。母系社會以女性為尊，故較重視母親家族的血脈，男子雖然是生孩子的必備條件，不過對母系血統來說，是增加基因變化的外來者。這也許是臺灣原住民故事中女人國對男人常存敵意的原因。臺灣原住民族女人國故事，學界關注甚多。這類敘事大多首尾完整，情節因果交代清楚，是民間文學研究者可以採用的資料。

二、人口散布與土地分配

臺灣原住民族傳說常常說到，由於不斷的繁衍，原有的土地和食物已不能提供給所有的人，因此一部份的人們，必須離開出生地，向外找尋新的定居處。《原語臺灣高砂族傳說集中》泰雅語有〈斯卡哈馬運與阿塔雅魯的人數的分配以及出草的起源的故事〉，其文云：

> 話說，從前祖先發祥之地，他們的人數逐漸增加，因而食物也變得不足，自然就陷入了困境。
>
> 於是商量：「不知道怎麼做才好，我們一部分人的子孫出去尋找可以生活的廣闊地方吧。」「好吧，如果是這樣，那我們就來分配人數，然後到前山去尋找居住的地方吧。」說著，就要分配人數，但想去前山的人說：「我們何必用數的，大聲喊叫來試試看，叫聲較小的那一邊，就給他們補足人數，用這樣來比較看看吧。」說完，他們那一部分的人就往那邊去集合。於是先由斯卡哈馬運（去前山的那群人）喊叫，然後再由阿塔雅魯喊叫。結果是阿塔雅魯的叫聲較大，因此，斯卡哈馬運的頭目立刻說：「你們那邊的人比較多，給我們補一些人。」因此阿塔雅魯又補給他們一些人。然後再比較叫聲，結果斯卡哈馬運的叫聲，大得差不多可以震動山谷。啊，明白了！剛才是斯卡哈馬運把人隱藏起來了。接著由阿塔雅魯這一方的人喊叫，可是實在不能相比。據說，因此阿塔雅魯的頭目就說：「你們為什麼使詐，你們隱藏了一部分的人！」斯卡哈馬運的頭目立即說：「我們人多有什麼關係啊，你們有紛爭事件時，就來我們的地方出草好了。如果你們的祈示（占鳥）吉，我們的頭就會被拿去，如果你們的祈示凶，你們就不會成功。你們的人數就是少，也不必那

〔註60〕同前註，故事編號6.4.2。

麼擔心啊。」說完就辭別走了。好了，有關出草起源的傳言就是如此，古時的祖先這麼說。〔註61〕

當居住的地方已不符合原本的期望，族人們也會搬到新的場所居住。這個故事說族群分系外出發展及出草的起源，也完整有趣。不過有時新居處可能蘊藏著各種危機，這時就得依靠動物避險的直覺，如魯凱語〈拉阿卡羅可〉的傳說：

> 從前，有一名叫拉阿卡羅可的頭目家庭，養著一條白狗叫做拉彭。那條狗跟人一樣，很會思考，因此一家人都很疼愛牠，他們把自己吃的東西給牠吃。當我們說話時，聽說這隻狗聽得懂所說的話，而完全照做，從沒出過差錯。

> 以前大南社人的蕃社是一個非常惡劣的地方。因此大家商量說：「我們把蕃社移到對面的地方吧。」於是就全部移到那裡。而，頭目一家把他們的家建造得非常氣派。

> 可是他們的狗拉彭還留在原來的社哭著，家族的人去帶牠，雖然暫時會跟著來，但總是又會跑回原來的地方。抓來，用粗的繩子綁著，還是將其咬斷，回以前的家叫著。再去抓牠時，就挖著土，好像是在說著什麼似的，可是家族的人都不清楚牠的意思。因此，大家說：「大概是發瘋了吧。」就擱著不管了。給牠飯，拉彭一點也不吃，安撫著給牠好吃的食物，還是不理，一樣的哭個不停。然而，經過剛好一個月時，拉彭突然死了。家族們很害怕，埋了後就沒有去管牠。狗死了之後，牠的靈魂還是一樣的一直叫著。達羅嘎哥東這個地方之所以叫做達羅嘎哥東，就是這個緣故（達多哥多哥羅是吠的意思，訛音而成為那個地方的地名。）

> 然而，之後不到一年的時間，在先前大南社人所建立的新的蕃社裡，開始傳染疱瘡。而，他們的頭目也忽然罹病，不久就突然死了。因此，全社的人都為頭目之亡而悲哭。由於他像親生父母那樣的關心蕃丁，因此大家都很幸福，全社的人之所以會哭就是這個原因。然而，那些哭的人也都死了，沒有哭的人是存活了下來，但為數很少。死的人太多，就像是魚被魚藤毒死那樣，多得不知要如何

〔註61〕同前註，故事編號1.1.13。

掩埋，他們為了掩埋的方法而困惱。存活的人於是移居他處建社，

今天大南社的人會這麼少，就是這個原因。〔註62〕

故事中說到狗守著舊家的一段話，於簡單情節有所舖陳，能吸引讀者注意。
除了上述尋找全新地點定居外，攻擊並趕走其他部落的人，佔據他們的居所，
也是獲得土地的方法之一，因此在傳說中，時常可看見不同族群之間的爭鬥，
如泰雅語〈布塔的戰略〉：

有過一次，布塔去襲擊斯卡哈馬運，布塔的人數不多，他因而
知道事情不會成功。布塔在熟慮之後，說：「我們等到斯卡哈馬運要
開酒宴時，再襲擊他們吧。」布塔在作實際觀察時，剛好是滿月時
候，他們正集在一起舉行著酒宴。

話說，那斯卡哈馬運的家屋有如庫房，舖著木板，板上開著洞。
他們睡覺時，聽說是讓頭髮從枕頭下的那些洞垂下去。布塔等人去
窺探情況時，他們正專心開著酒宴，但到了深夜時，看樣子好像都
睡著了。

話說，布塔於是立刻動身去偵察，仔細一看，都睡得不知人事。
當早晨第一聲的雞一啼，布塔立即行動，去把他們垂下的頭髮一個
不漏地綁在一起。天開始亮時，他立即上了屋裡面的床，叫醒他們
說：「我是來殺你們的。」說完，就開始一個一個地殺，當場殺了個
精光。當他做完時，別的斯卡哈馬運都發覺了，布塔雖然逃了出來，
但他們立即跟在他的後面追來。

在逃走的路上有一處很深的山澗，架有葛橋。危急的是，布塔
來到那裡時，他們已快追上來了。據說，當布塔好不容易才過了橋
時，他們就已來到橋的旁邊。布塔想了一下，就靜靜地在那裡等著：
「好，來吧，我們就來一決勝負吧。」斯卡哈馬運果然追了過來。
當他們剛好都走到橋上，前頭的人腳步即將踏上這邊時，他立刻「噗」
一聲砍斷橋的這一端。據說，因此，敵人都擠成一塊掉落山澗。於
是布塔也得意洋洋地回去了。

又有一次，布塔因為部下人數不多，就點火炬排列成很多的火，
使敵人懷疑以為是有很多的人。

〔註62〕同前註，故事編號5.1.3。

　　又有一次，只有一條路通往山出入口的山崖。他收集小鹿的皮，使大家將它們縫接起來，鋪在這個山崖上的道路。到了晚上，他們就踴躍鳴鎗挑戰。當敵人應戰而來時，他們就佯裝逃走。敵人喊著「喂，大家追吧。」追了上來，但來到鋪著鹿皮的地方時，意料之外，一個接著一個滑溜溜地，從山崖滑落了下去。前面的人落下去後，還是一個接著一個地來，又一個個滑落下去。為什麼呢？那是因為夜間光線暗，他們不知道實際情況，大家都照前面的人那樣往前衝的緣故。天亮時，布塔等人一看，據說，山崖下的屍骸有如一座山。〔註63〕

　　從無須為生活煩憂，到為了土地、食物而戰鬥，這些傳說顯示居住環境的變化，以及原住民因應環境所做出的舉動，記錄他們生活的軌跡，用口語完整陳述而出，具有故事性。

第四節　民間故事

　　以下舉人變為動物或其他物品、人與動物婚配、相愛之人被拆散等故事說明之。

一、人變為動物或其他物品

　　面對生活上的挫折或困境，無法改變或避免的時候，人類會變成其他生物或物品的形狀，以脫離現有的狀態。最常見的是人變鳥，如排灣族的〈嘎嘎伊鳥和鳩古魯伊鳥〉：

　　　　母親說：「嘎嘎伊呀，來吧，去挖蕃薯吧，你揹鳩古魯伊（弟弟）。」嘎嘎伊揹起鳩古魯伊和母親去園圃。嘎嘎伊說：「媽，孩子給你吧。我累了。」母親說：「到那瓦那瓦魯時，我就抱弟弟下來。」但是到了那裡時，母親並沒有抱下來，因此嘎嘎伊說：「媽，孩子給你，我累了。」母親說：「到西魯無魯無濟時，我就抱下來。」到了那裡，但母親並不想抱下弟弟。因此說：「媽，給你吧，我累了。」母親說：「再稍等一下，我要挖一下蕃薯，摘完蕃薯葉，我就給他吃奶。」嘎嘎伊說：「媽，給你啦，鳩古魯伊好重。」母親說：「再等

〔註63〕同前註，故事編號1.1.15。

一下，我煮一下飯。」孩子說：「好的，但是我很難受。」母親說：
「再等一下，我要把飯從爐上拿下，放到樹上。」孩子說：「媽，給
你啦，讓鳩古魯伊吃吧。」但是母親把蕃薯皮丟了過來，嘎嘎伊把
黏在蕃薯皮上的薯肉刮下來，從肩膀的上方遞給弟弟。嘎嘎伊又說：
「好嗎，丟一個給弟弟。」但是，母親只丟給薯皮，嘎嘎伊拾了起
來，把黏在皮上的薯肉刮下來給弟弟。母親在樹上，把蕃薯吃完才
下來。嘎嘎伊說：「媽，給你啦，我覺得很累。」母親說：「再稍等
一下。我整理一下要拿回家的東西。」孩子說：「媽，讓他吃奶吧，
鳩古魯伊真的很餓了。」母親說：「再等一等，我把東西捆一下。把
這些東西搬到山崖那邊，我會再回來，你們暫時待在這裡。」說完
逕自走了。嘎嘎伊說：「媽，你在哪兒啊？」這時看到遠方有亮光，
以為是母親回來帶自己了。但是來到身邊是螢火蟲。她說：「鳩古魯
伊喲，下來吧，我們要變作什麼呢？我們去作小鳥吧。」說著就把
揹帶撕成兩半，做成尾巴，然後把包著弟弟的四方布割成兩半，做
成翅膀。然後說：「好啦，去樹上吧，然後去看看我們的父親。」

父親雖然出門來接孩子們，但半路遇到母親，因此問：「鳩庫
鳩庫喲，我們的孩子在哪兒？」母親說：「隨後就來，應該快到了，
也許是在路上做什麼吧。」父親說：「我去接。」說完就往前走去。
「我的孩子們在哪裡啊，為什麼沒有碰到呢？」正在說時，變成鳥
的孩子們說：「爸爸，我們在這裡，可是我們被母親虐待，現在像
這樣變成了小鳥。」父親說：「哦，有這樣的事！」說完，就折返
回去，來到母親的地方。然後說：「鳩庫鳩庫等一等。」說著砍了
山棕櫚打鳩庫鳩庫。於是鳩庫鳩庫變成了老鼠，「吱一吱一」地叫
著說：「我要啃你的月桃盒子（放著貴重物品）喔。（案：此處似有
漏植）朋友，再見了，我在此告別，要飛走了，然後在大武山的山
頂相會吧。」〔註64〕

後母使喚孩子去做事，但遲遲不給孩子想要的東西，導致孩子失望的變成鳥，
飛離了家中。人變鳥的情節似乎符合原始思維，但這同時是 AT702A 型故事，
類型名稱為「兄妹鳥」（詳下章）。民間故事而雜有神話成分，因此也可依傳

〔註64〕同前註，故事編號 3.7.2。

錫壬先生《中國神話與類神話》說，視為「類神話」。〔註65〕

變成鳥的另一種情形，則是夫妻打賭誰比較厲害。妻子所織的布無法抵擋高山的嚴寒，因此變作小鳥飛離。布農族〈帕帕透西鳥〉：

> 從前有一對夫婦，感情非常不好。妻子很會織布，丈夫則善於獵熊。妻子持有十張的織布，丈夫則有十張熊皮。妻子心腸不好，不給丈夫上衣。兩人互相吹噓，看看誰會輸給寒冷。於是兩人去新高山，到黃昏時，各自去睡覺。丈夫鋪五張熊皮，蓋五張熊皮。妻子則鋪了五張被褥，蓋了五張被褥。到了半夜，漸漸冷了起來，妻子耐不住寒冷，向丈夫說：「請你替我生火，請你替我生火。」丈夫沒有生火，妻子因而又說：「幫我生火，火啊，啡、啡。」在這麼說的同時，她變成鳥飛走了。我們稱此鳥為「帕帕托烏西」。〔註66〕

變成鳥的時機，多半與遭受虐待、居心不良有關，所以有救贖和懲罰的作用。

為了懲罰偷懶不工作的人，在追打之中，逃走的人變成猴子，如泰雅族〈變成猴子的人的故事〉：

> 話說，往昔祖先的時候，據說是有一個非常懶惰的人。他去園地，當播下種子要覆土時，常常會使小鋤頭碰撞石塊，或是勾到樹根等等而弄壞它。因此，據說他每次去園圃，他的小鋤頭從來就不曾沒有斷的事。
>
> 有一次，去覆土時，只一會兒，他的小鋤頭又斷了。這時，眼看著他竟然把它刺進屁股裡。然後輕快地跳起來，「咭咭」地叫著爬上樹。據說，他刺進屁股的小鋤頭的木柄長出毛來，變成猴子的尾巴，身上也長出了毛，他變成了猴子。
>
> 那個人變成猴子後說：「我是懶骨頭，不配做真正的阿塔雅魯（人），因此我變成了猴子。我就這樣子，四處走著吃樹上的果實。」
>
> 據說，他說完就轉身沿著樹走了。〔註67〕

或是提早結束工作，回到屋內去吃半生不熟的芋頭，引起喉嚨發癢，發出類似猴子叫的聲音，像是布農族的〈猴〉：

〔註65〕同註4。

〔註66〕同註17，故事編號8.1.8。

〔註67〕同前註，故事編號1.1.8。

我們祖先中變成猴子的，都是貪吃的男子。他和大家一起在園圃工作，但是那個貪吃的男蠻蕃走進屋裡，從鍋裡拿起芋頭吃了。當放下鍋子吃時，男蠻蕃所吃的他的份還沒有煮熟。男的蠻蕃吃完後，搔著喉嚨爬上屋頂「庫－喔－」地叫。就這樣變成了猴子。別的人想抓而追他，但他跑得太快，沒能抓到。他從一棵樹跳到另外一棵樹地移動。於是放棄抓他，貪吃的人會變成猴子是應該的。〔註68〕

其他還會變成豹、老鼠、芒草、岩石、星星、臭蟲等，變形的原因大致與上述相同，懲戒做壞事之人及轉化被挫折困住的心境。比照前述「兄妹鳥」型故事，這些變形情節，也許都可以「類神話」目之。

二、人與動物婚配

在原始的思維裡，人和動物之間的分際不明，故事內可見人與鹿、山豬等動物互為婚配的情形，最常見的組合是人與蛇，例如排灣族的〈蛇妻〉：

某老人去打獵，發現美麗的花，想送給女兒們，因而摘了花。可是所摘的花是蛇的，蛇因而來向老人說：「你為什麼摘我的花啊，還給我。如果你不還，我就咬你喔。」於是老人就把花放回原來的地方，但是無法恢復為原來的樣子，好幾次一放回去就掉下去。蛇問說：「你有女兒嗎？」老人說：「有。」蛇向老人說：「那麼，就拿那朵花回去給你的女兒。喜歡那朵花的，我就娶她為妻。如果你不讓你的女兒作我的妻子，我就咬你！」

老人把那朵花帶回家，問孩子說：「有誰喜歡這朵花嗎？」因為長女不喜歡，所以老人就哭了。告訴孩子們說：「如果你們都不喜歡，我就會被蛇咬死。」這時么女覺得可憐，就說：「那，把那朵花給我好了，我就嫁到蛇的地方去吧。」因此，老人就把花給她。

到第三天，蛇來說：「我的妻子在哪兒啊？」父親用手指指示，蛇於是就把那個女子帶回自己的家去了。他們兩人在路上走著時，那條蛇忽然變成人，而且是美男子。那個女子因此非常高興。兩人到了蛇的家，一看，那個家處處使用玻璃，家美得蒼蠅一停上去差不多就要滑落那樣，極為華麗。蛇不讓妻出去外頭，因為擔心外出會沾灰塵。

〔註68〕同前註，故事編號8.3.11。

可是有一次，蛇去園圃不在家時，大姊來了。她很羨慕，心想：
「這個家是多麼氣派啊，如果是這樣，我早就應該做他的妻子了。」
於是她想：「我來殺蛇的妻子吧。」姊姊說：「我們之中，誰比較漂
亮呢？我們來照鏡子看看怎麼樣？」於是兩人就照了鏡子。可是因
為蛇的妻子比較漂亮，所以姊姊很不高興。說：「你穿著漂亮的衣服，
才會比較漂亮。」於是兩人換穿了衣服再照，結果還是蛇妻漂亮。
因此姊姊又說：「是因為你纏著漂亮的腰帶嘛。」兩人於是換了腰帶
再照，可是蛇妻還是比較漂亮。姊姊再度向蛇妻說：「我們到水井去
照照看，怎樣？」因此她們就去水井照，但是還是蛇妻比較漂亮。
姊姊生氣起來，把她推落井中，害死她。然後，姊姊就回去做了蛇
的妻子。

蛇從園圃回來，看到妻子，自個兒想：「我的妻子怎麼變醜了
呀！」有一次，他去水井打水，聽到有雞在那裡叫著說：「嘻嘻嘻嘻，
哎呀，還以為是自己的妻子耶。」蛇於是找到那隻雞，帶回家。

有一次，蛇去園圃，出門時向妻子說：「好好照顧這隻雞，不
可以宰牠。」妻子曬乾了穀，那隻雞吃掉了很多，因此妻子一生氣
殺了那隻雞。蛇回來問妻子說：「我的雞在哪兒？」她向丈夫說：「吃
掉很多的穀，所以把牠殺了。」然後煮了那隻雞。丈夫挾起來的是
肉，但妻挾起來的都是骨頭。因此那個女子非常生氣，把菜丟了。
丟的那個地方轉眼間長出了松樹。松樹長大了，於是就用它製成椅
子。丈夫坐時穩定不動，女子一坐上去，就搖搖晃晃地動。因此那
個女子又生氣地把那隻椅子當木柴燒了。〔註69〕

此篇為 AT 分類法的 433D「蛇郎君」，老父親採花惹怒了蛇，原諒的唯一途徑，
就是將一個女兒嫁給蛇郎君。成婚之後，蛇郎君變身為俊美青年，便與小女
兒過著幸福美滿的生活，有時這類故事會加上連續變形，延續姊妹互鬥的話
題〔註70〕。像記錄其他大多數故事一樣，《原語臺灣高砂族傳說集》也將當時
原住民族留傳的蛇郎故事完整保留了下來，成為研究臺灣蛇郎故事的重要早
期資料。魯凱族也有類似的蛇郎君故事〈百步蛇〉：

〔註69〕同前註，故事編號 3.1.2。
〔註70〕金榮華：《民間故事類型索引（增訂本）》，新北市：中國口傳文學學會，2014
年 4 月，頁 334～337。

斯坡魯古那去打獵，摘了姆卡羅和利波巴魯，百步蛇出來說：
「斯坡魯古那你為什麼摘了這些花，它們是我的，如果你喜歡這些
花，就讓你的孩子來做我的妻子。你有沒有女兒？」斯坡魯古那回
答說：「有的，有三個女兒。」斯坡魯古那回到村中，和他的孩子
商量。長女討厭蛇，次女從園地回來，也說不喜歡，三女來了，說：
「如果喜歡我，我就答應。」蛇變成人，聽到了他們的商量。蛇穿
著漂亮的衣服：豹皮、刺繡的褲子、刺繡的褲裙、刺繡的搭肩、雉
雞的羽毛。他走進家來，鎗放在外頭，蛇走進家裡，坐在椅子上。
長女向父親說：「爸爸為什麼說是蛇呢？，不是人嗎？」斯坡魯古
那說：「我看見的是蛇啊。」他變成人時是一個很帥的美男子，和
三女非常親密，三女做了他的妻子，女兒生了孩子，是很漂亮的男
孩子。〔註71〕

故事裡特別指出蛇的種類是百步蛇。對魯凱族而言，百步蛇是尊貴的象徵，
為代表頭目、貴族家的圖騰，可見外來故事至此已被置入當地元素。〔註72〕

三、相愛之人被拆散

此為 AT749A「生雖不能聚，死後不分離」的故事〔註73〕。在《原語臺灣
高砂族傳說集》可見到兩篇，一篇是魯凱族〈變成蜻蜓珠的故事〉，結構較為
簡單，敘述一對戀人因無法結合而相繼死去，死後變成蜻蜓珠，也就是今日
所稱的琉璃珠，是魯凱族傳統的工藝品：

有一個青年，有一個女孩。青年是頭目，女孩是蕃丁。他的母
親說是不適合。青年愛著女孩，沒法結婚，因此青年變得悲觀。青
年死了，女孩也死了，青年變成蜻蜓珠，女孩也變成蜻蜓珠，女孩
因為是蕃丁，所以變成不好的蜻蜓珠。〔註74〕

一篇是排灣族〈普拉魯雅魯央與鳩庫鳩庫〉，所佔篇幅較多，故事結構也比較
複雜，主角身份也從戀人換成了夫妻：

馬卡匝雅匝雅社有一個名叫鳩庫鳩庫的女子。和可魯魯魯魯結

〔註71〕同註17，故事編號5.2.3。
〔註72〕金榮華：《禪宗公案與民間故事——民間文學論集》，新北市，中國口傳文學
　　　　學會，2007年9月，頁223～229。
〔註73〕同註72，頁511～516。
〔註74〕同註1，故事編號5.2.24。

婚後，生了名叫普拉魯拉魯央的男孩子。另外，馬卡拉烏拉烏如社
有一個名叫莫阿卡卡伊的女子。和普拉魯拉魯央（前面那人的另外
一個人）結婚，生了名叫鳩庫鳩庫（前面那人的另外一個人）的女
兒。

　　普拉魯拉魯央去鳩庫鳩庫家伊斯揪（青年男子去拜訪青年女子
交往的意思）。在那裡待了三天，才返回馬卡匝雅匝雅。回來跟父母
一說，父母表示贊成，便決定去提親。於是，父母向媒人無嘎宛說：
「無嘎宛啊，你去問問聘金要多少？」無嘎宛去問時對方說：「就算
是頭目，聘金怎麼會有不一樣，那是既定的嘛。說是說一百圓，但
還要再十圓。」媒人一回來，雙親說：「無嘎宛嬸嬸，對方怎麼說？」
無嘎宛說：「對方說就算是頭目，聘金怎麼會有不一樣，說是說一百
圓，但還要再十圓。只這麼說。」

　　事情有了決定，雙親因而說：「我們明天去打獵吧，朋友們，
去摘我們結婚時作頭飾用的花吧，來吧，去打獵吧，年輕的去摘要
做頭飾的花，老人們去切肉。拉瓦利安（作頭飾用的花）是哪一種
的比較好呢？」「小的比較好。」「好了，回家吧。」「回家去吃晚餐
吧。」這樣說著，大家都忙著準備。不久年輕人和老人都回來了，
年輕人做頭飾，老人們也切了肉。「好了，去馬卡拉烏拉烏如舉行婚
禮吧！」說著，全社的人都來到馬卡拉烏拉烏如社附近的休憩所。
這時信號鎗的「碰碰」聲像是打嗝般連續響了起來。社人說：「鳩庫
鳩庫，去外面看一下吧，馬卡匝雅匝雅的人早就來到那裡了。」然
後，向馬卡匝雅匝雅的人說：「你們是走路來的，口渴了吧，被風吹
了吧，來吧，這是檳榔。」馬卡匝雅匝雅的人說：「是的，我們是走
路來的，因此喉嚨乾了，也被風吹了。」然後結婚順利完成。過了
三天。馬卡匝雅匝雅的人說：「好了，我們要回去了，我們的孩子們
和老人們都在擔心哩。」於是，就回去了。〔註75〕

　　普拉魯拉魯央和鳩庫鳩庫這對戀人，在故事的初始已順利結為連理，過
著幸福的日子。這與749A「生雖不能聚，死後不分離」無法結婚在一起的情
節有很大差別。

　　普拉魯拉魯央住在馬卡拉烏拉烏如，和鳩庫鳩庫同居已有一

─────────

〔註75〕同前註，故事編號3.7.1。

年，但還沒有生孩子。馬卡匝雅匝雅的雙親憂心的向媒人無嘎宛說：「無嘎宛喲，你去馬卡拉烏拉烏如，然後跟普拉魯拉魯央說：『拿庫房的粟來。』」因此，無嘎宛就去馬卡拉烏拉烏如，普拉魯拉魯央一見說：「無嘎宛伯母，你什麼事來了？」無嘎宛說：「我很想念你們。」她只這麼說，就又回去了。這時普拉魯拉魯央的父母問說：「普拉魯拉魯央怎麼說呢？」無嘎宛回答說：「我去那邊一看，兩人非常恩愛，我覺得可憐，什麼也說不出口。」父母向另外一個女子無利無利說：「無利無利喲，你去叫普拉魯拉魯央。」無利無利一到那裡，普拉魯拉魯央說：「無利無利伯母，你為什麼來呢？」無利無利說：「母親說：『叫你拿庫房的粟來。』」「為什麼那麼地希望我這麼做呢？」無利無利說：「是啊，哦，怎麼說呢，大概是你們沒能生孩子，覺得這樣不好，因此叫你們分開的吧。」「不要，你們為什麼要那麼說啊，我怎麼可能答應離婚呢？」可是他還是一度去父母那裡，又再回到鳩庫鳩庫的地方。這時，鳩庫鳩庫問普拉魯拉魯央說：「父親和母親怎麼說呢？」但他只回答：「沒有，沒說什麼。」然而，鳩庫鳩庫和普拉魯拉魯央卻哭了。〔註76〕

既然男女主角已成夫婦，彼此身分懸殊、家人反對……就無法當作拆散他們的理由，只能以會破壞婚姻關係的事情作為藉口，也就是生不出後嗣。

卡那瓦那瓦魯社的人聽到了鳩庫鳩庫等正在煩惱的風聲，因此說：「那，我們去馬卡拉烏拉烏如訪問鳩庫鳩庫吧。」因而就來了。普拉魯拉魯央還在那兒，於是向鳩庫鳩庫說：「卡那瓦那瓦魯的人要訪問你，已來到那邊，但是你怎麼有理由討厭他們呢？我雖然還在這兒，但是我們永遠是兄妹，所以沒有關係。鳩庫鳩庫喲，你就出去外面見他們吧。」鳩庫鳩庫說：「我怎麼可能答應呢？」普拉魯拉魯央說：「你為什麼不能答應呢，既然這樣，那我就去馬卡匝雅匝雅啦。」因此鳩庫鳩庫就出去外面。然後向卡那瓦那瓦魯的人說：「給你們檳榔和大碗的酒，你們喝吧。你們走路來，待在休憩所，因此應該口渴了吧，也被風吹了吧。」「是的，那我們就不客氣吃了喝了。我們真的是口渴了，也被風吹了。」過了三天，他們說：「那麼回去啦。」說著就出發來到休憩所，於是向媒人無嘎宛說：「無嘎宛伯母，

你折回去，然後問問要多少聘禮。」無嘎宛回去一問，回答說：「就算是頭目，聘禮有什麼不一樣呢？說是說一百圓，但還是要再十圓。」她一回來，就問：「怎麼說？」無嘎宛回答說：「就算是頭目，聘禮有什麼不一樣？說是說一百圓，但還要再十圓，他們只這麼說。」「好了，那麼去打獵吧。然後摘我們作頭飾用的花吧。」他們打了兩天的獵。每一個人都說：「年輕的去摘作頭飾用的花，老人們去切肉。拉瓦利安（作頭飾用的花）是哪一種的比較好呢？是小的比較好。好了啦，來吧，回家啦，天快要暗了。解開我們摘的要做頭飾的花，放出獵獲物，去吃晚飯啦。」年輕的和老人都回來了。「年輕的去做頭飾的花，老人去切肉，我們明天要去馬卡拉烏拉烏如結婚，來吧，全社的小子們！」這樣說著，人人都忙著準備。

翌日，卡那瓦那瓦魯的人來到休憩所，信號的鎗聲好像打嗝般連續響著。馬卡拉烏拉烏如的地方也同樣鳴了鎗。卡那瓦那瓦魯的人來到院子的地方。普拉魯拉魯央說：「鳩庫鳩庫喲，出來吧。」鳩庫鳩庫說：「我怎麼也不能答應。」她哭著。而普拉魯拉魯央也一樣跟著哭了。普拉魯拉魯央說：「無論如何還是出去吧，你為什麼不出去呢？既然如此，那我回馬卡匝雅匝雅去了。」於是鳩庫鳩庫來到外面，和卡那瓦那瓦魯的人一起過了三天。〔註77〕

因為遲遲沒生孩子，因此在娘家的壓力及普拉魯拉魯央的同意之下，鳩庫鳩庫還是改嫁了。可見在這篇故事裡，對生不出孩子最感到壓力與責難的，是身為丈夫的普拉魯拉魯央，鳩庫鳩庫本身的價值並未減損，故能吸引別的部落的人前來求婚。

之後，普拉魯拉魯央回馬卡匝雅匝雅去了。但是，第十天他就死了。葬哪裡好呢？去問占卜者時，普拉魯拉魯央附在占卜者身上說：「把我埋在領地東南的邊端。」

鳩庫鳩庫得知普拉魯拉魯央的死訊，因而說：「那，去卡那瓦那瓦魯玩吧。」於是就出門去了。來到埋葬普拉魯拉魯央的地方時，鳩庫鳩庫說：「讓我從坐轎下來，我要去祭拜一下。」然而，當她在叩拜時，鳩庫鳩庫和普拉魯拉魯央兩人都變成蝴蝶，飛走了。然後，

〔註77〕同前註，故事編號 3.7.1。

兩人到太陽的地方問說：「為什麼我們不能生孩子呢？」這時太陽每
人各給了一串項鍊。它成為我們（使用第一人稱）生孩子的根本，
兩人生了名叫可魯魯魯魯的孩子。這個可魯魯魯魯來到下界，去馬
卡匝雅匝雅。然後，把剛好放在那裡陪葬的裝飾物全部亂七八糟地
毀壞掉。大家都說：「這個人是誰啊，從哪一個社來的啊，我們去把
他殺掉。」這時，可魯魯魯魯說：「隨你們的便，我的祖母叫鳩庫鳩
庫，祖父叫可魯魯魯魯。你們先殺我好了，我是母親名叫鳩庫鳩庫，
父親名叫普拉魯拉魯央的人的孩子喔。」然後，他決定在那裡住下。

〔註78〕

749A 的「生雖不能聚，死後不分離」，是金榮華在編著《民間故事類型索引》
時，將阿爾奈和湯普遜《民間故事類型》的 970「連理枝」，和丁乃通《中國
民間故事類型索引》新編的 885B「忠貞的戀人自殺」、970A「分不開的一對
鳥、蝴蝶、花、魚或其他動物」重新分類（詳下章），將為愛殉情的情節，歸
類於生活故事的 885B「戀人殉情」，死後若化物而結合，則屬於幻想故事的
749A「生雖不能聚，死後不分離」〔註 79〕。〈普拉魯雅魯央與鳩庫鳩庫〉與
749A 的知名故事「梁山伯與祝英台」有部分相似，除了沒有「女扮男裝外出
求學」情節，「生雖不能聚，死後不分離」和「死而化蝶」的主要情節皆具備。
雖無祭墓或哭墓而使墳墓裂開，讓女主角跳進墓中殉情的橋段，但仍保留祭
拜墓地的部份，只是跳過殉情而直接化蝶。故事更進展到兩人向太陽祈求，
獲得項鍊而終能生子，完成兩人未償的夙願〔註80〕。

　　透過民間故事，可以盡情馳騁自己的想像力，讓生活中所遭受的苦悶，
有個能夠宣洩的出口。超脫現實的故事情節，更發揮娛樂、教育、訓誡的作
用，使大家在辛苦工作之餘，能沉浸於民間故事的樂趣之中，達到放鬆身心、
解除疲憊的效果。《原語臺灣高砂族傳說集》記錄的並不只是語言學的語料，
而是有意識的留下民間故事，成為後人可以依用的重要文學史料。

〔註78〕同前註。
〔註79〕同註 72，頁 511～516、621～623。
〔註80〕許端容：《梁祝故事研究》，臺北市，秀威資訊科技，2007 年，頁 16～31。

第六章 《原語臺灣高砂族傳說集》之類型故事

第一節 成型故事

本章所謂故事類型，是指民間文學界熟知的 AT 分類法（詳本論文第一章第三節）。臺灣民間文學研究者也曾為臺灣原住民族口傳故事做類型分析工作〔註1〕。本章則針對《原語臺灣高砂族傳說集》裡頭所收類型故事的分類比較做探討。

故事類型是為流傳已廣的故事分類編號的一套分類系統。其分類對象主要是民間故事，不包含神話和傳說在內，因此被編定為類型的故事，是娛樂性較高，而且在目前已被看成是重要的故事。臺灣原住民故事類型較少，因此觀察《原語臺灣高砂族傳說集》中可見之類型，應該是有其意義在的。

故事類型的號碼排列，是以角色的類別、內容的性質與敘事方式而定，不過此書未見程式故事，因此《原語臺灣高砂族傳說集》的成型故事，可從故事主體和故事內容兩方面加以分析。

〔註1〕 例如：金榮華整理：《台灣賽夏族民間故事》，台北縣，中國口傳文學學會，2004年3月。又《台灣卑南族民間故事》，新北市，中國口傳文學學會，2012年8月。許端容整理：《台灣花蓮賽德克族民間故事》，台北縣，中國口傳文學學會，2007年3月。劉秀美整理：《台灣宜蘭大同鄉泰雅族口傳故事》，台北縣，中國口傳文學學會，2007年10月。又《火神眷顧的光明未來——撒奇萊雅族口傳故事》，新北市，中國口傳文學學會，2012年3月。

一、主體變易而分類一樣

（一）275A　龜兔賽跑

布農族北部方言〈河的競賽〉，是河川們比賽誰能先流入大海的故事。往北蕃的河流，由於想找平順的路徑，所以花費了許多時間；而往卡社的河流，耐著性子通過崎嶇的地勢，最後獲得領先〔註2〕。這個故事與〈龜兔賽跑〉的精神相同，都是想藉著小聰明取巧的一方落敗，不屈不撓堅持下去的另一方獲勝。主角由動物的烏龜和兔子，變成自然景物的河川，但275A屬於「動植物及物品故事」中的「其他」類，是以雖然主體不同，仍可納入同一個類別。

（二）720A　兄妹鳥

排灣族卡濟拉伊社的〈鳩古魯伊鳥與嘎嘎伊鳥〉、內社〈嘎嘎伊鳥和鳩古魯伊鳥〉，以及魯凱族下三社語〈變成烏鴉的故事〉，皆為兩個孩子向母親要食物吃，但是母親只顧自己而不給他們吃，使他們萌生離去之意，於是變成鳥飛離家中〔註3〕。主角雖然分別為姊姊和嬰兒、較大的孩子和弟弟、或者哥哥和弟弟，不過大致上還是「兩個孩子」的組成，因此這三篇仍屬「一般民間故事」裡「幻想故事」的「其他神奇故事」而不加變動。

二、主體變易而分類更動

（一）8B　火燒老虎

這類型通常出現在動物相爭故事，但被火燒的對象，不是螃蟹就是猴子、蝦、烏鴉或山貓，故在分類上出現問題。「火燒老虎」是「動植物及物品故事」的「野獸」類，不過除了排灣族〈穿山甲與猴子〉、魯凱族〈穿山甲與猴子〉、沙阿羅阿〈猴子與穿山甲〉外，其餘相似故事應歸類在「其他」。尤其是布農族的〈烏鴉與穿山甲〉，是人類被火燒後才變成烏鴉，所以應該改置於「人與野獸」條目底下〔註4〕。雖然皆描寫動物互相鬥智及受騙上當的情形，但故事裡所側重的部份不太一樣。排灣族〈穿山甲與螃蟹〉、〈穿山甲與猴子〉、魯凱族〈穿山甲與猴子〉、布農族〈烏鴉與穿山甲〉、〈烏鴉、山貓與穿山甲〉和沙

〔註2〕小川尚義、淺井惠倫著：《原語による台湾高砂族伝説集》，東京，刀江書院，
　　　　1935年初版，1996年二刷，頁639。
〔註3〕同前註，頁160～162、265～268、377～379。
〔註4〕同前註，頁605～606。

阿羅阿的〈猴子與穿山甲〉，提議點火的通常是穿山甲，牠藉著挖洞的能力，得以逃過一劫〔註5〕。排灣族的〈猴子與螃蟹〉，則是因為螃蟹具有堅硬外殼，比較不易被火燒毀〔註6〕。此處用來解釋附議者被火燒的原因，並非只有提議者的狡詐，而是更加突顯出提議者的外貌特徵或能力。

　　至於排灣族和魯凱族皆有的〈蝦與蠼蜓〉，沒有以互相放火來比出高下，但用火攻擊蝦子，使蝦子變紅而燒死，反倒顯示出被火燒動物的弱點〔註7〕。蠼蜓即為壁虎，可適應不同的環境，因此生命力極強，但若拿此項與穿山甲、螃蟹相比，難以形成存活的要素，加上只有蝦子遭受火舌襲擊，無法證實蠼蜓的外觀或特性能抵擋烈焰，因此以「蝦子──蠼蜓」為組合的故事，並不強調動物耐火的長處。蠼蜓放火燒死蝦子後，倖存的蝦子堵住河流造成潰堤，沖走了蠼蜓，是動物相爭故事裡用不同方式攻擊對方的少見情形，河水變成復仇的最終手段，而不再是點火燃燒。

　　在《高砂族調查書：蕃社概況》一書中，提及排灣族丹林社的移居動機、原因和遷徙狀況時，出現下列的文字敘述：

　　遷居動機不明，但傳說過去來義溪氾濫，全社淹沒。當時有無數蝦群來襲（喻指來壓迫蕃人生活的支那人），社眾雖努力防禦，但對方不斷來犯，大水退後，其害仍未停止，經社眾協議，部分移住庫柏吉（Koboji），剩餘者移住丹林社。

　　以蝦群喻作人，在同族真雅社也有類似的官方紀錄：

　　　　移住之動機不明確，但據說距今約六百年前，發祥於Tjiyatjiyurutan，現丹林社西北約1.6公里之林仔邊溪左岸。但居住期間，林仔邊溪氾濫，蕃社遭逢淹水，無數蝦群（比喻前來壓迫的漢人）來襲，社眾起而防禦，但仍陸續來犯，受害不絕，經社眾協議乃移住庫柏吉（Koboji，於來義社西方約4公里處），據說直至四百五十年前，庫柏吉因缺乏飲水，乃遷住來義社，繼因人口增加，於二百四十年前自來義社分出移住現居地。〔註8〕

〔註5〕同前註，頁166～170、251～254、379～380、605～606、645～646、712～715。
〔註6〕同前註，頁224～227。
〔註7〕同前註，頁268～269、359～360。
〔註8〕臺灣總督府警務局理蕃課原著，中央研究院民族學研究所編譯：《高砂族調查書：蕃社概況》，臺北，中央研究院民族學研究所，民國100年12月初版，頁300、349。

相對於中央政權而言，自古日本東北地區的原始民族被稱為「蝦夷」，可見日本人有以蝦子比作其他族群的先例，且「蝦夷」這個稱呼帶有貶低的意味，是以大和民族為本位，認為周邊的其他族群都是化外之民，此種觀念應該是受到中國的影響〔註9〕。漢人趁著洪水肆虐之際，不斷攻打排灣族，長時間的自然災害加上人為侵略，使這些居民萌生遷居的念頭。將蝦子比喻成漢人的概念，對應至〈蝦與蟛蜞〉的故事，可推測出與蝦群產生衝突的蟛蜞，即為原住民的象徵。表面上是動物相爭的情節，實則為原住民與漢人之間的土地爭奪戰。

「火燒老虎」是由型號8「紋身（Painting）」衍生出來，8A.1「熊被塗黑了身體」和8C「膠水為藥封狼眼」也隸屬同一系統。「紋身」是熊羨慕喜鵲的美麗外表，狐狸謊稱要幫助牠，將熊騙至草地上，再引火燒死了熊，並用此解釋熊的皮毛，為何看起來像燒焦的樣子〔註10〕。只是8A.1「熊被塗黑了身體」，除了主角是熊、受騙而使毛色變黑的部份維持不變外，「火燒」的情節改為「上色」，8B的「火燒老虎」，是將被火燒的對象，從熊換成了老虎，8C「膠水為藥封狼眼」差異更大，自故事角色、捉弄過程到結果都截然不同，僅存「騙對方要做某事，其實做另一件事」的主旨，可知8A.1與8的差異，在於惡作劇的手法，8B更動的則是故事角色〔註11〕。《原語臺灣高砂族傳說集》裡的這類故事，皆有放火捉弄對方的部份，只有被燒傷或燒死的對象與8及8B不同，所以排除「熊被塗黑了身體」與「膠水為藥封狼眼」，將「紋身」和「火燒老虎」相互比較，便能看出編排兩者的規則，是依被火燒的動物種類而定，因此全納入「火燒老虎」類型，與現有號碼的揀擇標準背道而馳，應可另外新增型號，顯示出不一樣的故事主體。

（二）21 吃自己的內臟

見於排灣族〈穿山甲與螃蟹〉、〈猴子與螃蟹〉、〈穿山甲與猴子〉和沙阿羅阿的〈猴子與穿山甲〉，通常接在「火燒老虎」故事後出現。一方被燒死，另一方割取對方身上的器官，待對方復活之後，再讓牠自行吃下去〔註12〕。

〔註9〕《YAHOO!JAPAN 辭書》，日本：YAHOO!JAPAN，上網日期：2014.6.4，網址：http://kotobank.jp/word/%E8%9D%A6%E5%A4%B7?dic=daijisen&oid=01860500。

〔註10〕Stith Thompson, *The Types of the Folktale*, Helsinki: Academia Scientiarum Fennica, First published, 1961, Second printing, 1963, Third printing, 1973, p. 24.

〔註11〕金榮華著：《民間故事類型索引》，臺北縣，中國口傳文學學會，2007年2月，頁6～7。

〔註12〕同註2，頁166～170、224～227、251～254、712～715。

欺騙者和被騙者的類別，唯有「螃蟹」是魚介類，與穿山甲、猴子不同，產生「野獸—魚類」與「野獸—野獸」的組合，故一部份應分至「動植物及物品故事」的「其他」類。雖然都是騙對方吃自己的器官或某部份，說謊的原因卻大相逕庭。「吃自己的內臟」是動物們以為世界末日將至，絕望之餘聽信狐狸的話，決定由最小的動物開始吃起，但如此一來，狐狸就會先被狼吃掉。為了避免這種情況發生，牠騙狼去吃自己的內臟，總算逃過被吃一劫〔註13〕。不過在動物相爭的故事裡，存活下來的動物，會趁對方在死亡之際切掉牠的器官，當對方醒來再予以食用，等到被騙者發現吃下的是自己的器官，再表現出一副事不關己的樣子。前者是基於保命而運用機智說謊；後者則是想捉弄對方的惡作劇，所以即使類型相符，動機卻迥異。

三、主體的選擇

159A.1　老虎吞下燒紅的鐵塊　和1131　燙粥燙石塞咽喉

在賽夏族〈卡馬黑羅斯〉和沙阿羅阿的〈西雅巴烏斯〉裡，皆為讓作惡者吞下燒燙石頭的故事，與這種情節相關的型號，在 A.T.裡有 159A.1「老虎吞下燒紅的鐵塊」和1131的「燙粥燙石塞咽喉」，大意是因為老虎或笨魔作惡多端，於是人們便欺騙老虎或笨魔，說要為其驅趕獵物前來，將作惡者騙到山腳下等候，再從山頂推下燒得又紅又燙的鐵塊或巨石，在某些故事裡，則是倒下表面不冒熱氣的燕麥粥，不知情的老虎或笨魔就這樣被活活燙死。兩者之間的差異，在於「老虎吞下燒紅的鐵塊」是「動植物及物品故事」的「人與野獸」，「燙粥燙石塞咽喉」則是被分在「一般民間故事」中「惡地主與笨魔的故事」。〔註14〕

對照上述兩則，賽夏族故事的「卡馬黑羅斯」，是個擁有大嘴巴的男子，身體構造與常人不同，因此可算是「奇人」；但在沙阿羅阿族的故事裡，「西雅西烏西攸」只是普通人，並無任何特殊之處，因此產生型號歸屬的分歧。兩則故事的作惡者都是人類，故可先排除 159A.1「老虎吞下燒紅的鐵塊」。但另一個選項「燙粥燙石塞咽喉」，在西方是愚笨的惡魔，此類故事到了東方，卻無可對應的角色，所以丁乃通先生在編纂《中國民間故事類型索引》時，發現中國亦有相似故事，只是角色從笨魔換成地主，便視作同類一併加

〔註13〕同註 10，頁 26。
〔註14〕同註 11，頁 58、466～467。

入〔註15〕。在原住民的社會裡，土地為部落所有，族人雖都聽首領號令，可是首領不能因此而獨佔土地，故沒有「地主」這種階級。〈卡馬黑羅斯〉是卡馬黑羅斯利用天生的大嘴巴，趁大家辛苦驅趕時，跑到對面將獵物全部吃掉，引發同伴們想除掉他的殺機。眾人滾動燒燙的大石頭，騙卡馬黑羅斯去吃，最後讓他被吞下的石頭燙死〔註16〕。卡馬黑羅斯不是笨魔或惡地主，就算情節相似，直接分類至此也略顯牽強。為了解決這個問題，金榮華先生在編著《民間故事類型索引》的時候，將「燙粥燙石塞咽喉」置於「惡地主與笨魔的故事」之「讓惡霸蠢魔上當的故事」，運用惡地主的潛在本質：「惡霸」，擴大解釋角色範圍，於是〈卡馬黑羅斯〉得以納入此類型。〔註17〕

沙阿羅阿族的〈西雅巴烏斯〉，情節內容卻與〈卡馬黑羅斯〉有些不一樣。故事描述西雅巴烏斯被西雅西烏西攸欺騙，不但損失豬肉和麻糬，還被遺留在太陽的住處，企圖讓她熱死。所幸太陽遮蔽自身光熱，將西雅巴烏斯帶到與她名字相同者的家裡居住，眾男子見其貌美而爭相求婚，西雅烏嘎利從追求者中脫穎而出，與西雅巴烏斯結為連理。西雅巴烏斯將西雅烏嘎利的箭插進土裡並澆水，結果箭持續生長，成為竹子一路長到家裡，她便沿著竹子走回家中。西雅巴烏斯和西雅西烏西攸一起工作時，做了兩個麻糬，給自己的包著豬肉餡，給西雅西烏西攸的，則是內藏火烤的石頭。她先把自己的麻糬剝開，顯示裡面包的是豬肉後就吃下去，以獲取西雅西烏西攸的信任，西雅西烏西攸不疑有他，吞下麻糬後被活活燙死。事後西雅巴烏斯還在她身上蓋棉被，佯裝西雅西烏西攸的死與自己無關〔註18〕。過程雖然不同，但同樣是設法騙作惡者吃下滾燙的石頭，唯「西雅西烏西攸」不是惡地主或笨魔，充其量只能算是壞心的姊妹，也稱不上是惡霸，因此可能會造成分類時的疑慮。

四、內容不完整而分類一樣

400 凡夫尋仙妻

此類型只出現在布農族，一篇是卡托古朗社的〈葫蘆〉：

從前，還沒有穀物時，是由葫蘆代替穀物的。有公、媳一起在

〔註15〕丁乃通編著：《中國民間故事類型索引》，武漢，華中師範大學出版社，2008年4月第1版第1刷，頁222。

〔註16〕同註2，頁116～117。

〔註17〕同註11，頁466～467。

〔註18〕同註2，頁707～712。

葫蘆園除草，因葫蘆長得太密，公公就把它們拔疏。在燒草時，葫蘆也一起燒了。這時，那個女子和煙一起升到天上。

有一次，一個小葫蘆從天上垂著絲線下來。她的孩子要拿來玩，孩子的手一拿葫蘆，就被葫蘆帶到了天上。〔註19〕

另一篇則是人倫社的〈葫蘆〉：

媳婦從天界來到下界，帶葫蘆瓜來，種了葫蘆瓜。向翁說：是好的粟。翁去一看，不是粟，是葫蘆，一怒，拿石鎌砍掉葫蘆。媳婦生氣，她收集枯的葫蘆燒了。火煙升起，媳婦和火煙一起升上天去了。因為把孩子留在下界，所以就用絲線綁著葫蘆垂了下來。在下界的孩子抓住它，升上天去了。〔註20〕

這兩篇故事都表現出妻子（媳婦）的神奇。在卡托古朗社的故事裡，起初妻子並沒有特殊之處，直到和煙霧一起升上天後，才展現神力帶小孩上天；人倫社的故事則在開頭就直指妻子來自天界，因此可歸於「神奇故事」裡的「凡夫尋仙妻」。型號400到424是「神奇的妻子」，當中的「凡夫尋仙妻」，是天界仙女下凡與人類成親，而後因故返回天界，丈夫帶著孩子上天尋找仙女，最終可能會有夫妻團聚、分離或久別重逢三種結局〔註21〕。〈葫蘆〉具備重返天界的原因、仙妻回到天上，但沒有仙女與凡人結合的開端，結果也變成只有孩子到天界和仙妻團聚，故事首尾之所以與「凡夫尋仙妻」殊異，是因為缺乏「凡夫」角色。內容裡完全沒提到丈夫，導致某些和丈夫有關的情節消失不見或稍做更動，不過此型故事分類的重點，在於有神奇力量的妻子而不是丈夫，是以丈夫在故事中的缺席，並不影響〈葫蘆〉二則歸類至400「神奇的妻子」。

五、內容對於相近號碼的辨別

（一）300 屠龍救人犧和301 雲中落繡鞋和301A 妖洞救美

阿美族奇密社的〈兄弟與卡魯茲魯扎伊〉，是說一對兄弟射傷水鹿，跟隨血跡至山澗，發現妖怪藏身處及被囚禁的老婦、公主，弟弟將妖怪殺死，哥

〔註19〕小川尚義、淺井惠倫著，陳萬春譯：《原語臺灣高砂族傳說集》，新北市，中國口傳學會，未刊稿。
〔註20〕同前註。
〔註21〕同註11，頁137～139。

哥卻趁機先行帶公主回宮。弟弟來到皇宮，戳破哥哥的謊言，並與公主結婚，哥哥則成為清掃糞便的人〔註22〕。這則故事可置於「神奇故事」之「神奇的對手」，不過有些類型的情況過於相似，造成歸類時不易辨識，故藉著比較類似型號以區分故事。

A.T.母本中，最接近上述故事的，是300「屠龍者（The Dragon-Slayer）」和301「三位被劫走的公主（The Three Stolen Princesses）」，在此範圍內，尚有300號的亞型300A、300B、300*、300A*，以及301號的亞型301A、301B、301B*、301C*、301D*，依據情節單元的變化，衍生出許多號碼〔註23〕。在《中國民間故事類型索引》裡，有300、301、301A、301F、301G，由於是根據A.T.母本，從資料中找出符合型號，並增添新號或母本未見之情節，因此號碼數量大幅減少〔註24〕。而《民間故事類型索引》，參考A.T.母本和《中國民間故事類型索引》，訂出300、301、301A、301B、301G〔註25〕。對照這些號碼，將符合範圍縮小到300、301和301A。

從A.T.母本與《中國民間故事類型索引》，得知「屠龍者」和「三位被劫走的公主」極為相像，此類故事甚至多半歸於後者，因為故事皆具有「英雄、公主（或少女）、救援行動、頂替、識別」等要素，只是後者更完整交代英雄神奇的出身，以及同伴的背叛，所以常將「屠龍者」視為「三位被劫走的公主」之前半段。在情節處理上，兩者對主角的形容和未能立即出面證明的原因有所差異。「屠龍者」只簡單介紹英雄登場，接下來便為了拯救公主而討伐惡龍。因為要繼續未完的旅程，直到路過公主所在的國家時，才聽說有人冒充他的消息。「三位被劫走的公主」則鋪陳英雄的誕生或成長異於常人，並做為往後使他能夠神勇屠龍的伏筆。不過當英雄把公主救出來的時候，卻遭同伴背叛而受困於洞穴，大費周章才得以逃出。〈兄弟與卡魯茲魯扎伊〉中的弟弟，是因為深入險境去砍殺妖怪，比假冒他的哥哥較慢回到皇宮，與300和301的情節皆異，但「三位被劫走的公主」是假冒者用計妨礙英雄回宮，「屠龍者」則是英雄和假冒者的回宮時間有所差距，是故較近於300。

《中國民間故事類型索引》在301「三位被劫走的公主」條目下，為英雄

〔註22〕同註2，頁423～431。
〔註23〕同註10，頁88～93。
〔註24〕同註15，頁41～48。
〔註25〕同註11，頁105～110。

添加新的出場方式。英雄可能看到了一朵烏雲飄過或一陣狂風吹起，覺得奇怪而用武器丟擲，結果擊中目標，從烏雲或風中掉落繡花鞋或滴下血跡，英雄撿起鞋子，或者循著血跡滴落的路徑尾隨於後，找到惡龍所在之處。同時將301A「尋找失蹤的公主」也做了新註解，丁乃通認為301和301A的分別，在於前者情節裡，被劫走的公主有三位，而後者故事中只有一位公主〔註26〕。雖然對「屠龍者」與「三位被劫走的公主」做出明顯區隔，但對於「三位被劫走的公主」及「尋找失蹤的公主」，兩相比較的差異甚微。《民間故事類型索引》採用以故事綱要取代條列情節，並依照內容重擬型號名稱，於是把「屠龍者」稍作修改，變成「屠龍救人犧」。「三位被劫走的公主」改為「雲中落繡鞋」，可見金榮華選擇使用丁乃通增列的部份，作為故事的開端。「尋找失蹤的公主」則改為「妖洞救美」，與「雲中落繡鞋」有顯著分別。由上述三個名稱，可知故事型號的重點，分別在於「拯救獻給惡龍的祭品」、「以掉落的繡花鞋作為線索，循線救出被抓走的公主」，和「把被抓走的少女救出來」〔註27〕。〈兄弟與卡魯茲魯扎伊〉的公主並非當作祭品，而是被妖怪劫走。故事中的這對兄弟，則是跟隨水鹿留下的血跡，無意間發覺妖怪居住的地方並救出公主，而不是特地前去救援。根據這些因素，可將〈兄弟與卡魯茲魯扎伊〉歸類至301「雲中落繡鞋」。

（二）1696　傻瓜行事總出錯

排灣族的〈蠢丈夫〉和〈可魯魯魯魯〉，以及阿美族的〈蠢丈夫〉，皆顯示一連串因愚蠢而發生的滑稽行徑，大致分為1687B「傻瓜忘物」、1691A.1「憨丈夫遵囑猛吃」、1696「傻瓜行事總出錯」三種類型，「傻瓜忘物」、「憨丈夫遵囑猛吃」和「傻瓜行事總出錯」可歸類於「笑話、趣事」裡「男人的笑話和趣事」之「笨人」。除了「傻瓜忘物」是由於記性不佳所造成外，「憨丈夫遵囑猛吃」和「傻瓜行事總出錯」，都算是無法了解對方話中涵義而鬧出的笑話。

「傻瓜行事總出錯」在A.T.母本裡，叫作「我該說（做）什麼？」，是母親叮囑孩子要看場合說該說的話、做該做的事，可是孩子過於愚笨，無法理解母親的意思，在各種場合裡，盡是說錯話或做錯事〔註28〕。而在《中國民

〔註26〕同註15，頁41～43。
〔註27〕同註11，頁105～109。
〔註28〕同註10，頁480～481。

間故事類型索引》，此項被拆成「我應該說什麼」、「總是晚一步」和「我應該怎麼做」，分別冠上 1696、1696A 與 1696B，將言語和舉止分開，各自成為一個型號外，還把只會死背不會活用，即使照著說或做，仍鬧出笑話的「總是晚一步」獨立出來，不過「我應該怎麼做」也是照母親說的話去做而不懂變通，可看出兩者有雷同之處〔註29〕。《民間故事類型索引》認為「我應該說什麼」、「總是晚一步」和「我應該做什麼」，都是不解其意而屢屢出錯，所以視作相同情節，合併三者並命名為「傻瓜行事總出錯」。〔註30〕

　　排灣族的〈蠢丈夫〉，形容蠢丈夫做出許多愚蠢的事，如：撿柴變成撿樹根；燒熱水幫孩子洗澡，變成用滾水燙死孩子；數雞隻的數目，變成數完後把雞擰死掛牆上；妻子說別人難過，自己也要一起難過，所以見新娘哭也跟著哭；妻子在丈夫身上繫繩子，拉動繩子才能挾菜，狗碰到繩子誤以為是信號，而拼命把整桌飯菜吃光。同族的〈可魯魯魯魯〉，則有努力搗米，變成把弟弟抓起用力撞牆；燒開水給豬喝，變成用滾水燙死豬；抓豬誤以為抓人。阿美族的〈蠢丈夫〉，則發生燒開水給雞喝和給小孩洗澡，變成用滾水燙死雞和小孩；將死屍掉在半路上，沒認出自己孩子的事件〔註31〕。除了「誤認夾菜信號而猛吃」與「將小孩屍體掉在途中而沒能認出」，分別屬於「憨丈夫遵囑猛吃」及「傻瓜忘物」，其他事件應可歸類至 1696「傻瓜行事總出錯」。

第二節　複合型故事

一、8B　火燒老虎和 21　吃自己的內臟

　　在《原語臺灣高砂族傳說集》裡，型號 21「吃自己的內臟」通常不會獨自形成一則故事，而總在「火燒老虎」情節之後出現，以這兩種類型綴合的，有排灣族〈穿山甲與螃蟹〉、〈猴子與螃蟹〉、〈穿山甲與猴子〉和沙阿羅阿的〈猴子與穿山甲〉。故事結構大致相同，可分為「動物的一方欺負對方或佔對方便宜」、「互相放火，欺壓或佔便宜的一方被燒死」、「燒死的動物復活，被騙吃下自己的器官」等部份。不過其中排灣族〈猴子與螃蟹〉故事的開頭，竟和日本著名的〈猿蟹合戰〉有相似之處：

〔註29〕同註 15，頁 324～330。
〔註30〕同註 11，頁 611～613。
〔註31〕同註 2，頁 150～154、231～233、484～487。

　　　　從前有一隻猴子和一隻螃蟹。「來吧，去摘柿子吧。」兩人說
　　完就出門去了。到了柿樹的地方時，螃蟹想爬上去，可是總是又滑
　　下來，爬不上去，因此就由猴子爬上去。可是猴子把摘的柿子都放
　　進方布（掛在肩膀有如袈裟的布巾）裡面。於是螃蟹就搖動方布，
　　熟的落下來，就把它拾起來。猴子說：「我摘的柿子怎麼變少了呀，
　　朋友，是你剪破了我的方布吧？」螃蟹說：「說什麼呀，朋友，你檢
　　查一下你的方布，也許是破了。」猴子看了一下，什麼事都沒有。
　　螃蟹說：「你看吧，朋友，我的柿子都是撿的耶。」「好了，回家吧。」
　　兩人說著就回去了。〔註32〕

〈猿蟹合戰〉是敘述猴子撿到一粒柿種，因為不能吃，所以想和螃蟹交換牠
的飯糰。猴子騙螃蟹說：只要把種子種在土裡，等到種子變成大樹後，就會
開花結果，屆時將有許多柿子可吃。螃蟹聽信猴子的話，便答應與牠交換東
西。當猴子一邊吃下飯糰，一邊嘲笑螃蟹愚蠢時，螃蟹則真的將種子埋進土
中，邊澆水邊唱著歌，要種子快速成長結果，否則將用蟹鉗剪斷，柿種便因
為害怕被剪而迅速地發芽、長大、開花、結果並熟成，但是螃蟹不會爬樹，
於是猴子謊稱幫忙摘取柿子，爬到樹上趁機把成熟的柿子吃掉〔註33〕。這是
〈猿蟹合戰〉的前半段，排灣族的〈猴子與螃蟹〉，除了沒有交換東西和螃蟹
種植柿子樹的過程之外，前面的部份幾乎如出一轍，不過故事情節至此卻產
生變異。〈猿蟹合戰〉是猴子只顧吃柿子，將未熟的果實丟向螃蟹；〈猴子與
螃蟹〉是螃蟹暗中搖動方巾，使猴子摘取的柿子掉落，再聲稱那些柿子是自
然落下，並非破壞猴子的方巾而從中取得〔註34〕。這類故事在《A Type and
Motif Index of Japanese Folk-Literature》，因故事重點之不同，分別見於「動植
物及物品故事」的「野獸」及「家畜」類，前者著重在動物使詐的情形，後
者則將重點放在各種物品為螃蟹報仇之經過，因此較符合排灣族故事的，是
位於「野獸」類的9Y，為型號9的分支〔註35〕。

　　故事類型9是「不公正的伙伴（The Unjust Partner）」，狡猾的狐狸耍詐，

〔註32〕同註19。

〔註33〕〈サルカニ合戰〉，《福娘童話集》，上網日期：2014.6.10，網址：http://hukumu
　　　　sume.com/douwa/pc/jap/11/01.htm。

〔註34〕同註2，頁224～225。

〔註35〕Hiroko Ikeda, *A Type and Motif Index of Japanese Folk-Literature*, Helsinki:
　　　　Academia Scientiarum Fennica, 1971, p. 19-20.

表面上像是要幫助熊，其實是把工作全推給熊去做，自己則在一旁偷懶〔註36〕。
9Y 亦延續「不公正」的故事主軸，想辦法讓自己獲利，使對方吃虧，類型名
稱為「飯糰與柿種（A Rice Ball and a Persimmon Seed）」，即為〈猿蟹合戰〉
猴子和螃蟹交換的物品。至於同族的〈穿山甲與螃蟹〉，則保留摘果實的情節，
但已有相當程度的更動，從柿子變成卡魯揪魯樹的果實，且為了強調螃蟹能
夠夾斷東西的特性，改由螃蟹爬樹摘取，而由穿山甲挖洞藏匿果實，此與〈猿
蟹合戰〉中不會爬樹的螃蟹恰好相反〔註37〕。排灣族的另一則類似故事〈穿
山甲與猴子〉及沙阿羅阿族〈猴子與穿山甲〉，前者內容雖然有螃蟹，但螃蟹
已非故事主角，而是穿山甲和猴子捕捉的對象，兩篇故事皆無採擷果實的部
份，改以其他行為表現出讓別人吃虧的情形，順勢將故事往「放火燃燒」的
方向上引導〔註38〕。「火燒動物」也從原先為了活命而做出的舉動，變成一同
玩耍或相互較量的情景。

　　〈猿蟹合戰〉是流傳甚廣的民間故事，在日本衍生出許多相關版本，根
據主要情節，可分成「和食物有關的紛爭」與「聚眾復仇」兩大段。「和食物
有關的紛爭」又可分為「柿種長大結果後，摘柿子而不給對方吃」、「偷取人
類的麻糬後，雙方競速搶奪麻糬」及「雙方約定種田，收成後一方取作物之
上端，另一方則取下端」，「聚眾復仇」則依照幫手的能力特性，產生不同的
報仇方法，使欺壓者受傷或死亡。故事中的動物除了猴子和螃蟹外，還有雉
雞、青蛙等，但最為廣泛仍是猴子與螃蟹的組合〔註39〕。9Y「飯糰與柿種」
的敘事重心擺在「和食物有關的紛爭」，因為對方分配食物的不公正，導致眾
多物品為被欺者展開反擊，但「聚眾復仇」比較偏向於 210「公雞、母雞、
鴨子、別針和針一起旅行（Cock, Hen, Duck, Pin, and Needle on a Journey）」，
各種物品躲在房子的四周角落，待惡魔現身，便使用自身特性，一舉打倒惡
魔〔註40〕。《A Type and Motif Index of Japanese Folk-Literature》裡的型號210，
稱作「猴子和螃蟹的打鬥（The Fights Between the Monkey and the Crab）」，故

〔註36〕同註9，頁 24。
〔註37〕同註2，頁 166～167。
〔註38〕同前註，頁 251～253、712～713。
〔註39〕〈サルカニ合戦〉，《秋田の昔話・傳說・世間話——口承文芸検索システム》，
　　　　上網日期：2014.6.12，網址：http://namahage.is.akita-u.ac.jp/monogatari/show_
　　　　detail.php?serial_no=5239。
〔註40〕同註9，頁 69。

事名稱為「猿蟹合戰」，重點在幫手們幫螃蟹圍攻猴子的過程〔註 41〕。與 9Y
的故事名稱「柿合戰」一比，可知這兩個號碼使用的是相同故事，「飯糰與柿
種」則著重於爭奪柿子的情節，不過《原語臺灣高砂族傳說集》並無糾眾復
仇之部份，因此較接近 9Y。

　　由於故事具備集結眾人力量打敗強權的主旨，「猿蟹合戰」除收入日本教
科書外，也出現在臺灣初等教育的學校課本中〔註 42〕。日治時期，臺灣總督
府引進日本教育，小學校的招收對象是日本學生，臺灣學生則去公學校上課。
因為入學考試全為日文，所以當時能就讀小學校的臺灣學生，為平時使用日
語較熟稔者〔註 43〕。之後擴大範圍，學業成績頂尖的原住民學童也能進入公、
小學校讀書，此舉視為蕃童教育的延伸。「蕃童教育」是日人將皇民化教育實
施至原住民身上，透過對幼童的啟蒙，最初是使其遵從政令，後期則有計劃
地逐步同化原住民。當原住民學生畢業後，回鄉到公家單位服務，或是擔任
老師教導其他幼童，除了培育可派遣的人員之外，更把日本教育的思想灌輸
至臺灣學童身上，加強對日本政權的認同感，進而提升其服從度。不僅擴大
對地方政務的控制，更將皇民化思想開枝散葉，向下紮根〔註 44〕。由此可見，
「火燒老虎」故事會出現以「猿蟹合戰」為開頭的版本，應該是在傳播的過
程中，或某些講述者所接受的教育背景，受到日本人的影響，而複合日本民
間故事常見的情節單元。

　　「火燒動物」和「火燒老虎」一樣，都是燃燒乾燥物品，使身在其中的
動物被燒傷或燒死，不過引發放火的動機，兩者卻不太相同。如排灣族〈穿
山甲與螃蟹〉，放火燒山是為了要驅趕獵物以便捕捉：

　　　　其後，過了一段時間，他們兩個又再相遇。於是他們商量說：

〔註41〕同註 35，頁 50～51。

〔註42〕〈猿と蟹〉，臺灣總督府著：《臺灣教科用書國語讀本・卷六》，明治 45 年 6
　　　　月 16 日，臺北，南天書局，2003 年 11 月景印一版一刷，頁 9～13。 又：〈サ
　　　　ルとカニ〉，臺灣總督府著：《公學校用國語讀本・卷五》，大正 2 年 6 月 28
　　　　日第一版，大正 4 年 2 月 28 日第四版，臺北，南天書局，2003 年 11 月景印
　　　　一版一刷，頁 50～57。 又：〈サルとカニ〉，臺灣總督府著：《公學校用國語
　　　　讀本・第一種・卷二》，大正 12 年 4 月 30 日第一版，昭和 9 年 8 月 20 日第
　　　　十二版，臺北，南天書局，2003 年 11 月景印一版一刷，頁 60～71。

〔註43〕許佩賢著：《太陽旗下的魔法學校——日治台灣新式教育的誕生》，新北市，
　　　　東村出版，2012 年 11 月初版一刷，頁 46～53。

〔註44〕派翠西亞・鶴見（E. Patricia Tsurumi）著，林正芳譯：《日治時期台灣教育史》，
　　　　宜蘭，仰山文教基金會，1999 年 6 月 30 日，頁 197～200。

「我們去打獵如何？」穿山甲說：「我先埋伏著，你燒鬼茅，好把山豬趕出來。」然後，穿山甲就走進茅原中去了。這時，螃蟹大聲問穿山甲說：「你在哪兒呀？」穿山甲說：「我在這裡。」螃蟹又大聲向穿山甲說：「好了嗎？」穿山甲嘴巴說「等一下」，但穿山甲就在這個時間挖土築巢。穿山甲挖好巢後，爬進巢裡，大聲向螃蟹說：「好了，我已經埋伏好了。」螃蟹於是開始燒茅草原。然後，螃蟹大聲問：「你在哪裡啊？」穿山甲說：「我在這兒。」螃蟹又問：「你在哪裡？」穿山甲又回答：「我在這兒。」一會兒，火燒過去了。螃蟹又問：「你在哪兒？」穿山甲說：「我在這裡。」說著從他的巢穴走出外面來。

這時，穿山甲向螃蟹說：「現在由你埋伏了。」螃蟹於是說：「我要去哪兒？」穿山甲說：「去那邊茅草交錯的地方。」因此螃蟹就去那個地方，蜷縮在交錯的茅草原中。這時，穿山甲問說：「好了嗎？」螃蟹說：「好了。」於是，穿山甲就燒了茅草原。穿山甲問說：「你在哪裡啊？」螃蟹說：「我在這裡。」這時，火燒了過去。穿山甲問說：「你在哪裡啊？」但就是沒有回答。再問：「你在哪裡？」還是沒有回應。穿山甲去那邊探視，一看，螃蟹變得硬硬的，已經死了。〔註45〕

同族的〈猴子與螃蟹〉故事裡，點火的理由則不一樣：

天亮後，猴子說：「朋友，我們去拿火炬，然後玩捉迷藏燒野地吧。」螃蟹說：「我先躲吧。」說著就躲了起來。猴子於是就放了火。然後說：「朋友啊，我放的火你覺得怎麼樣啊？」螃蟹說：「沒有什麼啦，我是男子漢，我還活在這兒。朋友，現在輪到你躲啦。」猴子於是爬到樹上。螃蟹就放火，說：「朋友啊，我放的火，你覺得怎樣？」猴子說：「沒有什麼，我是男子漢，我還活在這裡。」不久，火滅了，但沒有聽到聲音。螃蟹說：「我來找一找朋友。」可是一看，猴子已經死了。〔註46〕

〈穿山甲與猴子〉和〈猴子與螃蟹〉相同，起因皆為玩捉迷藏：

他們又商量說：「兩人來玩捉迷藏，放火燒山。」穿山甲說：

〔註45〕同註19。
〔註46〕同前註。

「我先躲吧。」說著就躲進了草原。猴子就放火燒穿山甲，但沒有燒死。「現在輪到我了。」猴子說著就爬上樹，因此，猴子就被燒死了。〔註47〕

沙阿羅阿的〈猴子與穿山甲〉連動機都省略，只描述互相放火的過程：

穿山甲說：「那麼，來吧，來互燒對方吧。先燒我好了。」穿山甲走進茅原，挖了地。猴子點了火。穿山甲鑽進洞去。火燒遍了茅原。穿山甲從洞穴出來坐著。猴子跑來說：「你怎麼不會被燒到啊？」「收集茅的枯葉，躲在裡面，就不會燒到。」「這樣啊，」猴子說：「換我進去，替我點火。」穿山甲說：「好的。」穿山甲點了火。猴子被火燒傷，燒死了。〔註48〕

由上述幾則故事來看，「火燒動物」不只是為了保全自身安危或對惡勢力的反擊，還成為戲弄對方的手段，引誘對方受騙上當的方式，也從直接騙對方去乾草堆，變成自己先入陷阱，待取信於對方後，再讓對方踏進陷阱而中計。這裡的趣味比火燒老虎更勝一籌，不僅描繪了弱勢者用計打擊對方的經過，而且表現出其外表習性勝過對方之處。排灣族〈穿山甲與螃蟹〉與沙阿羅阿的〈猴子與穿山甲〉，前者是穿山甲先挖洞躲了起來，再叫螃蟹往茅草多的地方躲藏；後者甚至演變成穿山甲躲在洞裡避開烈火後，還能利用那洞穴騙猴子進去，並唆使對方把許多乾茅草塞在洞內，反將原本用於避難的洞穴作為火窯，顯然有蓄意攻擊而造成傷害之意圖。不過在排灣族的〈穿山甲與猴子〉和〈猴子與螃蟹〉，幾乎已感覺不出報復的意味，而是遊戲時不小心造成的意外，此處的「捉迷藏」不光是找尋藏匿行蹤的人，還必須點火燃燒整個遊戲的場域，這點反倒不合常理。雖然同樣是以自身先行示範做為誘餌，但假如一開始便直接了當地說要放火，對方勢必不會答應一同玩樂，更不用說是請君入甕，所以這兩則故事應為「一方放火驅趕野獸，另一方則埋伏在暗處，準備捕捉獵物」的轉化，只是躲藏的行為更常出現於捉迷藏裡，才會直接援引此段情節。原住民在講述這類故事時，比較傾向把動物雙方看作勢均力敵的對手，被騙者不見得是力量較弱的一方，因此不採用聚集幫手的辦法，而是自行展開攻擊。

故事中放火燒山的橋段，可能源於打獵的方式。善於用火的原住民，不

〔註47〕同前註。
〔註48〕同前註。

只有在務農時用到火，狩獵或戰鬥的時候也經常運用火攻，可知「火」對於原住民族的重要性，在生活中無所不在。狩獵前會先選定有高聳雜草之處為獵場，再將打獵的成員分成兩組，一組人放火逼迫動物逃往沒有火的地方，另一組人則在暗處埋伏，射箭擊殺並圍捕這些受到驚嚇而亂竄的動物。排灣族〈穿山甲與螃蟹〉的故事內容，即在描寫燒茅草以獵山豬的經過。獵動物如此，獵人頭亦是這樣。原住民在出草的時候，會在敵人可能逃走的路線上，設置削尖的竹子等陷阱阻礙其行動，或是將點火的竹箭射向對方的住處，趁房子失火，眾人逃出住所之際，再上前包圍獵殺。獵捕的人又可分為兩組，弓箭手負責射箭傷人，使其行動變得遲緩，其他成員再迅速接近敵人，取下對方的頭顱。

　　最有趣又令人疑惑的部份，是被火燒死的動物竟能再度復活，而被騙吃下自己的臟器。獵人捕獲動物後，動物身上的各個部份，會按照狩獵功勞的大小，依序從獵得動物者、獵狗的主人，然後一路往下分至參與狩獵的成員。回到部落之後，也會從耆老開始，先分得獵物中最珍貴的部位，所以被獵捕的動物，是無法吃下任何東西的[註49]。不過出草歸來後，會把食物放在所帶回的首級口中，除了平息亡者的怨氣，祈求下次仍可順利獵得人頭外，放入口中的食物或酒水，會取出來分給族人食用，有化解仇恨、表示友好的意義，更能得到亡靈的庇佑與祝福[註50]。兩相比較下，動物相爭故事的情節，更為符合出草的過程與慶祝儀式。族群之間獵取人頭的景象，形成「吃自己的內臟」必連接在「火燒老虎」類型的情況。

二、1687B　傻瓜忘物、1691A.1　憨丈夫遵囑猛吃和 1696　傻瓜行事總出錯

　　排灣族及阿美族的〈蠢丈夫〉，分別是 1691A.1「憨丈夫遵囑猛吃」、1696「傻瓜行事總出錯」與 1687B「傻瓜忘物」、1696「傻瓜行事總出錯」兩種組合，前者只有「狗拉繩子誤為夾菜信號」屬於「憨丈夫遵囑猛吃」，「撿柴誤為撿樹根、燒水洗澡誤為燙死孩子、數完雞把雞擰死、見新娘哭，便遵妻言

[註49] 范純甫主編：《台灣傳奇：原住民風情》，臺北，華嚴出版社，民國 87 年 4 月二版，頁 128～131。

[註50] 山道明、安東著，中央研究院民族學研究所編譯：《知本卑南族的出草儀式：一個文獻》，臺北，中央研究院民族學研究所，民國 98 年 12 月初版，頁 82～83。

跟著哭」都是「傻瓜行事總出錯」；後者的「將死屍掉在半路上，沒認出自己的孩子」歸類至「傻瓜忘物」，「燒洗澡水誤為燙死雞和小孩」則屬於「傻瓜行事總出錯」〔註51〕。「狗拉繩子誤為夾菜信號」起因為貪吃，妻子為了抑制這個毛病，才想要用繩子控制丈夫的進食次數，可是丈夫認定「唯有拉繩子才能吃」的動作，無視在婚宴上大家共吃一桌菜的情況，而把飯菜全吃完。「將死屍掉在半路上，沒認出自己的孩子」是因健忘而鬧笑話，丈夫用草蓆包著孩子的屍體抬去埋，只記得「把裹著孩子的草蓆埋好」這件事，因此就算孩子掉在半路上，丈夫也不曾懷疑而上前察看，故天真地以為那是別人家的孩子。這兩個故事情節雖建立在蠢丈夫性格上的缺失，不過和其他情節有「不了解事物本質或說話者真意」共通之處，所以才能夠串聯在一起。〔註52〕

　　在「傻瓜行事總出錯」的各種事件裡，只有「見新娘哭，便遵妻言跟著哭」與「狗拉繩子誤為夾菜信號」相似，都是遇到某種情形就做出因應舉動，死守原則而不知變通，其他大多是聽到妻子的指令後，對話語一知半解，以致做出和妻子語意不同的行為。這些事情都和「語言」有關，因此檢視妻子所使用的話語，便能明白丈夫何以會有所誤解。「燒開水幫孩子洗澡」中，「燒開水」的日譯是「湯を沸す」，排灣族「沸す」在註釋裡的日文，卻出現「沸す」和「沸騰する」兩種標註，分別是「加熱」與「沸騰」，前者是幫水加溫，後者則是將水加熱到沸點，意思極為相近，只是程度上的不同，阿美族則在日譯就分為「沸す」和「沸騰する」〔註53〕。由此可見，此處丈夫弄錯的部份偏重在語意。

　　「撿柴誤為撿樹根」情節中，「去採集薪柴」日譯為「薪を採りに行け」，註釋卻說明是「木を採る」，即「採集木頭」。「木」的國際音標「kasiu」，在此被標註為「薪」，可知在排灣語裡，「薪」和「木」的本質都是樹木，因此可視為同一物〔註54〕。因為妻子叫丈夫採集的是「木」，才會誤以為是「樹木」而非「薪柴」，丈夫未能依據語境選出適合的物品，因而試圖想帶回檳榔的樹墩，這是語意選擇上的分歧。在排灣族和阿美族故事裡，雞群有不一樣的遭遇。前者是妻子要丈夫數雞，丈夫卻擰斷雞脖子，把雞隻掛在釘子上；後者

〔註51〕同註10，頁606～607、610～613。
〔註52〕同註19。
〔註53〕同註2，頁151。
〔註54〕同前註，頁150。

是妻子叫丈夫把雞關進雞舍，丈夫先用滾水燙死了雞，再用竹子插進雞的喉嚨，串成一排掛在釘子上。在阿美族的〈蠢丈夫〉裡，妻子所說的話是：「把雞關進去的時候，要將全部的雞一起帶往雞舍」。「一起帶去」的日譯為「連れて行く」，國際音標是「pataira」，但丈夫把雞隻串在一起，帶至雞舍時也出現了「pataira」這個詞彙，日文翻譯成「持って行く」，是「拿過去／帶過去」之意，而「pataira」的解釋是「使……行走」，所以此亦為丈夫無法分辨妻子所言，是欲讓雞群經導引走回雞舍，而不是由丈夫之力移動雞群，同樣為語意抉擇的錯誤。〔註55〕

　　排灣族〈蠢丈夫〉卻與上述不同。妻子要丈夫數雞，丈夫反倒將雞掛起來，「數」和「掛」的意思相差甚遠，因此從語意無法找到關聯。「數」的國際音標為「supu」，「掛」的國際音標則為「kiḻai」，兩者語音看似迥異，不過前者的日文為「数える（かぞえる）」，後者則是「掛ける（かける）」〔註56〕，發音較為相近。在語意毫無關係的情況下，造成丈夫誤會的應為語音。可是由此卻發現能構成情節的是日語，而不是排灣語，原住民是以語言傳遞故事，受到日人的影響，夾帶些許日語亦屬常態，但故事情節若以日語才能成立，則可推測〈蠢丈夫〉故事的起源不在當地，或許是從外地傳入。

第三節　未成型故事

一、熊被塗黑了身體

　　有關「熊被塗黑了身體」的故事，在《原語臺灣高砂族傳說集》共有五則，可是其中有一篇魯凱族馬嘎社〈熊與豹〉的敘述不夠完整：

> 兄弟出去打獵，她（母親）讓他們帶了便當，但是把蟑螂放進哥哥斯普魯古那的便當，而弟弟的便當裡放的是豬肉。哥哥性情惡劣，於是互相塗了花紋。〔註57〕

　　內容只說母親為兩兄弟準備打獵用的便當，不過因為偏心，所以給弟弟豬肉，給哥哥的則是蟑螂。結尾有互相塗抹花紋一事，卻未曾提及由於豹在塗色時的疏忽或怠惰，形成熊全身漆黑、肩頸留白的外型特徵，無法確知被

〔註55〕同前註，頁484～485。
〔註56〕同前註，頁151～152。
〔註57〕同註19。

塗黑的熊，究竟是兄弟之中的何者。

　　同族托那社的〈熊與豹〉，是女子嚼食檳榔受孕而生的太陽神之子：

　　　　孩子長大了，兩人互相在身上塗花紋。豹說：「請幫我塗花紋。」
　　「閉上眼睛，我幫你塗花紋。」「張開眼睛，你看看，很漂亮喲。」
　　「請閉上眼睛，我要幫你塗花紋，變得很好看耶，你看看。」為他
　　擦白色的地方。「這樣好不好？」「好的，很漂亮。」豹說；「請閉上
　　眼睛。」把全身塗成漆黑。豹說：「張開眼睛看看。」熊睜開眼睛一
　　看說：「怎麼塗得這麼難看？」因而抓著毛髮打起架來。豹說：「請
　　原諒，以後打獵，會把我所逮到的獵物的後肢送給你。」熊說：「那
　　前肢給你。」說著就放開他。他們的心情好了起來。〔註58〕

　　布農族伊帕霍社，也有一篇〈熊與豹〉：

　　　　從前熊和豹都是人。要變成熊與豹時，互相說：「誰先洗臉？」
　　豹說：「我先來，請拿白灰，幫我塗漂亮的花紋。」豹塗好了。熊說：
　　「請幫我塗。」塗是塗了，但熊的身體被塗了木炭，只有肩膀塗了
　　白色。熊說：「哎啊，漆黑啊。」熊生氣了，但是豹說：「請息怒，
　　我會給你吃鹿或是其他的所有的獸肉。」熊是哥哥，豹是弟弟，他
　　們從前是兄弟。〔註59〕

　　以上兩則故事，雖然完整呈現塗色的過程及結果，但主角的類別卻不再
是動物。魯凱族托那社〈熊與豹〉的兄弟是人類女子所生，雖然其生父是太
陽，但文中只將「熊」和「豹」當作名字使用，因此這對兄弟可能為動物或
人類。而布農族伊帕霍社〈熊與豹〉，則是在一開始就說明他們原本是人類，
後來才變成動物。因此這三篇都不列入「熊被塗黑了身體」的類型。

二、受苦善心女　神仙賜美貌

　　排灣族的〈沙普拉魯雅魯央與沙斯拉魯拉魯伊〉，是講述沙普拉魯雅魯央
與沙斯拉魯拉魯伊原本是一對夫妻，因為沙斯拉魯拉魯伊罹患疥癬，讓沙普
拉魯雅魯央生厭而休妻另娶。沙斯拉魯拉魯伊傷心之餘，在爐灶後面唱歌，
希望有能洗去疥癬的水，果然立即有水湧出，用水清洗後容光煥發，變成大
美人。當沙斯拉魯拉魯伊出現在前夫的婚禮上時，眾人為她的美貌傾倒，就

〔註58〕同前註。
〔註59〕同前註。

連沙普拉魯雅魯央也隨之淪陷，想和沙斯拉魯拉魯伊復合。她不勝其擾，於是一路逃到山頂和海的另一邊，待沙普拉魯雅魯央追上，卻發現沙斯拉魯拉魯伊已另結新歡，只好失望地自戕[註60]。

在丁乃通《中國民間故事類型索引》裡，這類故事的編號是 403A**「受苦女郎，神賜美貌」，認為故事重點是「神奇的妻子」[註61]，可是依據型號名稱所示，神奇的力量乃神祇所賜予，並非出於自身，因此在金榮華的《民間故事類型索引》，將此型號改編至 750C.1，為「宗教神仙故事」的「神的賞罰（因果報應）」，並把型號名稱更改成「受苦善心女　神仙賜美貌」，強調女子的神奇，是因心存善念而獲得善果[註62]。〈沙普拉魯雅魯央與沙斯拉魯拉魯伊〉缺乏心善助人的部份，故藉由因果關係而發生神蹟的環節便顯得薄弱，看起來較適用「受苦女郎」，不過由於女子沒有神力，仍然無法將其納入「神奇的妻子」範圍內。

三、灰姑娘

排灣族利基利基社的〈鳩庫鳩庫〉，描述一名雙親俱亡的女孩，被叔母搶走了屬於她的土地。雖然有兩個男子喜歡鳩庫鳩庫，時常探望並幫女孩的忙，但叔母仍想盡辦法欺負她，不准男子們幫忙農務，也不讓女孩回到家中，必須在園地旁的小屋過夜。當天夜裡，死去的祖父現身，送給鳩庫鳩庫許多漂亮的珠寶和衣服，於是隔天叔母和男子們到了小屋，看見的是女孩裝扮美麗的模樣[註63]。這與「灰姑娘」故事的前半部有類似之處，女主角都被人搶走原有的一切，過著困苦的生活，並且出現神奇的幫手，賦予她改變平常樣貌的機會。不過至此之後，〈鳩庫鳩庫〉的情節便和〈灰姑娘〉有明顯的不同：

> 當他們要回家時，鳩庫鳩庫向那兩個男子說：「挑我的東西。」
> 莫阿卡卡伊卻向兩人說：「不要。」鳩庫鳩庫又說：「不管如何，你們挑著，那些東西不是偷來的，是老人給的。」因此兩個人就挑著回到家。一到家，鳩庫鳩庫就呼風被家，再把那些東西放進家裡。然後，把水和豬放在房子後方盡頭上方的廚房的地方。她一唱：「希望水乾涸。」水真的就乾了，連煮的水、喝的水都沒有了。於是小

[註60] 同註2，頁 180～183。
[註61] 同註15，頁 80～81。
[註62] 同註10，頁 277～279。
[註63] 同註2，頁 218～220。

孩、大人都死了。這時，社人都來懇求說請給我們水，並叫老人去求。老人來說：「給我水。」鳩庫鳩庫說：「把你的棉被給我。」她用水淋濕棉被再還給老人。這時，大家都集來「啾－啾－」地吸飲棉被的水。鳩庫鳩庫罵社人說：「真是活該！」於是鳩庫鳩庫又說：「我就使你的蕃社湧出水吧。」她一說，水就湧了出來，自此蕃社就繁榮起來了。傳說是這麼說的。〔註64〕

　　一改先前的無力感，女孩竟然可以施行法術，讓水源乾涸，懲罰部落裡的眾人，直到群眾求饒為止，人物性格前後差異極大，可見後半部應該是後來加上去的。

　　《蕃族慣習調查報告書》裡，孤女得到神助的其中兩則故事，女孩名字叫做沙鳩庫鳩庫（サチュクチュク）或鳩庫鳩庫（チュクチュク），與〈鳩庫鳩庫〉主角的名字大致相同。內容梗概如下：

〈北排灣番斯彭社所傳，乘坐鞦韆上天的首領家孤女鳩庫鳩庫之話〉：

　　　　首領家有一名孤女鳩庫鳩庫，因父母雙亡而被社民奪取家產，社民和其子女都會欺負她。某日，為了招待客人，鳩庫鳩庫入山撿柴，以便燒柴煮飯給壯丁吃。壯丁吃完飯後，為了答謝鳩庫鳩庫，便做了一個鞦韆。起先一盪鞦韆，鞦韆的繩子就斷掉，鳩庫鳩庫就飛了出去；不久之後，她又要求再乘坐鞦韆，想不到這次乘坐歸來之後，竟讓她獲得神奇的力量，於是鳩庫鳩庫作法，使社裡的水源乾涸。眾人驚覺是以往犯下的罪行所致，便歸還鳩庫鳩庫的家產，才逐漸得到她的原諒。

〈同社所傳，受到神人沙魯伊可幫助的孤女鳩庫鳩庫之話〉：

　　　　從前，有對夫婦養育一名女兒，叫做鳩庫鳩庫。某日，當女兒待在家中，夫婦兩人前往田地採麻的途中被人所殺，變成孤女的鳩庫鳩庫，只能寂寞度日。有天夜裡，神人沙魯伊可現身，叫鳩庫鳩庫打開放在草蓆上的行李箱，裡面裝滿了美麗的衣服和飾品。看到穿戴美麗的鳩庫鳩庫，社民們覺得奇怪而到她家打開行李，發現許多美麗的衣服和飾品。起初眾人認為是她偷竊得來的，但鳩庫鳩庫說出是神人沙魯伊可贈送的話之後，社民大為驚訝，便以為是神明

憐憫遭遇不幸的孤女，而送給她這些東西。〔註65〕

上述兩則故事的紀錄時間，早於《原語臺灣高砂族傳說集》。從故事內容可看出，〈鳩庫鳩庫〉是結合兩篇之情節而成，早先為分別獨立的故事，只是故事主角皆為孤女，而將其合併敘述。

〈鳩庫鳩庫〉沒有以某樣物品為信物，更缺少把信物當線索，尋找到女主角的情節，因此不能當作「灰姑娘」類型的故事。

〔註65〕臺灣總督府臨時臺灣舊慣調查會：《番族慣習調查報告書》，大正9年3月31日，頁206，（中文梗概由筆者自譯）。

第七章　結　論

　　臺灣原住民族的故事素以口傳。一來是因為沒有文字，只能用口頭的方式傳誦，再者所說之事多為族群的起源、分布及曾發生過的事件，雖然有許多故事充滿奇幻色彩，但仍被原住民視為史實而不斷講述。隨著外來勢力的興盛，逐漸逼迫臺灣原住民族縮小生活空間；為了生存，只好與外族同化，學習他們所說的話語，結果自己的母語卻因為不常使用而處於急速消失的狀態中。基於了解風土民情，以便管理原住民族的政治理由，日治時期的臺灣總督府，派員進行大規模的研究與採錄。光復以後，雖然一度暫緩調查步調，但族群意識的崛起，使原住民族文化再度受到重視。不過這當中的調查出現斷層，加之語言的凋零，神話、傳說、民間故事等口傳文學也日益亡佚，是以搶救現存的原住民族文學之餘，也回頭整理日治時期為數龐大的調查資料。在這樣的研究風氣下，《原語臺灣高砂族傳說集》收錄原住民各族的神話與傳說，篇數高達兩百多則，能從此書看見當時原住民族口傳文學的分布及流傳狀況，因此被研究民間文學的學者所注意。

　　《原語臺灣高砂族傳說集》詳細記錄大量語言材料，屬於語言學的性質。語言學家在進行調查時，通常請受訪者講述口傳故事，以便同時採錄到語彙、文法和發音特色皆具的成篇語料，故語言學的成篇語料，多為記敘口頭傳誦的民間文學。因為要求如實記載所聽到的話語，所以只能根據所聞做最低程度的潤飾，儘量不更動原來的語言結構。如果將這樣的調查結果用於研究民間文學，可以從中觀察口傳故事的脈絡，以及講述故事時的氛圍和語氣。不過由於保存口語的要求，語料文句為遵循原意，以致故事裡的詞句有時不夠通順，或在文意上出現錯誤，卻只能依樣抄錄，調查者無法以自己對故事的

判斷，做出適當的修改。不過也因為如此，《原語臺灣高砂族傳說集》裡的神話和傳說，除了具有文本的價值以外，或許可以看出故事所在的文化背景、講述情形，這對民間文學的研究而言，比純粹的故事整理之作還能獲得更多值得探討的線索，因此成為筆者研究此書的契機。

本論文採綜合性研究。以《原語臺灣高砂族傳說集》一書為論述主體，首先介紹其形成背景和編纂架構，其次再針對文本，做國際音標和日文翻譯的校勘，以及各種漢譯本的相互比對。藉由觀察不同譯本所呈現的差異，讓研究者在使用《原語臺灣高砂族傳說集》的各種漢譯本時，能得知譯文特色而斟酌使用。經由文獻學式的整理研究之後，進而為書中內容做出文類的區分，並討論其故事類型，進一步證明《原語臺灣高砂族傳說集》裡頭所收的故事語料，也適用於民間文學領域的研究。

《原語臺灣高砂族傳說集》所記載的口語資料，在述說時雖然不會加以分別，但敘事內容可依照傳授目的、講述態度、表現方式，分出神話、傳說、民間故事、祭辭、歷史記錄和歌謠。這些以口語流傳並記錄下來的文類，隨著民間文學的定義和理論不斷轉變，對口傳敘事的分類標準，也會逐漸修正而產生改變。小川尚義和淺井惠倫對民間文學有一定的了解，囿於出版此書的原因，編纂重心較偏向與語言學相關，以及現有文類難以套用到臺灣原住民族的故事，所以將書名取作「傳說集」，不只能代表書中收錄的是原住民的昔日往事，更足以統攝所有文類，為日治時期的民間文學，留下完整的文獻紀錄。

引用文獻

一、《原語臺灣高砂族傳說集》版本與譯本

1. 小川尚義、淺井惠倫:《原語による台湾高砂族伝説集》,東京,刀江書院,1935 年初版,1996 年二刷。

2. 小川尚義、淺井惠倫著,徐人仁譯:《原語による台灣高砂族傳說集》(節錄),臺北,中央研究院民族學研究所,未刊稿。

3. 小川尚義、淺井惠倫著,陳萬春譯:《原語臺灣高砂族傳說集》,新北市,中國口傳學會,未刊稿。

4. 小川尚義、淺井惠倫著,余萬居譯:《原語臺灣高砂族傳說集》,臺北,中央研究院民族學研究所,未刊稿。

5. 陳千武譯述:《台灣原住民的母語傳說》,臺北,臺原出版社,1991 年 2 月第一版第一刷,1995 年 5 月第一版第五刷。

二、英文著作

1. Hiroko Ikeda, A Type and Motif Index of Japanese Folk-Literature, Helsinki: Academia Scientiarum Fennica, 1971.

2. Stith Thompson, The Types of the Folktale , Helsinki: Academia Scientiarum Fennica, First published, 1961, Second printing, 1963, Third printing, 1973.

三、日文著作

1. 入江曉風:《神話台灣生蕃人物語》,大正 9 年(1920)7 月 28 日初版,昭和 3 年(1928)10 月 26 日三版。

2. 土田滋主編:《小川尚義、淺井惠倫 台湾資料研究》,東京,東京外國語大學亞非洲語言文化研究所,2005 年 3 月 25 日初版。

3. 小林保祥著，松澤員子編，謝荔譯：《排灣傳說集》，臺北，南天書局，民國87年3月30日初版一刷。

4. 伊能嘉矩著，森口雄稔編：《伊能嘉矩の台灣踏查日記》，臺北縣，台灣風物雜誌社出版，1992年7月初版。

5. 佐山融吉、大西吉壽：《生蕃傳說集》，臺北，杉田重藏書店，大正12年（1923）11月20日初版。

6. 佐山融吉：《蕃族調查報告書・第八冊：排灣族、獅設族》，臺北，臺灣總督府蕃族調查會，大正10年（1921）1月25日初版。

7. 佐々木高弘：《民話の地理学》，東京，古今書院，2003年12月25日初版第1刷。

8. 徐一平、譙燕、吳川、施建軍：《日語擬聲擬態詞研究》，北京，學苑出版社，2010年3月初版一刷。

9. 清水純著，王順隆、Erika Kaneko譯：《噶瑪蘭族神話傳說集：以原語記錄的田野資料》，臺北，南天書局，民國87年（1998年3月）初版一刷。

10. 移川子之藏、馬淵東一、宮本延人：《臺灣高砂族系統所屬の研究》，東京，刀江書院，1935年初版，1996年二刷。

11. 森丑之助：《台灣蕃族志》，臺北，臺灣總督府臨時臺灣舊慣調查會，大正6年（1914）3月30日初版。

12. 鈴木作太郎：《臺灣の蕃族研究》，臺北，臺灣史籍刊行會，昭和7年（1932）9月20日初版，昭和7年（1932）9月24日二版。

13. 福田晃、常光徹、齋藤壽始子編：《日本の民話を学ぶ人のために》，京都，世界思想社，2000年4月10日第二刷。

14. 臺灣總督府：《公學校用國語讀本・卷五》，大正2年6月28日第一版，大正4年2月28日第四版，臺北，南天書局，2003年11月景印一版一刷。

15. 臺灣總督府：《公學校用國語讀本・第一種・卷二》，大正12年4月30日第一版，昭和9年8月20日第十二版，臺北，南天書局，2003年11月景印一版一刷。

16. 臺灣總督府：《臺灣教科用書國語讀本・卷六》，明治45年6月16日，臺北，南天書局，2003年11月景印一版一刷。

17. 臺灣總督府臨時臺灣舊慣調查會：《番族慣習調查報告書》，臺北，臺灣總督府臨時臺灣舊慣調查會，大正4年～11年（1915～1922）。

18. 臺灣總督府臨時臺灣舊慣調查會：《蕃族調查報告書》，臺北，臺灣總督府臨時臺灣舊慣調查會，大正2年～9年（1913～1920）。

19. 藤崎濟之助：《台灣の蕃族》，東京，國史刊行會，昭和五年（1930）8月20日初版，昭和11年（1936）2月20日三訂。

20. 關敬吾:《日本民俗學大系》第十卷,東京,平凡社,昭和 37 年 4 月 1
日。

四、中文著作

1. (明)陳第:《東番記》,《閩海贈言》,臺北,杭縣方氏慎思堂影日本東
京大學東洋史研究所藏本影本,民國 45 年。

2. (晉)張華:《博物志》,《四庫全書精華》,臺北,古今大典,2000 年 10
月初版。

3. (清)丁紹儀:《東瀛識略》,《中國方志叢書》臺灣地區第 53 號,臺北,
成文出版社影清同治十二年刊本及民國 46 年臺灣文獻叢刊排印本,民國
73 年。

4. (清)六十七:《番社采風圖考》,《藝海珠塵》石集,嘉慶元年(1796)
南滙吳氏聽彝堂刊本。

5. (清)朱景英:《海東札記》,《中國風土志叢刊》,揚州,廣陵書社影清
謝義寫刻本,2003 年。

6. (清)郁永河:《裨海紀遊》,《中國方志叢書》臺灣地區第 46 號,臺北,
成文出版社影方豪合校本附諸家印本,民國 72 年。

7. (清)黃叔璥:《臺海使槎錄》,康熙六十一年(1722),《百部叢書集成》
94,臺北,藝文出版社影清王灝輯光緒定州王氏謙德堂刊本,民國 55 年。

8. 丁乃通編著:《中國民間故事類型索引》,武漢,華中師範大學出版社,
2008 年 4 月第 1 版第 1 刷。

9. 中國民間文學集成總編委員辦公室編:《中國民間文學集成工作手冊》,
北京,中國民間文學集成總編委員辦公室,1987 年 5 月。

10. 尹建中:《臺灣山胞各族傳統神話故事與傳說文獻編纂研究》,臺北,臺
灣大學文學院人類學系,1994 年 4 月。

11. 江帆:《民間口承敘事論》,哈爾濱,黑龍江人民出版社,2003 年 2 月。

12. 宋光宇編譯:《人類學導論》,臺北,桂冠圖書,民國 66 年 11 月 20 日初
版,民國 68 年 10 月 10 日修訂再版。

13. 林呈蓉:《牡丹社事件的真相》,臺北縣,博揚文化,2006 年 4 月初版一
刷。

14. 金榮華:《中國民間故事與故事分類》,臺北縣,中國口傳文學學會,2007
年 9 月。

15. 金榮華:《台北縣烏來鄉泰雅族民間故事》,臺北縣,中國口傳文學學會,
1998 年 12 月。

16. 金榮華:《台東大南村魯凱族口傳文學》,臺北縣,中國口傳文學學會,
1995 年 5 月。

17. 金榮華:《台東卑南族口傳文學選》,臺北縣,中國口傳文學學會,1989
    年 8 月。

18. 金榮華:《台灣花蓮阿美族民間故事》,臺北縣,中國口傳文學學會,2001
    年 10 月。

19. 金榮華:《台灣桃竹苗地區民間故事》,臺北縣,中國口傳文學學會,2000
    年 11 月。

20. 金榮華:《台灣高屏地區魯凱族民間故事》,臺北縣,中國口傳文學學會,
    1999 年 12 月。

21. 金榮華:《台灣賽夏族民間故事》,臺北縣,中國口傳文學學會,2004 年
    3 月。

22. 金榮華:《民間故事類型索引(增訂本)》,新北市:中國口傳文學學會,
    2014 年 4 月。

23. 金榮華:《禪宗公案與民間故事──民間文學論集》,臺北縣,中國口傳
    文學學會,2007 年 9 月。

24. 范純甫主編:《台灣傳奇:原住民風情》,臺北,華嚴出版社,民國 87 年
    4 月二版。

25. 浦忠成:《台灣原住民族文學史綱》,臺北,里仁書局,2009 年 10 月 20
    日。

26 袁珂:《中國古代神話》,臺北,臺灣商務印書館,民國 81 年 5 月香港修
   訂版,82 年 4 月臺灣初版第一次印刷。

27. 許佩賢:《太陽旗下的魔法學校──日治台灣新式教育的誕生》,新北市,
    東村出版,2012 年 11 月初版一刷。

28. 許端容:《台灣花蓮賽德克族民間故事》,臺北縣,中國口傳文學學會,
    2007 年 3 月。

29. 許端容:《梁祝故事研究》,臺北,秀威資訊科技,2007 年 3 月 BOD 一
    版,2007 年 7 月 BOD 二版。

30. 傅錫壬,《中國神話與類神話研究》,臺北,文津出版公司,2005 年 11
    月。

31. 葉碧苓:《學術先鋒:臺北帝國大學與日本南進政策之研究》,臺北縣,
    稻香出版社,民國 99 年 6 月初版。

32. 劉守華、陳建憲主編:《民間文學教程》(第二版),武漢,華中師範大學
    出版社,2009 年 6 月第二版。

33. 劉秀美:《火神眷顧的光明未來──撒奇萊雅族口傳故事》,新北市,中
    國口傳文學學會,2012 年 3 月。

34. 劉秀美:《台灣宜蘭大同鄉泰雅族口傳故事》,臺北縣,中國口傳文學學
    會,2007 年 10 月。

35. 劉秀美：《從口頭傳統到文字書寫——臺灣原住民族敘事文學的精神蛻變與返本開新》，臺北，文津出版社，2011 年 3 月。

36. 劉穎主編：《語言學概論》，重慶，重慶大學出版社，2010 年 12 月初版一刷。

37. 潛明茲，《中國古代神話與傳說》，天津，天津教育出版社，1991 年 11 月。

38. 鄭政誠：《臺灣大調查——臨時臺灣舊慣調查會之研究》，臺北縣，博揚文化，2005 年 6 月初版一刷。

五、外文譯本

1. 山道明、安東著，中央研究院民族學研究所編譯：《知本卑南族的出草儀式：一個文獻》，臺北，中央研究院民族學研究所，民國 98 年 12 月初版。

2. 派翠西亞・鶴見（E. Patricia Tsurumi）著，林正芳譯：《日治時期台灣教育史》，宜蘭，仰山文教基金會，1999 年 6 月 30 日。

3. 移川子之藏、宮本延人、馬淵東一著，楊南郡譯：《臺灣原住民族系統所屬之研究》，臺北，行政院原住民委員會、南天書局，2011 年初版。

4. 鈴木作太郎著，陳萬春譯：《臺灣蕃人的口述傳說》，摘譯自《臺灣の蕃族研究》（第二章），臺北縣，中國口傳文學學會，《民學集刊》1，2002 年 9 月初版。

5. 鈴木質著，王美晶譯：《台灣原住民風俗》，臺北，原民文化，1999 年 7 月。

6. 臺灣總督府臨時臺灣舊慣調查會著，中央研究院民族學研究所編譯：《番族慣習調查報告書》，臺北，中央研究院民族學研究所，1996 年 6 月～2004 年 12 月。

7. 臺灣總督府臨時臺灣舊慣調查會著，中央研究院民族學研究所編譯：《蕃族調查報告書》，臺北，中央研究院民族學研究所，2007 年 6 月～2010 年 12 月。

8. 臺灣總督府警務局理蕃課原著，中央研究院民族學研究所編譯：《高砂族調查書：蕃社概況》，臺北，中央研究院民族學研究所，民國 100 年 12 月初版。

9. 聶甫斯基著，白嗣宏、李福清、浦忠成譯：《台灣鄒族語典》，臺北，臺原出版社，民國 82 年 7 月第一版第一刷。

六、單篇論文

1. 李壬癸：〈臺灣語言學先驅〉，《宜蘭縣南島民族與語言》，宜蘭，宜蘭縣政府，中華民國 85 年 10 月初版一刷。

2. 阮美慧:〈陳千武在《笠》發展史上的地位〉,《東海中文學報》第 17 期,
2005 年 7 月。

3. 邱景墩、陳昭如:〈戰前日本的帝國大學制度與台北帝國大學〉,《台北帝
國大學研究通訊》創刊號,臺北,臺灣大學臺灣研究社,1996 年 4 月。

4. 徐興慶:〈德川幕末知識人吸收西洋文明的思想變遷〉,《臺大歷史學報》
第 40 期,臺北,臺灣大學,2007 年 12 月。

5. 劉斌雄:〈日本學人之高山族研究〉,《臺灣土著社會文化研究論文集》,
臺北,聯經出版社,民國 75 年 10 月初版。

七、學位論文

1. 王馨瑩:《排灣族與魯凱族圖騰故事研究》,臺東,國立臺東大學兒童文
學研究所碩士論文,2004 年 6 月。

2. 江俊亮:《鄒族美學研究》,嘉義,南華大學文學研究所碩士論文,2001
年 6 月。

3. 吳姝嫱:《賽夏族民間故事研究》,臺北,中國文化大學中國文學研究所
碩士論文,2001 年 6 月。

4. 吳家君:《台灣原住民文學研究》,高雄,國立中山大學中國文學系碩士
論文,1997 年 6 月。

5. 李國玄:《日治時期臺灣近代博物學發展與文化資產保存運動之研究》,
桃園,中原大學建築學系碩士班碩士論文,2006 年 12 月。

6. 林淑莉:《琉球神話與台灣原住民神話研究──以兄妹始祖神話為中心》,
臺北,中國文化大學日本研究所碩士論文,2001 年 12 月。

7. 武芳羽:《台灣原住民洪水神話》,臺北,國立臺北教育大學台灣文化研
究所碩士論文,2008 年 6 月。

8. 柯秀慧:《蘭嶼雅美族民間故事與歌謠》,嘉義,國立嘉義大學中國文學
系研究所碩士論文,2008 年 1 月。

9. 胡晏涵:《台灣原住民族奇人異域神話》,臺中,中興大學中國文學系所
碩士論文,2010 年 6 月。

10. 張百蓉:《高雄都會區台灣原住民口傳故事研究》,臺北,中國文化大學
中國文學研究所碩士論文,2003 年 12 月。

11. 陳文之:《臺灣原住民口傳故事研究》,臺北,中國文化大學中國文學研
究所碩士在職專班碩士論文,2004 年 12 月。

12. 陳孟君:《排灣族口頭敘事探究:以「palji」傳說為中心》,新竹,國立
清華大學台灣文學研究所碩士論文,2010 年 4 月。

13. 陳思齊:《搜「蛇」記──台灣原住民蛇類口傳故事研究》,嘉義,國立
嘉義大學中國文學系研究所碩士論文,2008 年 7 月。

14. 陳美慧:《鳥與人變鳥——臺灣原住民口傳故事析論》,臺中,中興大學中國文學系所碩士論文,2008 年 7 月。

15. 陳莉環:《邵族口傳文學研究》,嘉義,國立中正大學中國文學系碩士論文,2004 年 6 月。

16. 陳慧珣:《泰雅族民間故事研究》,臺北,中國文化大學中國文學研究所碩士論文,2001 年 6 月。

17. 彭美雲:《蘭嶼口傳故事研究》,臺東,國立臺東大學兒童文學研究所碩士論文,2004 年 6 月。

18. 曾俊得:《卑南族民間文學研究》,高雄,國立中山大學中國文學系研究所碩士論文,2008 年 1 月。

19. 曾瓊儀:《蘭嶼雅美族民間故事研究》,臺北,中國文化大學中國文學研究所碩士論文,2001 年 6 月。

20. 游蕙菁:《臺灣噶瑪蘭族口傳故事研究》,臺北,東吳大學中國文學系碩士論文,2010 年 7 月。

21. 黃之琦:《達悟族神話研究》,高雄,高雄師範大學國文教學碩士班碩士論文,2006 年 6 月。

22. 黃昭敏:《台灣原住民文身神話傳說研究》,臺北,東吳大學中國文學系碩士論文,2006 年 7 月。

23. 黃嘉眉:《花蓮地區撒奇萊雅族傳說故事研究》,花蓮,國立花蓮教育大學民間文學研究所碩士論文,2009 年 7 月。

24. 劉育玲:《台灣賽德克族口傳故事研究》,花蓮,國立花蓮師範學院民間文學研究所碩士論文,2001 年 6 月。

25. 劉惠婷:《臺灣原住民射日神話研究》,桃園,銘傳大學應用中國文學系碩士在職專班碩士論文,2007 年 12 月。

26. 蔡可欣:《卑南族群的起源敘事研究》,花蓮,國立花蓮教育大學民間文學研究所碩士論文,2009 年 7 月。

27. 賴俠伶:《魯凱族民間故事研究》,高雄,高雄師範大學國文教學碩士班碩士論文,1997 年。

28. 籃曉翠:《阿里山鄒族巫術傳說研究》,嘉義,國立中正大學中國文學系碩士論文,2003 年 7 月。

29. 蘇泰華:《台灣原住民神話之比較分析:以人類起源、洪水及射日神話為例》,臺東,臺東師範學院兒童文學研究所碩士論文,2003 年 7 月。

八、網路資料

1. 〈サルカニ合戦〉,《秋田の昔話・傳說・世間話——口承文芸検索システテム》,上網日期:2014.6.12,網址:http://namahage.is.akita-u.ac.jp/monogatari/show_detail.php?serial_no=5239。

2. 〈サルカニ合戦〉,《福娘童話集》,上網日期：2014.6.10,網址：http://huku
   musume.com/douwa/pc/jap/11/01.htm。

3. 〈ひっつき虫〉,《植物雑学事典》,岡山,岡山理科大学,上網日期：
   2012.4.17,網址：http://had0.big.ous.ac.jp/thema/hittsukimusi/hittsukimusi.
   htm。

4. 〈中國口傳文學學會出版暨參與出版圖書〉,2012.4.12,《中國口傳與現代
   文學學會》,臺北,中國口傳與現代文學學會,上網日期：2012.4.17,網
   址：http://nfs84305851.myweb.hinet.net/。

5. 《台灣博物學會會報簡介》,臺北,林業試驗所日治時期林業文獻資料
   庫,上網日期：2014.5.2,網址：http://literature.tfri.gov.tw/atlas/intro0.html。

6. 《東京大學的概要》,東京,東京大學,上網日期：2013.1.18,網址：http://
   www.u-tokyo.ac.jp/pdf/gaiyo-c-09-10.pdf。

7. 《國立台灣大學植物標本館(2012),台灣植物資訊整合查詢系統》,臺北,
   國立台灣大學生態學與演化生物學研究所,上網日期：2012.4.17,網址：
   http://tai2.ntu.edu.tw/index.php。

8. 《語源由来辞典》,2012.3.24,上網日期：2012.4.17,網址：http://gogen-
   allguide.com/nu/nusubitohagi.html。

9. 山室静：《口承文芸》,日本,Yahoo!JAPAN 百科事典,上網日期：2013.02.14,
   網址：http://100.yahoo.co.jp/detail/%E5%8F%A3%E6%89%BF%E6%96%
   87%E8%8A%B8/。

10. 佐山融吉、大西吉壽著,陳萬春譯：《生蕃傳說集》,中國口傳文學學會
    網站,臺北縣,2009 年 9 月 19 日,上網日期：2012 年 8 月 30 日,網址：
    http://nfs84305851.myweb.hinet.net/ol/ol_016_e-book-link-1.doc。

11. 國立臺中圖書館規劃,飛資得資訊有限公司製作,《數位圖書館——日文
    舊籍數位典藏資料庫檢索系統》,2014 年 6 月 7 日上網,網址：http://jdlib.
    ntl.gov.tw/cgibin/browse.cgi?bookid=bjn00173&fttype=jpg&root=NTdata。

12. 國立臺灣圖書館規劃,《日治時期圖書全文影像系統》,2014 年 6 月 23
    日上網,網址：http://stfb.ntl.edu.tw/cgi-bin/gs32/gsweb.cgi/ccd=BoFyos/mai
    n?db=book&menuid=book#result。

13. 最上孝敬：《民俗學》,日本,Yahoo!JAPAN 百科事典,上網日期：2013.02.14,
    網址：http://100.yahoo.co.jp/detail/%E6%B0%91%E4%BF%97%E5%AD%
    A6/。

14. 楊政賢：〈「蘭嶼」地名與「雅美族」族稱的由來〉,《南島文化專欄》,史
    前館電子報第 225 期,臺東,國立臺灣史前文化博物館,2012 年 4 月 15
    日,上網日期：2014 年 5 月 6 日,網址：http://beta.nmp.gov.tw/enews/no225/
    page_02.html。

15. 福原達人著，〈8-3. 動物付着散布〉，《植物形態学》，福岡，福岡教育大学教育学部，上網日期：2012.4.17，網址：http://www.fukuoka-edu.ac.jp/~fukuhara/keitai/8-3.html。

16. 関敬吾：《民話》，日本，Yahoo!JAPAN 百科事典，上網日期：2013.02.14，網址：http://100.yahoo.co.jp/detail/%E6%B0%91%E8%A9%B1/。

附　錄

附錄一 《原語臺灣高砂族傳說集》陳萬春譯本漢日語音譯字元對照表

ア	阿	カ	卡	サ	沙	タ	塔	ナ	那	ハ	哈
アン	安	カン	康	サン	珊	タン	坦	ナン	南	ハン	漢
イ	伊	キ	基	シ	西	チ	濟	ニ	尼	ヒ	希
イン	因	キン	金	シン	新	チン	津	ニン	寧	ヒン	亨
ウ	烏	ク	庫	ス	斯	ツ	茲	ヌ	奴	フ	胡
ウン	溫	クン	昆	スン	蓀	ツン	尊	ヌン	嫩(農)	フン	芬
エ	耶	ケ	克	セ	瑟	テ	特	ネ	內	ヘ	黑
エン	恩	ケン	肯	セン	森	テーン	天	ネン	年	ヘン	痕
オ	喔	コ	可	ソ	梭	ト	托	ノ	諾	ホ	霍
オン	翁	コン	空	ソン	松	トン	通	ノン	儂	ホン	宏

マ	馬	ヤ	雅	ラ	拉	ワ	哇	ガ	嘎	ザ	匝
マン	蔓	ヤン	央	ラン	朗	ワン	彎	ガン	岡	ザン	讓
ミ	密(美)	イ(重)	伊	リ	利	ヰ	依	ギ	機	ジ	吉
ミン	敏	イン	因	リン	林	ヰン	殷	ギン	斤	ジン	錦
ム	姆	ユ	攸	ル	魯	ウ(重)	烏	グ	古	ズ	如
ムン	夢			ルン	倫	ウン	溫	グン	棍	ズン	潤
メ	梅	エ(重)	耶	レ	列	ヱ	琊	ゲ	格	ゼ	喏
メン	棉	エン	恩	レン	連	エン	炎	ゲン	根	ゼン	壬
モ	莫	ヨ	悠	ロ	羅	ヲ	歐	ゴ	哥	ソ	柔
モン	蒙	ヨン	庸	ロン	隆	ヲン	翁	ゴン	貢	ゾン	容

ダ	達	バ	巴	パ	帕	シヤ	夏	ヂヤン	將	ヴア	瓦
ダン	丹	バン	班	パン	潘	シヨ	秀	ヂヤ	佳	ヴ	無
ヂ	几	ビ	比	ピ	匹	ジユ	赳	ヂユ	揪		
ヂン	巾	ビン	賓	ピン	拼	ジヨ	究	ヂヨ	糾		
ツ	茹	ブ	布	プ	普	チイ	幾	ツアン	臧		
ツン	閩	ブン	本	プン	噴	チエ	芥	ツア	扎		
デ	得	べ	貝	ぺ	佩	チヤ	駕	ツオ	鄒		
デン	淀	ベン	邊	ペン	翩	チユ	鳩	トウ	透		
ド	多	ボ	波	ポ	坡	チヨ	久	ドウ	豆		
ドン	東	ボン	繃	ポン	彭	ヂエ	介	フオ	活		

ツ若出現在某字母之尾作小字，表該字母須讀重音，但ツ不發音。遇此情形，隨音準而翻譯。

附錄二　《原語臺灣高砂族傳說集》目次

附錄三　《原語臺灣高砂族傳說集》
音譯名詞索引

類別	中文	日文	編號（次數）
天文	利那馬伊	リナマイ	6.1.7
	無羅	ヴロ	6.1.7（3）
地理	几匹拉塔央	ヂピラタヤン	12.1.1
	几匹嘎棍	ヂプガグン	12.1.1
	几卡布濟丹	ヂカブチダン	12.1.1
	几卡拉棍	ヂカラグン	12.1.1
	几托嘎	ヂトガ	12.1.1
	几利本	ヂリブン	12.1.1
	几姆阿西哇庫	ヂムアシワク	12.1.1
	几姆阿西庫	ヂムアシク	12.1.1
	几帕普托庫	ヂパプトク	12.1.1（2）
	几拉古匹坦	ヂラグピタン	12.1.1
	几拉古伊	ヂラグイ	12.1.1
	几哇喔庫儂	ヂワオクノン	12.1.1
	几庫塔布	ヂクタブ	12.1.1
	几馬布奴托	ヂマブヌット	12.1.1
	几馬西庫	ヂマシク	12.1.1（2）
	几馬利烏多烏多	ヂマリウドウド	12.1.1
	几馬沙帕烏	ヂマサパウ	12.1.1

几馬拉馬伊	ヂマラマイ	12.1.1（3）
几密那布伊多	ヂミナブイド	12.1.1
几梭馬拉普	ヂソマラップ	12.1.1（2）
几通嘎	ヂトンガ	12.1.1
几濟雅庫魯蔓	ヂチヤクルマン	12.1.1
久阿卡阿岡	チョアカアガン	3.3.5
久羅可利宛朗拉烏	チョロコリヴァンランラウ	3.4.5
匹那卡庫拉坦	ピナカクラタン	3.2.17
匹雅哇伊	ピヤワイ	1.1.14
巴丹	バタン	12.1.1（20）
巴班	ババン	8.1.2
巴魯巴拉奴	バルバラヌ	5.2.11
戈戈、斯利班	ゴゴ,スリーバン	1.1.14
卡卡扎彎	カカツァワン	6.1.8
卡吉南	カジナン	1.1.14
卡托多托丹	カトドトダン	12.1.1
卡托姆阿奴	カトムアヌ	5.2.11
卡托莫窩	カトモウォ	5.2.20（2）
卡沙比魯岡	カサビルガン	12.1.1
卡拉拉	カララ	6.1.8（4）
卡胡卡伊	カフカイ	8.1.35
卡濟拉伊	カチライ	3.2.8
可茲利	コツリ	3.4.8
可悠	コーヨー	6.1.3
瓦利瓦利烏	ヴァリヴァリウ	3.10.5（3）
瓦利珊	ヴァリサン	6.1.1（12）
瓦拉伊珊	ヴァライサン	6.4.2（9）
瓦拉阿哇伊	ヴァラアワイ	6.3.6
伊巴丹	イバタン	12.1.1
伊巴利奴	イバリヌ	12.1.1
伊卡娃托彎	イカヴトワン	12.1.4

伊卡魯東	イカルドン	12.1.1（9）
伊西卡魯姆兹坦	イシカルムツタン	8.1.2
伊西基阿那	イシキアナ	9.2.4（2）
伊利托	イリト	8.1.6
伊那帕那央	イナパナヤン	6.3.1
伊拉奴密魯庫	イラヌミルク	12.1.1、12.1.3
伊拉拉拉伊	イララライ	12.1.1、12.1.3、12.1.4（2）
伊拉塔伊	イラタイ	12.1.1（2）、12.1.3
伊波波斯	イボボス	12.1.1（5）
伊哇利奴	イワリヌ	12.1.3
伊哇塔斯	イワタス	12.1.3
伊娃利奴	イヴリヌ	12.1.1（3）
伊庫巴拉托	イクバラット	12.1.1（2）
伊馬扎兹庫斯	イマツァックス	3.1.15
伊莫羅多	イモロド	12.1.3
伊羅空	イロコン	8.1.1、8.1.4
伊羅儂	イロノン	6.1.3
吉匹嘎棍	ジピガグン	12.1.3
托托魯	トトル	8.1.10（2）
托哇卡	トワッカ	7.1.1
托庫魯魯	トクルル	5.2.1（2）
托烏胡雅	トウフヤ	9.2.4（2）
托馬帕拉帕拉伊	トマパラパライ	3.9.5（5）、3.9.6（4）
托密阿兹	トミアツ	6.1.2（8）
西尼利匝烏	シニリザウ	3.2.16（3）
西伊西	シイシ	8.1.6
西那巴魯	シナバル	8.1.5
西帕讓	シパザン	8.1.2
西雅庫拉帕	シヤクラパ	10.1.1
西雅斯嘎	シヤスガ	10.1.2
西運卡希布比布	シユンカヒブビブ	8.2.5
西鳩瓦魯魯卡伊	シチュヴァルルカイ	3.4.1

西魯無魯無濟	シルヴルヴチ	3.7.2
利馬塔	リマタ	6.1.3
利無利無安	リヴリヴアン	3.4.8
利魯利魯安	リルリルアン	3.2.17
沙巴央	サバヤン	1.2.1
沙卡姆	サカム	6.1.8
沙布魯那	サブルナ	5.2.1（3）、5.2.2
沙耶波拉波拉	サエボラボラ	5.2.14
沙羅基梭庫	サロキソク	4.2.1（3）
那瓦那瓦魯	ナヴァナヴァル	3.7.2
那帕塔沙基	ナパタサキ	11.1.2（3）
那烏布阿那	ナウブアナ	11.1.2
那烏斯拉那	ナウスラナ	11.1.3（2）
那茲嘎	ナツガ	11.1.2（3）
那馬卡班	ナマカバン	9.1.2（2）
佩雅珊	ペヤサン	1.1.14
佳庫馬伊莫隆	ヂャクマイモロン	12.1.1（2）
坡斯可	ポスコ	6.1.8（3）
坦西莫庫	タンシモク	8.1.1、8.1.2
坦西莫茲庫	タンシモツク	8.1.1
帕卡魯卡魯	パカルカル	3.3.2（2）
帕可哇央	パコワヤン	1.1.14（2）
帕帕庫托哇卡	パッパクトワッカ	7.1.4（2）
帕阿茲嘎奴	パアツガヌ	5.2.11（3）
帕南	パナン	1.1.14（2）
帕達因	パダイン	3.9.3（3）
拉伊沙多那	ライサドナ	5.2.1（2）、5.2.2（2）
拉伊塔烏	ライタウ	3.3.4
拉拉古斯	ララグス	6.3.1（14）
拉拉嘎魯	ララガル	5.2.11
拉胡塔魯	ラフタル	6.1.8
拉莫岡	ラモガン	8.1.1、8.1.13（2）

拉璣茲阿奴	ラギツアヌ	5.2.14
金雅喔潘	キンヤオパン	1.1.14（2）
阿布丹	アブタン	12.1.3
阿西帕坡可西攸	アシパポコシユ	10.1.1
阿拉嘎哈伊	アラガハイ	6.1.3
哈比帕可茲托	ハビパコツト	8.2.14
哈比讓	ハビザン	8.3.1
哈拉彎	ハラワン	6.1.8
哈馬彎	ハマワン	1.1.14（2）
胡胡波	フフボ	9.1.2（3）
迭拉魯	デャラル	3.4.3
哥羅朗	ゴロラン	3.1.17
庫烏匝烏匝	クウザウザ	5.2.20（2）
朗嘎珊	ランガサン	5.1.2
烏姆姆魯	ウムムル	11.1.2
特布	テブー	5.2.11
特阿帕達朗	テアパダラン	5.2.11
馬卡匝雅匝雅	マカザヤザヤ	3.3.6
馬伊巴茹	マイバヅ	8.2.3
馬伊拉布	マイラブ	8.3.1（2）
馬利帕	マリパ	3.2.8
馬利基沙西雅	マリキサシヤ	10.1.2
馬胡拉烏朗	マフラウラン	8.2.14（2）
馬梅斯比嘎那	マーメスビガナ	9.2.4
馬塔巴拉那	マタバラナ	9.1.2
基阿林	キアリン	6.1.8
梭古拉	ソグラ	5.2.8
梯拉帕通	ティラパトン	8.1.6
第奴卡潘	ディヌカパン	3.9.3（3）
第諾阿朗	ディノアラン	3.2.15
莫痕	モヘン	1.1.14（2）
透透霍沙那	トゥトゥホサナ	9.1.2

喔拉烏	オラウ	6.1.8
斯布拉	スブラ	5.2.1（2）
普托兹	プトッツ	1.2.4
普南	プナン	1.1.14
普駕匝朗	プチャザラン	3.3.4
普魯魯嘎那	プルルガナ	5.2.16
無伊悠	ヴイヨ	9.1.2（5）
無庫羅霍	ヴクロホ	6.1.8（2）
雅攸	ヤユ	12.1.3
雅哈伊姆塔那	ヤハイムタナ	9.1.2
塔古比蘭	タグビラン	1.1.14
塔奴烏因伊兹	タヌウインイツ	11.1.3
塔奴烏因兹	タヌウインンツ	11.1.2
塔奴烏兹	タヌウツ	11.1.2
塔列康	タレーカン	1.1.14
塔耶庫拉巴阿奴	タエクラバアヌ	5.2.18
塔烏拉央	タウラヤン	6.1.8
塔馬阿哈那	タマアハナ	9.1.2（3）
塔馬羅	タマロ	1.2.1（2）
塔基利	タッキリ	6.1.2（11）
塔喔拉央	タオラヤン	6.3.1（2）
塔斯布烏	タスブウ	5.2.19
塔塔拉斯	タタラス	5.2.11、5.2.19
塔瑟拉烏波阿奴	タセラウボアヌ	5.2.11
塔魯古拉奴	タルグラヌ	5.2.11
達卡達卡	ダカダカ	3.2.16
達得魯	ダデル	5.1.4
達魯帕林	ダルパリン	5.1.5
達羅嘎哥東	ダロガゴドン	5.1.3（2）
鳩魯通	チュルトン	3.2.8
鳩羅匝可匝可因	チュロザコザコイン	3.6.1（2）
蔓阿那	マンアーナ	9.2.4（2）

	駕瓦利魯庫	チャヴァリルク	3.6.2
	駕諾馬庫	チャノマク	3.2.16
	魯胡托	ルフト	9.2.1
	濟巴拉那	チバラナ	11.1.2
	濟可阿阿伊	チコアアイ	6.1.3
	濟奴阿魯	チヌアル	3.2.9
	濟伊茲帕伊	チイツパイ	6.1.8
	濟拉嘎珊	チラガサン	6.1.8
	濟密那布伊多	チミナブイド	12.1.1
	濟喔卡卡伊	チオカカイ	6.3.1
	濟普羅安	チプロアン	6.1.8
	濟雅央	チヤヤン	1.1.14（2）
	羅西瓦彎	ロシヴァワン	3.4.8
	羅霍瓦烏	ロホヴァウ	6.1.8
植物	匹匹雅塔姆庫	ピピヤタムク	12.1.1
	扎茲溫	ツァツウン	3.2.5
	卡卡普奴	カカプヌ	12.1.1
	卡西雅伊	カシヤイ	12.1.1
	卡利多多	カリドド	3.4.8
	卡利利庫奴奴	カリリクヌヌ	12.1.1
	卡那托阿斯利	カナトアスリ	12.1.1
	卡拉拉機	カララギ	12.1.1
	卡拉魯	カラル	12.1.1
	卡娃奴	カブヌ	12.1.1
	卡庫帕烏	カグパウ	12.1.1
	卡朗布托	カランブット	12.1.1
	卡馬那西利嘎奴	カマナシリガヌ	12.1.1
	卡馬拉梭攸	カマラソユ	12.1.1
	卡馬特烏多無伊	カマテゥドヴイ	12.1.1
	卡基巴伊奴沙庫拉	カキバイヌサクラ	12.1.1
	卡得斯得斯	カデスデス	12.1.1
	卡揪伊安	カヂュイアン	3.1.10

卡塔巴密	カタバミ	12.1.1
卡噴	カープン	12.1.1
卡魯揪魯	カルヂュル	3.1.9（3）
古魯	グル	12.1.1
可阿津	コアチン	6.1.8
可烏托烏西烏卡伊達烏	コウトウシウカイダウ	12.1.1
可烏托烏阿娃卡	コウトウアブカ	12.1.1
可烏托烏格茲基茲	コウトウゲツキツ	12.1.1
可烏托烏斯依壬吉那	コウトウスヰゼンジナ	12.1.1
可烏托烏雅茲得	コウトウヤツデ	12.1.1
可烏托烏璣悠庫新庫哇	コウトウギヨクシンクワ	12.1.1
奴奴庫	ヌヌク	12.1.1
奴梭	ヌソ	12.1.1
尼雅嘎	ニャガ	12.1.1
布西古托	ブシグト	12.1.1
瓦拉	ヴァラ	3.4.8
伊西斯	イシス	12.1.1
伊拉庫	イラク	12.1.1
伊普	イプ	12.1.1
伊普珊	イプサン	12.1.1
伊嘎斯	イガス	12.1.1
托古伊	トグイ	12.1.1
托基哈斯斯基	トキハススキ	12.1.1
西馬托烏茹魯	シマトウヅル	12.1.1
克沙雅巴那	ケサヤバナ	12.1.1
克依諾可茹濟	ケキノコヅチ	12.1.1
利奴利奴	リヌリヌ	12.1.1
利帕烏	リパウ	12.1.1
利波巴魯	リボバル	5.2.3
利哇斯	リワス	12.1.1
利達通	リダトン	6.3.6
利嘎伊	リガイ	12.1.1

希拉密列蒙	ヒラミレモン	12.1.1
希悠克黑哥	ヒヨケヘゴ	12.1.1
希梅攸茹利哈	ヒメユヅリハ	12.1.1
沙利帕塔阿	サリパタア	6.3.1（3）
沙璣伊奴	サギイヌ	12.1.1
那那烏	ナナウ	12.1.1
姆卡羅	ムカロ	5.2.3
岡瑟多	ガンセド	12.1.1
帕古塔庫	パグタク	12.1.1（2）
帕托奴	パトヌ	12.1.1
帕利	パリ	12.1.1
帕利達	パリダ	12.1.1
帕沙沙帕古奴	パササパグヌ	12.1.1
帕拉卡	パラカ	12.1.1
帕哥古奴	パゴグヌ	12.1.1
帕哥烏奴	パゴウヌ	12.1.1
帕烏拉	パウラ	5.2.22
帕普托庫	パプトク	12.1.1、12.1.3
帕嘎利	パガリ	12.1.1
帕嘎利斯	パガリス	12.1.1
帕魯帕魯古奴	パルパルグヌ	12.1.1
拉布奴伊	ラブヌイ	12.1.1
拉瓦利安	ラヴァリアン	3.7.1（2）
拉伊利蔓	ライリマン	3.4.8
拉娓魯	ラヴィル	3.2.6（2）
拉烏奴	ラウヌ	12.1.1
拉喔拉烏	ラオラウ	6.1.7（2）
拉揪揪	ラヂュヂュ	3.1.10
拉嘎伊奴	ラガイヌ	12.1.1
拉嘎嘎如	ラガガズ	3.5.2
阿卡匝	アカザ	8.3.1
阿卡特茲	アカテツ	12.1.1

阿卡磯	アカギ	12.1.1
阿古斯古斯姆諾庫拉庫拉奴	アグスグスムノクラクラヌ	12.1.1
阿奴古	アヌグ	12.1.1
阿奴庫	アヌク	12.1.1
阿尼尼布拉溫	アニニブラウン	12.1.1
阿尼尼普拉	アニニプラ	12.1.1
阿利攸庫	アリユク	12.1.1
阿利帕沙勞	アリパサラゥ	12.1.1
阿那那魯運	アナナルユン	12.1.1
阿那姆	アナム	12.1.1
阿帕濟	アパチ	12.1.1
阿拉拉哇	アララワ	12.1.1
阿拉馬伊	アラマイ	12.1.1
阿拉濟磯	アラチギ	12.1.1
阿庫馬伊卡達伊	アクマイカダイ	12.1.1
阿烏馬那紐伊	アウマナニュイ	12.1.1
阿普奴哇那姆	アプヌワナム	12.1.1
阿普透斯	アプトゥス	12.1.1
阿無攸斯	アヴユス	12.1.1
阿無娃伊	アヴヴイ	12.1.1
阿嘎朗	アガラン	12.1.1
阿嘎嘎布尼塔奴	アガガプニタヌ	12.1.1
阿嘎嘎特烏奴	アガガテゥヌ	12.1.1
阿羅無鳩拉坦	アロヴチュラタン	3.2.14
哇那濟	ワナチ	12.1.1
哇哇那奴	ワワナヌ	12.1.1
哈比羅多基	ハビロドキ	12.1.1
哈馬嘎烏	ハマガウ	12.1.1
娃尼嘎攸伊	ブニガユィ	12.1.1
娃利濟比托	ブリチビット	12.1.1
娃沙哥	ブサゴ	12.1.1

娃那伊	ブナイ	12.1.1
娃那濟魯	ブナチル	12.1.1
娃拉拉娃魯	ブララブル	12.1.1
娃昆	ブクン	12.1.1
娃娃古特烏奴諾雅攸	ブブグテゥヌノヤユ	12.1.1
娃魯庫	ブルク	12.1.1
柔烏格波庫	ゾウゲボク	12.1.1
胡卡諾基	フカノキ	12.1.1
胡悠烏	フヨウ	12.1.1
哥班諾阿西	ゴバンノアシ	12.1.1
娓奴哇	ヴィヌワ	12.1.1
庫哇西	クワシ	12.1.1
庫哇西雅烏達莫	クワシヤウダモ	12.1.1
庫羅茲古	クロツグ	12.1.1
朗塔庫	ランタク	12.1.1
烏匹奴娓雅微	ウピヌヴィヤウ	12.1.1
烏巴奴	ウバヌ	12.1.1
烏古伊	ウグィ	12.1.1
烏利斯	ウリス	12.1.1
烏雅斯	ウヤス	12.1.1
班西塔如	バンシッタズ	8.1.20（2）
馬巴拉西奴雅托	マバラシヌヤット	12.1.1
馬可托魯梭布蒿嗯	マコトルソブウォン	12.1.1
馬布魯布魯嘎阿烏匹	マブルブルガアウピ	12.1.1
馬那卡烏伊	マナカウイ	12.1.1
馬拉布哇	マラブワ	12.1.1
馬拉拉古多阿基伊坦	マララグドアキイタン	12.1.1
馬娃微烏阿基伊塔奴	マブウィゥアキイタヌ	12.1.1
馬庫巴古密	マクバグミ	12.1.1
馬嘎嘎諾阿拉邁	マガガノアラマィ	12.1.1
馬魯巴喔尼烏茲璣	マルバオニウツギ	12.1.1
馬魯巴濟西雅諾基	マルバチシヤノキ	12.1.1

密那伊娃坦	ミナイヴタン	12.1.1
密那伊魯斯	ミナイルス	12.1.1
密那帕雅托	ミナパヤト	12.1.1
密那烏布托諾馬奴庫	ミナウブトノマヌク	12.1.1
密那斯烏娃伊	ミナスウヴイ	12.1.1
密那塔庫魯斯	ミナタクルス	12.1.1
密拉卡姆古多	ミラカムグド	12.1.1
密拉卡斯利	ミラカスリ	12.1.1
密茹岡匹	ミヅガンピ	12.1.1
第坡彭	ディポポン	3.2.14
莫那斯	モナス	12.1.1
莫莫塔馬那	モモタマナ	12.1.1
莫魯機	モルギ	12.1.1
喔霍巴阿卡特茲	オホバアカテツ	12.1.1
喔霍巴哈馬阿沙嘎霍	オホバハマアサガホ	12.1.1
喔霍淀庫哇	オホデンクワ	12.1.1
斯古班	スグバン	12.1.1
普拉烏	プラウ	12.1.1
棍巴伊希魯嘎霍	グンバイヒルガホ	12.1.1
森丹基沙沙格	センダンキササゲ	12.1.1
無伊奴無	ヴイヌヴゥ	12.1.1
無濟多	ヴチッド	12.1.1
雅那攸普	ヤナユプ	12.1.1
雅那機雅布馬歐	ヤナギヤブマヲ	12.1.1
雅馬阿沙	ヤマアサ	12.1.1
雅黑雅馬阿歐基	ヤヘヤマアヲキ	12.1.1
黑庫梭卡茹拉	ヘクソカヅラ	12.1.1
塔巴紐	タバニュ	12.1.1
塔比庫那如	タビクナズ	8.1.1（2）
塔卡沙哥西馬塔馬	タカサゴシマタマ	12.1.1
塔古塔古朗諾阿尼托	タグタグランノアニト	12.1.1
塔伊托烏烏魯西	タイトウウルシ	12.1.1

	塔伊拉斯	タイラス	12.1.1
	塔伊彎伊濟哥	タイワンイチゴ	12.1.1
	塔利巴濟布	タリバチブ	12.1.1
	塔攸托	タユト	12.1.1
	塔姆庫諾卡無雅彎	タムクノカヴヤワン	12.1.1
	塔娃拉伊	タヴライ	12.1.1
	塔璣羅	タギロ	12.1.1
	塔濟巴那阿得庫	タチバナアデク	12.1.1
	塔羅娓羅無	タロヴィロヴ	6.1.7
	萵羅萵隆	ヴォロヴォロン	3.4.8
	該泡	ガィパゥ	12.1.1
	達利古古	ダリググ	3.9.3
	嘎古嘎古諾庫朗	ガグガグノクラン	12.1.1
	嘎魯塔璣托	ガルタギット	12.1.1
	潘諾基	パンノキ	12.1.1
	蔓巴拉	マンバラ	12.1.1
	魯伊魯伊	ルィルィ	12.1.1
	濟哈庫	チハク	6.1.8（3）
	鐵姆庫魯	テャムクル	3.4.8
動物	巴烏攸	バウユ	12.1.1（2）
	扎利康卡嘎喔	ツァリカンカガオ	6.1.1（6）
	扎魯坡西安	ツァルポシアン	8.2.8
	扎魯庫魯	ツァルクル	3.1.10
	比比庫拉伊	ビビクライ	11.1.5（2）
	比西比西	ビシビシ	8.1.22
	卡伊匹西	カイピシ	8.1.13
	卡伊佩西	カイペシ	8.1.32（3）
	卡伊拼	カイピン	8.1.1（3）
	卡林得西	カリンデシ	8.1.25（2）
	可卡伊西馬塔如	コカイシマタズ	8.1.9
	可松馬托拉	コソンマトラ	6.1.8
	可悠伊西	コヨイシ	9.1.1（2）

布拉	ブラ	12.1.1（2）
瓦拉魯瓦魯	ヴァラルヴァル	3.2.15
伊魯庫	イルク	12.1.1（2）、12.1.5
列茲可列茲可	レツコレツコ	8.1.13（3）
托波托波	トボトボ	12.1.1（2）
托烏斯	トウス	8.2.9
托羅魯	トロル	12.1.5
西可伊斯	シッコイス	8.2.10
西列庫	シレック	1.1.2（5）
西西利	シッシリ	7.2.5
西西魯	シシル	1.2.10（2）、3.2.7（4）
西利奴茲塔魯	シリヌツタル	8.1.1
沙庫莞	サクヴン	8.1.29（3）
沙魯坡西安	サルポシアン	8.1.9
帕帕托烏西	パパトウシ	8.1.8
帕帕透西	パパトゥシ	8.1.8
拉彭	ラポン	5.1.3（4）
拉魯萬魯	ラルヴォル	3.1.10
阿拉攸	アラユ	12.1.1（2）
哈哈拚	ハハピン	8.3.2
娃喔庫儂	ヴオクノン	12.1.1
耶耶	エエ	6.1.8（3）
烏胡古	ウフグ	9.1.1（2）
茲阿魯坡西安	ツアルポシアン	8.2.8
馬利阿利	マリアリ	6.1.8
馬利莫卡斯	マリモカス	6.1.8
馬濟烏濟烏	マチウチウ	6.4.2（3）
梭耶庫	ソエク	8.1.28
透可伊魯	トゥコイル	4.1.2
普魯托	プルト	7.2.4（2）
鳩古魯伊	チュグルイ	3.1.6（2）、3.7.2（7）
嘎嘎伊	ガガイ	3.1.6（2）、3.7.2（11）

	噴伊攸魯	プンイユル	8.2.7（2）
	駕無尼基尼基	チャヴニキニキ	3.2.8（2）
	濟拉托	チラノト	12.1.1
	濟第烏魯	チディウル	3.1.10
人	阿塔雅魯	アタヤル	1.1.8、1.2.2
	塔烏	タウ	12.1.1（2）
礦物	姆伊	ムイ	3.1.16（2）
	拉庫坦	ラクタン	12.1.4
族群	下帕伊彎	下パイワン	3.8.2、3.9.1（4）、3.9.3（2）、3.9.4、3.9.5、3.9.6
	久阿無達斯	チョアヴダス	3.1.5（13）
	巴伊布攸	バイブユ	1.2.1（6）
	扎羅霍鄒霍	ツァロホツォホ	6.1.8（3）
	卡匹央	カピヤン	3.8.2
	卡比讓	カビザン	8.1.6（8）
	卡列彎	カレワン	6.1.2（2）
	卡那瓦那瓦魯	カナヴァナヴァル	3.7.1（7）
	卡濟拉伊	カチライ	3.2.2（2）
	卡羅庸	カロヨン	3.3.4（2）、3.3.5
	可悠	コヨ	6.1.8
	布坦	ブタン	8.1.13
	布農	ブヌン	8.1.35、8.3.1（3）、8.3.2、8.3.9（2）、8.3.10
	伊可匈	イコション	8.3.12（5）
	伊拉拉伊	イララライ	12.1.3
	伊庫倫	イクルン	8.1.5（10）
	伊莫魯茲多	イモルッド	12.1.1
	托那	トナ	5.2.11、5.2.12、5.2.13、5.2.14（3）、5.2.15、5.2.16、5.2.18（3）、5.2.19
	托姆哈胡伊	トムハフイ	7.1.6
	托姆哈胡烏伊	トムハフウイ	7.1.6（12）
	托姆哈霍伊	トムハホイ	7.1.6（3）

托阿	トア	5.2.18
托胡雅	トフヤ	9.2.1
托馬西雅西雅斯嘎	トマシヤシヤスガ	10.1.2
托馬哈胡烏伊	トマハフウイ	7.1.6
托馬胡烏伊	トマフウイ	7.1.6
托馬馬馬利基沙西雅	トマーママリキサシヤ	10.1.2
西古茲	シグツツ	1.1.3（16）
克伊錦	ケイジン	3.3.2
利那沙拉斯	リナサラス	3.4.2（2）、3.4.3、3.4.10（2）
沙伊西拉托	サイシラット	2.1.7（2）
沙伊西雅托	サイシヤット	1.2.1
沙伊帕哈拉哈朗	サイパハラハラン	2.1.4（6）
沙柔梭	サゾソ	8.1.6（9）、8.1.14（14）
沙基拉魯布阿奴	サキラルブアヌ	5.2.15（4）
沙莫哈伊	サモハイ	3.10.1（2）
姆姆茲	ムムツ	9.1.2（6）
帕伊彎	パイワン	3.5.1、3.5.3、3.6.1、3.6.3、3.9.3
帕第古拉伊	パディグライ	3.4.4
帕達因	パダイン	3.9.1（4）、3.9.7
拉可阿	ラコア	6.3.1（3）
拉拉馬伊	ララマイ	6.1.8（3）
阿赳繃	アジュボン	3.2.16
阿塔雅魯	アタヤル	1.1.1（2）、1.1.7、1.1.13（6）、1.1.14（4）、1.1.16、1.2.1（7）、1.2.3、1.2.4、1.2.7、1.2.8、1.2.9（2）、1.2.10（11）、1.2.11（2）、1.2.2（4）
特喔耶茲	テオエツ	6.3.1
茲普魯	ツプル	6.1.3
班塔朗	バンタラン	8.3.1（8）
馬卡匝雅匝雅	マカザヤザヤ	3.7.1（11）、3.10.1
馬卡拉烏拉烏如	マカラウラウズ	3.4.2（2）、3.7.1（9）

馬利可彎	マリコワン	1.1.14
馬利帕	マリパ	1.1.14（2）
馬馬哈巴那	ママハバナ	9.1.2
馬雅	マーヤ	9.1.1（3）、9.2.1、9.2.4（3）
馬嘎	マガ	5.2.13
基那江	キナジャン	3.2.16（2）
康塔班	カンタバン	8.1.13
莫羅哥茲	モロゴツ	6.3.1
喔拉利普	オラリプ	6.1.8
喔拉烏	オラウ	6.1.8
彭嘎利	ボンガリ	3.3.5（2）
斯卡哈馬運	スカハマユン	1.1.13（6）、1.1.14（19）、1.1.15（5）
斯卡羅	スカロ	3.9.3（2）
無利伊魯	ヴリイル	3.2.17（4）
無拉無拉茲托	ヴラヴラット	3.2.17
無茲魯	ヴツル	3.10.1（4）
雅美	ヤミ	12.1.1（10）
塔伊雅康	タイヤカン	1.2.9（3）
塔伊雅魯	タイヤル	8.1.13（5）、8.1.26、8.3.1（5）
塔克巴坦	タケバタン	8.1.13
塔阿伊	タアイ	2.1.7（12）
塔馬拉卡烏	タマラカウ	6.1.8（2）
塔羅可	タロコ	1.1.14（2）、7.1.3（2）
新西悠哥托	シンシヨーゴット	7.1.5（6）
達得魯	ダデル	5.1.4
鄒	ツォ	9.2.1、9.2.4（12）
嘎莫嘎莫茲托	ガモガモット	4.1.6
噴梯	プンティ	3.8.2、3.8.3
駕喔匝雅匝雅	チャオザヤザヤ	3.3.1
駕喔瓦伊瓦伊	チャオヴァイヴァイ	3.3.1（2）

	魯多	ルド	9.1.2
	霍哥	ホーゴ	7.2.2（2）
	濟烏無岡	チウヴガン	6.3.6（7）
	濟莫	チモ	3.2.9（3）
姓氏	卡可阿岡	カコアガン	3.2.4、3.2.12、3.2.16
	卡無倫	カヴルン	3.2.16、3.2.17（8）
	卡達拉達拉宛	カダラダラヴァン	3.9.4（2）
	卡達璣阿璣安	カダギアギアン	3.4.3（2）
	瓦無魯無魯岡	ヴァヴルヴルガン	3.4.3、3.4.9（5）
	瓦魯安	ヴァルアン	3.2.16
	托卡尼無甕	トカニヴォン	3.9.2
	利古鐵魯	リグテャル	3.4.8
	帕伊透將	パイトゥヂャン	3.5.1
	帕拉伊拉伊	パライライ	3.2.16
	帕庫達瓦達瓦伊	パクダヴァダヴァイ	3.4.9（4）
	帕斯斯	パスス	3.2.1
	阿茲古拉烏	アツグラウ	5.1.2
	烏茲那	ウツナ	9.2.4（2）
	茲魯魯	ツルル	3.2.15（2）
	梭黑康	ソヘカン	8.1.28（10）
	透空	トゥコン	3.2.16
	喔娓多	オヴィド	6.3.3（2）
	雅西攸古	ヤシュグ	9.2.4（2）
	塔克西阿烏西內安	タケシーアウシネアン	8.1.35
	塔那匹馬	タナピマ	8.1.4（3）
	塔烏匹利	タウピリ	3.2.8、3.2.16
	塔烏希利	タウヒリ	3.2.13
	塔喔匹利	タオピリ	3.2.9（2）
	達可達可茲	ダコダコツ	3.8.3
	鄒魯魯	ツォルル	3.2.13
	鳩倫	チュルン	3.2.8（3）
	蔓可可	マンココ	8.1.28（9）
	魯萵濟	ルヴォチ	3.2.1

	羅巴尼雅烏	ロバニヤウ	3.2.16
	羅瓦尼阿烏	ロヴァニアウ	3.2.8（3）
名字	匹利	ピリ	3.10.1（2）
	巴坦	バタン	8.1.13（3）
	巴魯古	バルグ	5.1.5（5）
	扎卡伊	ツァカイ	6.1.8
	扎拉利無	ツァラリヴ	6.1.8
	扎拉烏伊利基茲	ツァラウイリキツ	6.1.7（4）
	扎拉烏帕那哈伊	ツァラウパナハイ	6.1.8（7）
	扎拉喔密	ツァラオミ	6.1.8
	比比卡魯	ビビカル	5.2.1（6）、5.2.2（3）
	卡尼烏	カニウ	6.3.5
	卡伊梭魯	カイソル	8.1.23
	卡伊魯梭	カイルソ	8.1.23
	卡列姆多	カレムド	5.2.2
	卡利莫阿伊	カリモアイ	6.1.4（4）
	卡拉姆第斯	カラムディス	3.2.15（7）
	卡波斯	カボス	8.1.24（13）
	卡娜魯	カヴィル	6.1.8（5）
	卡庫莫朗	カクモラン	6.1.8（6）
	卡庫莫朗沙帕托羅庫	カクモランサパトロック	6.1.8（12）
	卡特耶伊內黑	カテエイネヘ	6.3.5
	卡馬黑羅斯	カマヘーロス	2.1.2（2）
	卡魯茲魯扎伊	カルツルツァイ	6.1.5（19）
	卡濟雅伊	カチヤイ	1.1.14
	卡羅文魯如	カロヴンルズ	2.1.4（12）
	卡羅卡特耶	カロカテエ	6.3.5
	卡羅卡濟帕阿	カロカチパア	6.3.5
	卡羅可魯	カロコル	6.1.8
	卡羅那卡烏	カロナカウ	6.3.5
	卡羅梭托	カロソット	6.3.5
	卡羅嘎嘎哈伊	カロガガハイ	6.1.8

可可伊塔塔	ココイタタ	6.1.8
可列	コレ	6.3.2（2）
可拉斯	コラス	6.3.5
可娓多	コヴィド	6.3.2（2）
可馬伊馬斯林	コマイマスリン	6.1.8
可莫多	コモド	6.3.5
可喔伊	コオイ	3.3.7（8）
可喔魯	コオル	6.3.5
可塔可塔	コタコタ	5.1.4
可夢	コムン	6.1.8（2）
可夢巴利基魯	コムンバリキル	6.1.8（3）
可魯魯魯魯	コルルルル	3.3.6（2）、3.4.2、3.4.6（4）、3.4.9（13）、3.7.1（5）、3.8.2（7）、5.1.1（7）
尼翁	ニオン	8.1.16（5）
布拉	ブーラ	5.1.5
布烏布溫	ブウブウン	3.3.6
布塔	ブタ	1.1.14（22）、1.1.15（15）
本姆阿卡魯	ブンムアカル	12.1.1
瓦尼烏尼哇茲	ヴァニウニウツ	6.3.1（9）
瓦瓦南	ヴァヴァナン	6.1.8（4）
瓦伊瓦伊	ヴァイヴァイ	6.3.1（2）
瓦悠、尼哇茲	ヴァヨ,ニワツ	6.1.3（8）
瓦喔托那卡烏	ヴァオトナカウ	6.3.5
瓦鳩拉央	ヴァチュラヤン	3.5.1（5）
瓦魯利阿烏	ヴァルリアウ	3.6.3（6）
瓦璣斯卡塔嘎魯	ヴァギスカタガル	6.3.2（2）
瓦羅鄒	ヴァロツォ	6.1.8
伊瓦魯	イヴァル	6.1.2
伊豆伊豆恩	イドゥイドゥン	3.4.10（12）
伊喔	イオ	6.3.2（2）
多烏茲	ドゥツ	6.4.1（2）

多雅哈無濟魯	ドヤハヴチル	6.3.2
托匹阿烏	トピアウ	6.5.6（2）
托帕魯尊	トパルツン	6.3.6（2）
托拉伊	トライ	6.4.1
托拉伊沙甕	トライサヴォン	6.4.1
托阿伊	トアイ	2.1.7（2）
托耶多卡瓦拉羅	トエドカヴァラロ	6.3.5
托馬伊馬斯拉	トマトマスラ	6.1.8（5）
西托利雅烏	シトリヤウ	12.1.1（11）
西托羅岡	シトロガン	12.1.4（2）
西攸馬	シユマ	1.1.3（12）
西南哥東	シナンゴトン	12.1.1
西基嘎斯	シキガス	12.1.1（3）
西密那布魯布魯托溫	シミナブルブルトウン	12.1.1
西密那布彎	シミナブワン	12.1.1（2）
西密那伊卡沙拉康	シミナイカサラカン	12.1.1
西密那托多	シミナトッド	12.1.1
西密那利布	シミナリブ	12.1.1
西密那馬托多	シミナマトッド	12.1.1（2）
西密那馬哇哇	シミナマワワ	12.1.1（3）
西密那馬哇庫	シマナマワク	12.1.1
西密那普奴馬尼濟	シミナプヌマニチ	12.1.1
西密那普奴馬那嘎多	シミナプヌマナガッド	12.1.1
西密那嘎庸	シミナガヨン	12.1.1
西密那魯梭古娃伊	シマナルソグヴイ	12.1.1（3）
西雅巴烏斯	シヤバウス	10.1.4（24）
西雅西烏西攸	シヤシウシュ	10.1.4（14）
西雅烏嘎利	シヤウガリ	10.1.4（8）、10.1.5
西雅噴馬那嘎多	シヤプンマナガッド	12.1.1
西雅蔓利布	シヤマンリブ	12.1.1
西雅蔓佳卡利托	シヤマンヂャカリット	12.1.1
西雅蔓佳卡嘎利托	シヤマンヂャカガリット	12.1.1

西雅蔓馬嘎托	シヤマンマガト	12.1.1
西嘎利古古	シガリググ	12.1.1
西嘎運	シガユン	12.1.1
西魯馬古匹托	シルマグピット	12.1.1
利那馬伊	リナマイ	6.1.7（4）
利梯	リティ	6.1.8（3）
沙卡坡拉魯	サカポラル	3.1.10（9）
沙瓦利	サヴァリ	3.2.1（9）
沙西密達魯	サシミダル	3.1.5（9）
沙坡多	サポド	6.3.5
沙帕古魯	サパグル	3.4.5
沙帕雅斯	サパヤス	3.2.17（13）
沙拉宛	サラヴァン	6.1.1（30）
沙拉阿茲	サラアツ	3.2.3（2）、3.2.5（3）、3.2.8（5）、3.2.16
沙哇阿	サワア	6.3.1（21）
沙基達達烏	サキダダウ	3.1.8（11）
沙基諾	サキノ	4.1.7（11）
沙喔利宛	サオリヴァン	3.9.7（4）
沙喔隆	サオロン	3.3.7（3）
沙斯拉魯拉魯伊	サスラルラルイ	3.1.13（17）
沙普拉魯雅魯央	サプラルヤルヤン	3.1.1（20）、3.1.5（10）、3.1.13（12）
沙普魯岡	サプルガン	3.10.3（10）、3.10.4（18）、3.10.5（12）
沙無魯無倫	サヴルヴルン	3.2.10（11）
沙達宛	サダヴァン	6.4.2（20）
沙鳩庫鳩庫	サチュクチュク	3.1.13（2）
那卡烏	ナカウ	6.1.8（11）
那卡烏、阿倫	ナカウ,アルン	6.1.8
那帕拉馬濟	ナパラマチ	11.1.1
那哇茲	ナワッツ	6.1.8
那莫伊內黑	ナモイネヘ	6.3.5

那喔多庫庫林	ナオドククリン	6.3.1（8）
坡哥	ポゴ	6.3.1（4）
坦阿布	タンアブ	8.2.14（3）
姆魯庫萬霍托	ムルックヴォホット	6.1.8
帕古托烏多烏	パグトウドウ	5.2.14（5）
帕古特伊多烏	パグテイドウ	5.2.18
帕伊帕伊	パイパイ	6.1.8
帕列黑梯嘎斯	パレヘティガス	6.1.6（2）
帕利	パリ	3.3.5（6）、3.8.3（8）
帕那哈伊	パナハイ	6.1.8（3）
帕阿兹嘎奴莫阿那卡伊	パアツガヌモアナカイ	5.2.11
帕哈帕哈	パハパハ	6.1.8
帕哈無卡阿	パハヴカア	6.3.1
帕雅斯、布嘎喔	パヤス,プガオ	1.1.14
拉伊利馬	ライリマ	5.1.1（5）
拉克黑	ラケヘ	6.3.5
拉帕伊可喔微	ラパイコオヴイ	3.3.5
拉阿卡羅可	ラアカロコ	5.1.3（2）
拉烏瓦烏基托	ラウヴァウキット	6.1.8（3）
拉烏托	ラウト	3.10.1
拉翁	ラオン	8.1.25
拉塔瓦渭庫	ラタヴァヴェク	6.3.5
拉塔馬雅烏	ラタマヤウ	6.3.5
拉萬利萬利安	ラヴォリヴォリアン	3.4.9（5）
空空	コンコン	8.1.26（6）
阿卡	アカ	6.1.8（4）
阿布耶	アブエ	9.2.2（3）
阿托托	アトト	6.1.2
阿岡卡特耶	アガンカテエ	6.3.5
阿岡利嘎	アガンリガ	6.3.5
阿拉卡卡伊	アラカカイ	6.4.1（9）
阿拉莫魯古托	アラモルグット	6.1.3（10）

阿珊、淀嘎如	アサン,デンガズ	8.3.9（2）
阿庫耶雅姆烏姆阿	アクエヤムウムア	9.2.3（2）
阿朗卡尼烏	アランカニウ	6.3.2（2）
阿朗斯拉	アランスラ	6.3.5
阿密利密利岡	アミリミリガン	4.1.3（4）
阿嘎哈	アガハ	6.3.1
阿嘎哈阿利姆羅	アガハアリムロ	6.3.1（10）
阿羅拉烏	アロラウ	6.1.8
哇利西	ワリシ	8.1.25
哈魯斯	ハルス	1.1.6（9）
夏耶	シャエ	8.1.16（7）
夏噴拉托南	シャプンラトナン	12.1.1（2）
夏噴馬那嘎托	シャプンマナガット	12.1.1（2）
庫拉魯伊	クラルイ	4.1.6（3）
庫倫	クルン	3.4.5（2）
朗芬普魯茲	ランフンプルッツ	6.1.8
烏拉林	ウラリン	6.1.8
烏魯巴伊、塔利阿羅	ウルバイ,タリアロ	5.2.23
烏羅霍	ウロホ	1.1.14（4）
烏羅霍，那烏微	ウロホ,ナウウィ	1.1.14
特奴古羅	テヌグロ	5.2.8（3）
特喔伊茲	テオイツ	6.1.3（11）
茲揪伊	ツヂュイ	3.3.4（3）
馬卡可哇伊	マカコワイ	1.1.14
馬可哇伊	マコワイ	1.2.4（18）
馬沙沙嘎魯	マササガル	5.1.4
馬拉塔烏	マラタウ	6.3.1（3）
馬拉塔喔	マラタオ	6.3.5
馬阿烏伊多	マアウイド	6.3.1（17）
馬阿微魯	マアウィル	6.1.2（43）
馬庫魯魯	マクルル	3.10.4、5.2.17（2）
馬烏微	マウウィ	1.1.14（2）

馬斯拉	マスラ	6.1.8（5）
馬雅烏	マヤウ	6.3.6（9）
馬雅烏卡卡拉彎	マヤウカカラワン	6.3.6（3）
馬雅烏伊內黑	マヤウイネヘ	6.3.5
馬雅烏沙瓦魯	マヤウサヴァル	6.3.5
馬雅烏翩	マヤウペン	6.3.2（2）
梭匹塔伊	ソピタイ	6.5.6（3）
梯可匹斯	ティコピス	6.5.4
梯庫拉斯	ティクラス	8.1.26（5）
眺可眺可	テョコテョコ	3.4.7、3.8.2（3）
第可可	ディココ	3.9.3（8）
莫托可托可	モトコトコ	5.1.1（6）
莫阿卡卡伊	モアカカイ	3.3.6（8）、3.8.2（8）
莫阿卡卡伊	モアカーカイ	3.4.7、3.4.9（5）、3.7.1、5.1.1（49）
莫阿卡伊	モアカイ	3.9.3、3.10.3（14）、3.10.4（12）
莫阿托可	モアトコ	3.10.4（4）
莫阿庫魯魯	モアクルル	5.2.19（2）
莫阿塔伊那古拉烏	モアタイナグラウ	5.2.19
莫阿塔魯	モアタル	4.1.5（3）
透古多	トゥグッド	6.3.5
透古托萬諾喔	トゥグットヴォノオ	6.3.2
喔匹魯	オピル	1.1.14（3）
喔匹魯、比拉庫	オピル,ビラック	1.1.14（6）
喔匹魯、雅克黑	オピル,ヤッケヘ	1.1.14
喔多霍可拉烏	オドホコラウ	6.3.2（2）
喔沙普	オサプ	6.3.7（2）
喔那庫	オナク	6.3.6（6）
喔那庫卡卡拉彎	オナクカカラワン	6.3.6（2）
喔拉烏瓦拉漢	オラウヴァラハン	6.3.2
喔馬喔，拉哇	オーマオ,ラワ	1.1.14

喔蓀喔拉魯	オスンオラル	6.1.8
喔羅伊、庫林	オロイ,クリン	6.1.3（7）
斯利雅阿普	スリヤアプ	5.2.18
斯坡魯古那	スポルグナ	5.2.3（5）
斯拉	スラ	6.1.8（8）
斯阿布	スアブ	5.2.1（5）、5.2.2（2）
斯莫托可	スモトコ	5.2.9
斯普魯古那	スプルグナ	5.2.4、5.2.8、5.2.9（3）
斯魯普魯潘	スルプルパン	3.4.6
普那	プーナ	1.1.14
普拉拉卡托	プララカット	6.1.8（4）
普拉魯拉魯央	プラルラルヤン	3.3.6(2)、3.4.2(8)、3.4.3（13）、3.4.6、3.4.9(6)、3.7.1（24）、3.8.2（2）
普普拉	ププラ	5.2.9
普塔喔梯嘎斯	プタオティガス	6.1.6（5）
無利無利	ヴリヴリ	3.7.1（6）
無拉伊哈無	ヴライハヴ	6.1.8（9）
無通	ヴトン	6.1.7（2）
無嘎宛	ヴガヴァン	3.4.10（4）、3.7.1（15）
無魯無倫	ヴルヴルン	3.10.2（2）
雅烏微	ヤウウィ	1.1.14
塔布魯	タブル	5.1.8（8）
塔伊那古拉烏	タイナグラウ	5.2.17
塔伊空	タイコン	6.3.5
塔伊魯	タイル	3.10.1（2）
塔列拉塔	タレラタ	6.3.5
塔拉庫	タラク	12.1.1（2）
塔阿伊	タアイ	2.1.7（3）
塔哈魯	タハル	6.1.8
塔特利	タテリ	5.2.1（3）、5.2.2（2）
塔馬喔羅諾、利帕拉沙烏	タマオロノ,リパラサウ	5.2.23

	塔基喔	タキオ	4.1.6（5）
	塔嘎坦	タガタン	6.1.3（3）
	塔嘎普魯	タガプル	3.10.1（4）
	塔潘馬斯拉	タパンマスラ	6.1.8（7）
	塔諾阿諾巴庫	タノアノバク	5.1.1（4）
	塔羅瓦魯	タロヴァル	3.9.6（3）
	萵諾多恩	ヴォノドエン	6.3.5
	萵諾托耶多	ヴォノトエド	6.3.5
	達卡西	ダカシ	3.4.7（2）
	達豆古拉烏	ダドゥグラウ	3.10.5（3）
	達嘎丹	ダガダン	3.4.5
	鳩庫鳩庫	チュクチュク	3.3.6（26）、3.4.1、3.7.1（22）、3.7.2（4）
	鳩烏鳩烏	チュウチュウ	3.2.14（5）
	鋮庫鋮庫	テュクテュク	3.4.2（5）、3.4.3（2）、3.4.9（12）、3.4.10（4）
	魯姆多	ルムド	3.4.8（8）
	魯倫	ルルン	6.1.8
	魯嘎茲利那馬伊	ルガツリナマイ	6.3.6
	錦新	ジンシン	12.1.1
	羅那阿哇烏	ロナアワウ	6.3.6
	羅阿普伊	ロアプイ	6.5.4（6）
	羅喔庫利烏	ロオクリウ	6.3.5
	羅嘎茲利那馬伊	ロガツリナマイ	6.3.6
	羅璣利岡	ロギリガン	3.4.8（6）
祭典	利茲莫魯	リツモル	6.1.8（5）
	坡比阿喔	ポビアオ	4.1.2（4）
	帕卡濟拉魯	パカチラル	6.1.8
	帕可莫魯	パコモル	6.1.8（2）
	帕利安	パリアン	6.1.8（2）
	帕拉珊	パラサン	6.1.8（2）
	帕拉朗	パララン	6.1.8（4）

	帕拉普	パラップ	6.1.8（2）
	帕哈可	パハコ	6.1.8（5）
	帕庫朗	パクラン	6.1.8（4）
	帕斯塔阿伊	パスタアイ	2.1.7（7）
	帕無倫	パヴルン	6.1.8
	馬利塔伊彎	マリタイワン	6.1.8（2）
	馬透嘎拉伊	マトゥガライ	6.1.8
	密瓦瓦拉烏	ミヴァヴァラウ	6.1.8
	密沙帕拉珊	ミサパラサン	6.1.8（2）
	密沙莫	ミサモ	6.1.8（2）
	密沙無拉茲	ミサヴラッツ	6.1.8（2）
	密沙羅可	ミサロコ	6.1.8（4）
	密那安	ミナアン	6.1.8
	密拉沙	ミラサ	6.1.8（2）
	密透魯魯伊	ミトゥルルイ	6.1.8
	密塔那姆	ミタナム	6.1.8
	密羅伊托	ミロイット	6.1.8（2）
	塔拉瓦喔魯	タラヴァオル	6.1.8
物品	可伊斯	コイス	6.2.2
	沙沙耶魯	ササエル	2.1.5（2）
	那密西魯	ナミシル	12.1.3
	帕烏	パウ	11.1.1
	烏娃伊	ウブイ	12.1.1（3）
	塔波庫	タボク	8.3.4
	塔塔拉文達達姆拉夢	タタラヴンダダムラムン	3.8.2
習俗	伊斯揪	イスヂュ	3.7.1
曲調	匹烏烏那	ピウウナ	11.1.4
符號	坡隆	ポロン	6.1.8（3）
動作	達多哥多哥羅	ダドゴドゴロ	5.1.3

附錄四 《原語臺灣高砂族傳說集》漢字名詞索引

分類	中文名稱	日本漢字 （*號為漢字與中文相同）	號碼（次數）
地理	七腳川	*	6.1.2（3）
	人仔山	*	5.1.2（4）、6.1.8（2）
	三笠山	*	6.1.8（2）、6.3.1（3）
	上坪溪	*	1.1.14
	大公主山	*	8.1.13（3）
	大甲溪	*	1.1.14
	大安溪	*	1.1.14（2）
	大庄	*	6.1.8
	大和	*	6.1.3、6.3.1
	大林庄	*	3.8.3
	大武山	*	3.2.2、3.7.2、3.9.5（9）、3.9.6
	大原	*	12.1.1
	大埔	*	11.1.2（3）
	大嵙崁溪	*	1.1.14（3）
	大霸尖山	*	1.1.5（2）、1.2.2（5）
	女人島	*	6.4.2
	女護國	*	7.1.6
	小紅頭嶼	*	12.1.1

內獅頭	*	3.2.1
公埔	*	6.1.8
火燒島	*	4.1.6、6.5.4（2）、12.1.5（5）
玉里	*	6.1.8（3）
白毛	*	1.1.14
石門	*	3.1.15（3）
竹崎	*	12.1.1
竹腳	*	9.2.4（2）
秀姑巒溪	*	6.1.3
角板山	*	1.1.14（2）
卑南溪	*	4.1.1、4.1.7
卓社大山	*	8.1.1（2）、8.1.13（3）、8.1.32（2）、8.2.2（2）、8.2.9
拔仔	*	6.1.3
東巒大山	*	8.1.32（2）
武界	*	8.2.14
河表湖	*	11.1.2
知本	*	6.5.7（2）
社寮	*	8.1.34（2）、8.1.35
花蓮港	*	8.1.13
花蓮港廳	*	8.1.1
南勢湖	*	3.2.1
紅花仔	*	11.1.2
紅頭嶼	*	12.1.1（3）、12.1.4、12.1.5（3）
新店溪	*	1.1.14
新高山	*	8.1.1（3）、8.1.8、8.1.13（5）、8.3.2、9.1.1（6）、9.1.2、9.2.1（4）、9.2.4（2）、10.1.2
臺中	*	8.3.1
臺北	*	8.3.1
臺東	*	3.2.6、3.3.2、3.9.3
臺東	台東	6.1.8
臺南	*	9.2.4（4）

	臺灣	*	9.2.4、10.1.6
	樸石閣	*	6.1.8
	濁水	*	2.1.7（2）
	鯉龍山	*	3.1.17
	藤包山	*	11.1.2（2）
	關山	*	10.1.2
	霧頭山	*	3.9.6（3）
人	州知事	*	8.3.1
	總督	*	8.3.1、9.2.4（3）
	警察	巡查	8.3.1
族群	力力社	力々社	6.1.8（2）
	上坪蕃	*	1.1.14
	上蕃	*	3.1.12（4）
	下三社蕃	*	5.2.1
	下蕃	*	3.3.2
	口社	*	3.10.5
	大甲蕃	*	1.1.14
	大南社	*	5.1.2（9）、5.1.3（3）
	大港口	*	6.3.2（7）
	大溪蕃	*	1.1.14
	丹蕃	*	6.1.8（2）、8.1.1、8.1.13、8.3.1（3）
	內文社	*	3.2.16（6）
	太巴塱	*	6.1.3（14）、6.3.1（24）、6.3.2（38）
	太巴塱社	*	6.1.8
	日本	*	1.2.11、8.3.1（2）
	日本人	*	1.2.11
	北蕃	*	8.2.3（2）
	卡社	*	8.2.3
	卡社蕃	*	8.1.1、8.1.13（5）、8.3.1（3）
	外加芝來	*	3.1.7（4）
	外國人	*	12.1.1（12）、12.1.3

本島人	*	1.1.10、1.2.4（5）、1.2.10（24）、3.3.2、3.8.3（5）、6.1.8（3）、8.1.34（2）、11.1.2（2）
本島人	本嶋人	5.2.11、9.2.4（16）、12.1.1
西洋人	*	9.1.1（3）
卑南	*	4.1.4、6.1.2（21）、6.1.3（26）、6.1.8（34）、6.3.1（28）、6.5.1（2）
卑南社	*	4.1.4、4.1.7、6.1.8（3）、6.3.1（16）、6.5.1（2）、6.5.4（2）
卑南蕃	*	6.1.8（3）
卓社蕃	*	8.1.13、8.3.1（3）
和社	*	9.1.2
奇密	*	6.1.3、6.1.8（10）
奇密社	*	6.1.3（6）、6.1.8（27）、6.3.1
拔仔社	*	6.1.8
知母勝社	*	9.1.2
阿眉	*	4.1.1（8）、4.1.4（3）
南澳蕃	*	1.1.14（2）
射馬干社	*	4.1.7
烏漏	*	6.1.8
烏漏社	*	6.1.8
郡蕃	*	8.1.13、8.3.1（5）、9.1.1（4）
馬太鞍	*	6.3.2（47）
馬蘭社	*	6.5.4
新店蕃	*	1.1.14
楠仔腳萬社	*	9.1.2
溪頭蕃	*	1.1.14（2）
達邦社	*	9.1.2
鄒族	曹族	9.1.1（3）
豬勝束	*	3.1.7（5）
蕃人	*	1.1.5（3）、1.1.11、3.3.2、5.2.11、5.2.17、7.1.6（10）、9.2.4、11.1.2（4）、11.1.3（2）、11.1.7
巒大社	*	8.1.13（5）
巒蕃	*	8.1.13（2）、8.3.1（6）、8.3.11（3）

祭典	人頭祭	首祭	6.3.6（3）
	五年祭	*	3.4.8（4）、3.5.3（3）
	正送別	本送別	2.1.7
	收穫祭	*	1.2.4（3）
	初日祭	*	6.1.8
	坡比阿喔祭	*	4.1.2（4）
	始刈祭	刈始祭	6.1.8
	始祭式	*	2.1.7（3）
	捕飛魚祭	飛魚漁祭	12.1.1
	捕魚祭	魚捕祭	6.1.8
	造船祭	造舟祭	12.1.1
	粟祭	*	6.4.1
	項鍊祭	首飾祭	8.3.3
	道饗祭	道作祭	6.1.8（2）
	漁獲祭	*	6.4.1（2）
	暫送別	假送別	2.1.7
	獵頭祭	首祭	7.1.7
建築	公廨	*	9.2.4
	吉野神社	*	6.4.1